Heiger Ostertag

# Von Wien nach Waterloo

## Aus den Abenteuern des Carl von Schack

**Impressum**

© Mackingerverlag
A-5101 Bergheim, Wolfauweg 1
www.mackingerverlag.at
herbert@mackingerverlag.at

Umschlag-Abbildung: Gemälde von Robert Alexander Hillingford (1828 - 1904): „Der Ball der Herzogin von Richmond am 15. Juni 1815, am Vorabend der Schlacht bei Quatre-Bras und drei Tage vor der Schlacht bei Waterloo“ (gemeinfrei)



Bibliografische Information der Deutschen Nationalbibliothek: Die Deutsche Nationalbibliothek verzeichnet diese Publikation in der Deutschen Nationalbibliografie; detaillierte bibliografische Daten sind im Internet über http://dnb.d-nb.de abrufbar.

**ISBN 978-3-902964-48-9**

**Inhalt**

Den Freunden

## 1. Kapitel

# DIE SALLONIÈREN VON WIEN

„Die Herren von Schack", meldete der Diener. Es war der Abend des 26. Septembers des Jahres 1814, seit gut einer Woche tagte in Wien, der Hauptstadt des Kaiserreichs Österreich, der europäische Friedenskongress. Geheimrat General Carl von Schack und sein Sohn Rittmeister der Kavallerie Geoffroy Carl von Schack traten durch die große, weit geöffnete Flügeltür in den Ballsaal des am Hohen Markt gelegenen Palais Arnstein und blieben stehen. Ihren Augen bot sich ein buntes Bild. Farbenfrohe, rauschende Gewänder aus Seide und Brokat, bedeckt mit kostbaren Stickereien, edlen Perlen und blitzenden Steinen. Helle Uniformen und dunkle Fräcke, silberne Orden und Ehrenzeichen, zarte Blüten an den Gewändern und Kränze auf Häuptern mit veilchenduftendem Frauenhaar. Dazu an den Seiten große Vasen voller Blumen von betäubendem Duft, eine geradezu verschwenderische Pracht. Alles in das flackernd blitzende Licht von Hunderten von Kerzen getaucht.

„Mein lieber General", eine Dame in einem raffiniert geschnittenen hellen Gewand trat auf Carl zu und reichte ihm graziös die rechte behandschuhte Hand, über die er sich beugte und sie leicht mit den Lippen berührte. „Wie schön, dass Sie endlich einmal die Zeit finden und uns heute Abend die Ehre geben!"

Bei der Dame handelte es sich um die im besten Frauenalter stehende Henriette Freifrau von Pereira-Arnstein, die Tochter der Gastgeberin Fanny von Arnstein.

„Und Sie haben Ihren Sohn dabei. Herr Rittmeister, welch Freude, heute einen der jungen Helden im Kampf gegen den französischen Usurpator hier begrüßen zu dürfen!"

Auch Geoffroy Carl bekam huldvoll die Hand gereicht und verbeugte sich ebenfalls.

„Mama müssen Sie allerdings entschuldigen. Die Ärmste wird von einer Migräne geplagt und hütet das Bett."

„Oh, das bedauere ich sehr", erwiderte Carl von Schack. „Richten Sie Ihrer werten Frau Mutter meine besten Wünsche für eine rasche Genesung aus."

Er schätzte Fanny von Arnstein und ihre politische Haltung sehr, hatte sie doch gemeinsam mit ihrem Ehemann Nathan den Freiheitskampf der Tiroler gegen die napoleonischen Truppen unterstützt.

„Danke, das werde ich. Doch nun folgen Sie mir, es sind einige interessante Köpfe hier, die ich Ihnen unbedingt präsentieren möchte."

Verschiedene Damen und Herren wurden ihnen vorgestellt, darunter Franz und Antonie Brentano, die als enge Freunde des Komponisten van Beethoven galten. Carl geriet bald in ein angeregtes Gespräch mit einem Herrn von Birkenstock, der als Offizier bei den Weydenfeldern diente und sich in der hiesigen Gesellschaft einen Namen als exzellenter Beobachter gemacht hatte. Nachdem er einigen Tratsch und Klatsch von sich gegeben hatte, erzählte er von seinen Erfahrungen aus dem österreichisch-polnischen Krieg und kam endlich auch auf die Gegenwart zu sprechen.

„Wie schätzen Sie die aktuelle Lage ein, Herr General?"

„Nun, ich habe Zweifel, ob Ludwig XVIII. auf Dauer sein Land stabilisieren kann. Napoleon mag auf Elba sein, doch sein Schatten ist riesig und lastet schwer auf Frankreich."

„Vor allem da sein amerikanischer Bündnispartner gerade die Engländer zurücktreibt."

„Ich glaube, die USA und London werden sich auch ohne den Imperator einigen. Aber, Sie entschuldigen, wer ist das schöne Fräulein dort drüben, mit dem sich mein Sohn so angelegentlich unterhält?"

Sein Gesprächspartner lächelte.

„Wenn Sie die dunkelhaarige Schönheit neben Herrn Grillparzer meinen – sie führt hier den Namen Henriette de Lemos."

Carl schüttelte den Kopf.

„Das kann nicht Henriette de Lemos sein. Ich traf sie in Berlin …"

„Trefflich erkannt, Herr von Schack", gab der andere mit schlauem Lächeln zurück. „Die Dame weilt natürlich inkognito auf dem Fest. Wobei jeder der hier anwesenden Wiener weiß, wer sie ist. Es handelt sich um …", doch ehe Birkenstock das Geheimnis lüften konnte, wurden sie von einem recht jungen Offizier, der bereits den Rang eines Obersten eines Kürassier-Regiments führte, unterbrochen. „General von Schack. Gestatten, dass ich mich vorstelle. Graf Clam-Martinic. Ich würde Sie gern unter vier Augen sprechen …"

Birkenstock nickte indigniert, verbeugte sich mit einem knappen „Meine Herren!", und wandte sich einer anderen Gruppe zu.

„Schleich nur davon, du alter Philister", kommentierte der Graf halblaut den Abgang. „Sie entschuldigen, Herr von Schack. Aber ich kann das alte Lästermaul partout nicht ausstehen."

„Nun", entgegnete Carl, „so ein bisschen gesellschaftlicher Klatsch hilft einem in diesen unruhigen Zeiten unter Umständen weiter. Gerade wollte mir Ihr ‚altes Lästermaul' das Inkognito jener reizvollen Schönheit dort drüben enthüllen, als Sie uns unterbrachen."

Inzwischen hatte die Genannte sich von Geoffroy Carl getrennt und einer anderen Dame zugewandt, die, wenigstens aus der Ferne, ihr ähnelte, wenn sie auch etwas älter zu sein schien.

„Ach, Sie meinen die Schwestern von Sagan?", erwiderte der Oberst. „Die beiden sind hier jedem bekannt. Wilhelmine ist ein äußert einflussreiche Frau und soll sich mit dem Fürsten aufs Beste verstehen. Ihre Schwester Dorothé", die Stimme des Grafen bekam plötzlich etwas Schwärmerisches. „Sie ist mit Edmond de Talleyrand-Périgord verehelicht. Aber …", er hielt mitten im Satz inne. „Jetzt tratsche ich schon wie besagter Philister. Nein, weswegen ich Sie um ein Gespräch bat …", doch Graf Clam-Martinic kam nicht dazu, den Grund seiner Bitte zu benennen. Ein neuer Gast trat ein und zog alle Aufmerksamkeit auf sich. Es handelte sich um einen hochgewachsenen Kürassier in voller Montur und kotigen Stiefeln. Der Mann sah sich forschend um, schob den Maître de Plaisir, der ihn aufhalten wollte, kurzerhand beiseite und kam mit großen, festen Schritten direkt auf den Grafen zu gestapft. Dieser zögerte einen kurzen Moment, besann sich dann und trat entschlossen dem Manne entgegen. Die beiden wechselten ein paar Worte, wobei der Bote dem Grafen ein versiegeltes Schriftstück reichte. Clam-Martinic erbrach das Siegel, öffnete das Kuvert und entnahm diesem ein Blatt, das er hastig überflog. Einen Augenblick schien er nachzudenken, dann steckte der Graf das Schreiben rasch ein, gab dem Soldaten einen knappen Befehl und verließ ohne eine weitere Erklärung zusammen mit ihm den Ballsaal.

Carl, der das Geschehen mit wachsendem Erstaunen verfolgt hatte, blickte dem Davoneilenden verwundert nach.

„Sie scheinen überrascht, Herr von Schack."

Die Worte kamen von einer dunkelhaarigen Dame, deren helles Empirekleid ihre grazile Schlankheit dezent betonte.

„Fürstin!", Carl verbeugte sich. „Welch Freude, Sie hier zu sehen. Ich vermutete Sie in Paris …"

Bei der Dame handelte es sich um die Fürstin Katharina Pawlowna Bagration, die Großnichte der Zarin Katharina und älteste Tochter des Diplomaten und Grafen Skawronski. Mit ihrem Onkel hatte sich Carl bei seinem ersten Besuch in St. Petersburg duelliert, lange vor ihrer Geburt, wie er sich wehmütig erinnerte. Der Vater der Fürstin war früh verstorben und so kam sie, zusammen mit ihrer jüngeren Schwester Maria, unter die Obhut der Zarin Katharina II. Diese sorgte für eine umfassende Bildung des jungen Fräuleins und natürlich für die entsprechende gute Partie. Mit gerade siebzehn Jahren wurde die Fürstin im Jahre 1800 mit dem General Fürst Bagration, Thronerbe des Königreichs Georgien, verheiratet. Aufgrund einer gescheiterten Verschwörung gegen den Zaren Paul I., der das kleine Land annektiert hatte, musste das Ehepaar aus Russland fliehen. Später lernte Katharina den Fürsten Metternich kennen, mit dem sie, so sagte man, für eine gewisse Zeit eine Amour fou verbunden hatte. Gleiches wurde auch von Wilhelmine von Sagan behauptet, wie überhaupt die bessere Gesellschaft Wiens nur aus Verschwörungen, Amouren und Affären zu bestehen schien.

Katharina Pawlowna lachte.

„Nein, Paris ist derzeit völlig außer Mode. Dieser fette Louis und seine Entourage haben mich schon immer gelangweilt. Wien ist da um einiges amüsanter. Doch zu Ihnen, General. Sie sollen in Ihrer Jugend die Aufmerksamkeit meiner Grand-mère geweckt haben?“

Einen Augenblick überwältigte ihn fast die Erinnerung, seine Begegnung mit Katharina II. in längst vergangenen Zeiten: Vor ihm stand die Zarin, eine stattliche Frau von feinen, aber auch üppigen Proportionen. Eine hohe Stirn, große, klare und blauen Augen, kräftige Brauen, eine schwungvolle Nase und ein kleiner Mund mit wohlgeformten Lippen. Das entwickelte, runde und harte Kinn, der schlanke Hals und das volle, rötlich blonde Haar. Alles an ihr hatte die zum Herrschen geborene Persönlichkeit verraten – und die Sucht nach Herrschaft, Macht und Genuss sowie den Willen, das, was sie wollte, zu erlangen und zu besitzen. Und das hatte ihn flüchten lassen …

All diese Gedanken dauerten nur den Bruchteil einer Sekunde, schon fing er sich und erwiderte, verbindlich lächelnd.

„Eure Grand-mère war in der Tat eine bewundernswerte Frau und ich habe es zutiefst bedauert, dass ich sie nur für wenige Stunden erleben durfte. Ihr allerdings, Madame, besitzt dagegen den Reiz der Jugend, an dem sich das Alter, dem ich nun einmal angehöre, nicht satt genug zu sehen vermag."

„General, Sie sind ein Schmeichler", sagte die Fürstin, wobei es ihr gelang, leicht zu erröten. „Sie wissen wahrlich Komplimente zu setzen. Doch nun entschuldigen Sie mich. Drüben sehe ich die Comtessa Maria Felice, die ich zuletzt in Rom getroffen habe. Ich muss sie etwas fragen…"

Damit wandte sie sich ab und eilte auf die Neapolitanerin zu. Carl schaute ihr amüsiert hinterher. Ein bunter Schmetterling, die Fürstin, und eine reizvolle Erscheinung. Der Minister war fast zu beneiden.

„Vater!", Geoffroy Carl trat zu ihm. „Könnten Sie bitte mit mir kommen, ich muss Ihnen etwas zeigen."

Seine Stimme zitterte leicht. Ohne auf eine Antwort zu warten, drehte er sich um und schritt auf eine der Türen zu. Überrascht und ein wenig beunruhigt folgte ihm Carl. Sein Sohn führte ihn zu einer im Halbdunkel gelegenen Nische, an deren Ende sich eine schmale Seitentür befand. Dort stand mit einem Leuchter in der Hand ein junges Mädchen von vielleicht siebzehn oder achtzehn Lenzen. Im unruhigen Licht zeigte sich Carl ein fein geschnittenes Gesicht, dessen voller roter Mund in anmutigem Kontrast zu großen grünblauen Augen stand. Das runde Kinn zierte ein reizvolles Grübchen. Dunkle Locken fielen offen über die zarten Schultern hinab, der Leib war schlank und offenbarte die frischen Konturen der Jugend. Ihre eher einfache Kleidung entsprach allerdings nicht der zu erwartenden

Balltoilette, jedoch von der Qualität des Stoffes und des Schnittes auch nicht der einer Bediensteten.

„Das ist Luisa“, stellte Geoffroy Carl sie ohne weitere Erklärung vor. „Bitte zeig meinem Vater, was du entdeckt hast!“

„Was wäre das?“, fragte Carl.

Luisa knickste lächelnd, antwortete aber nicht direkt auf seine Frage.

„Kommen Sie bitte mit, meine Herren“, bat sie dagegen, „und sehen Sie selbst!“ Sie öffnete die Tür und schritt voran in den sich dahinter befindlichen Flur.

Ein Abenteuer? Der Abend versprach interessant zu werden. Carl und sein Sohn folgten ihr ohne zu zögern. Im Gang herrschte graue Dunkelheit. Das Kerzenlicht in der Hand des jungen Mädchens reichte nicht aus, diesen vollständig auszuleuchten. Dennoch eilte sie schnellen Schrittes vorwärts, sodass die beiden Männer fast Mühe hatten, ihr nachzukommen, zumal der unebene Boden das rasche Gehen erschwerte. Dieser bestand zunächst aus groben Pflastersteinen, ging dann in gestampften Lehm über, den Rillen durchzogen. Der Weg führte mehrfach um etliche Kurven und schien allmählich abwärts zu gehen. Dann machte der Gang eine plötzliche Biegung um mehr als 90 Grad und endete, wie es aussah, abrupt vor einer mit Ziegeln gemauerten Wand. Ihre Führerin störte das nicht. Sie hielt inne, berührte einen der dunkeln Steine, der sich für den Nichtkundigen von den anderen in keiner Weise zu unterscheiden schien – und das Hindernis glitt mit einem leichten Ruck halb zur Seite. Das Mädchen schlüpfte gewandt durch die so entstandene, enge Öffnung, die Kerze erlosch – und es verschwand!

Völlige Dunkelheit legte sich um sie.

„Was soll das?“, empörte sich Geoffroy Carl.

„Still!“, raunte ihm sein Vater zu. „Drück dich eng an die Wand!“

Die Warnung kam keinen Augenblick zu früh: Die Schwärze

wurde urplötzlich von einem grellen Lichtblitz erfüllt, verbunden mit einem gewaltigen Krachen – ein Schuss! Er hallte noch nach, als unmittelbar ein zweiter folgte. Carl und sein Sohn ließen sich bereits beim ersten auf den Boden fallen und krochen, so rasch es möglich war, zurück zu der Stelle, an der sich im Gang eine Kurve befand. Beide schafften es, den Schutz der Biegung, ohne weiter angegriffen zu werden, zu erreichen und richteten sich vorsichtig auf. Von der anderen Seite her tönte ein scharfes Klacken, dann wurde es still.

„Das scheint eine Art Falle gewesen zu sein", raunte nach einer Weile Carl seinem Sohn zu. „Offenbar sollten wir nicht weitergehen und die Wand wurde wieder geschlossen. Kehren wir zurück und holen Verstärkung, vor allem Waffen und Licht." Sie wandten sich in die Richtung, aus der sie gekommen waren, wobei es im Dunkeln nur langsam vorwärtsging.

„Woher kanntest du das Mädchen?"

„Ich kannte es nicht. Es sprach mich an, sagte, es hieße Luisa und habe etwas entdeckt, was es nur Ihnen und mir zeigen dürfe."

„Das Übrige taten ein paar frische Augen und ein hübsches Gesicht. Oh, wir haben uns wie die verliebten Gimpel an der Nase herumführen lassen!"

Sie erreichten den Eingang und traten zurück in die Nische. In dieser waren inzwischen frische Kerzen angezündet worden, die das vorher herrschende Halbdunkel vertrieben. Zwei Spiegel, die vorhin nicht aufgefallen waren, verstärkten das Licht. Carl lachte auf.

„Wie du aussiehst, Geoffroy Carl. Wie ein Meerschwein!"

„Und Sie erst, Herr Vater. Wie die Obermeersau persönlich."

Die Kriecherei hatte auf Kleidung und im Gesicht deutliche Spuren hinterlassen.

Mit Hilfe der Schnupftücher säuberten sie sich gegenseitig so gut es ging, dann kehrten die beiden Männer in den Ballsaal zurück.

Eine Viertelstunde später drang unter Carls Führung eine Gruppe fackeltragender Bewaffneter in den geheimnisvollen Gang ein. Im Eiltempo erreichten sie die Stelle, an der die Ziegelmauer den Weg versperrte. Mit einer Spitzhacke wurde das Hindernis rasch beseitigt. Dahinter zeigte sich ein breites Halbrund, von dem aus sich verschiedene Gänge in alle Himmelsrichtungen öffneten. Zu ihren Füßen rauschte es, Wasser floss durch einen schmalen Kanal, ein Dutzend Stufen führte zu einem Bootsanleger hinab. Dort, auf einem Bündel von Lumpen, lag eine leblose Gestalt, das junge Mädchen! Augen und Mund waren weit geöffnet und über den zarten Hals lief eine klaffende tiefrote Wunde. Blut bedeckte den Oberkörper. Carl betrachtete im Licht der Fackeln einen Augenblick den Leichnam. Etwas kam ihm merkwürdig vor.

„Fällt dir etwas auf?“, wandte er sich an Geoffroy Carl, der die Tote voller Entsetzen anstarrte. „Fass dich und beschreibe, was du siehst!“

„Jemand … hat ihr die Kehle durchgeschnitten“, sagte sein Sohn, sichtlich um die Worte kämpfend. „Alles ist voll Blut. Und …“, er stockte erneut, „sie liegt irgendwie seltsam da. Die Arme sind kreuzförmig ausgebreitet …“

„Und die Hände?“

„Sie hat sie zu Fäusten geballt!“

„Öffne die linke Hand!“

Mit einem spürbaren Widerwillen kam er der Aufforderung seines Vaters nach, beugte sich zur Toten hinab und brach die Hand auf. Ein Papierfetzen kam zum Vorschein, den er Carl reichte. Dieser betrachtete den Fund aufmerksam, schüttelte nach einigen Augenblicken den Kopf.

„Da steht etwas geschrieben, aber die Buchstaben sind bei diesem Licht nicht zu entziffern.“

„Und jetzt?“

„Jetzt kehren wir zurück!“

„Wir folgen nicht den Mördern?“

„Die sind längst über alle Berge. Es ist nicht sinnvoll, sich nachts in dieses Labyrinth zu wagen."

„Sie sind vorsichtig geworden, Vater. Früher hätten Sie nicht gezögert ..."

„Still!", unterbrach Carl seinen Sohn. „Wir handeln so, wie ich es sage! Die Tote wird mitgenommen."

Er gab den Fackelträgern ein kurzes Handzeichen. Diese nahmen den Leichnam auf und Carl stieg ohne ein weiteres Wort die Stufen empor.

Der Rückweg verlief schweigend. Carl an der Spitze hing seinen Gedanken nach, während sein jüngeres Ich mit finsteren Blicken hinter den Trägern her stapfte. Die kleine Gruppe kehrte zum Fest zurück, wo die Gastgeberin Henriette Freifrau von Pereira-Arnstein sie bereits voller Aufregung und Wissbegier erwartete.

„Mein lieber Herr von Schack", wandte sie sich am Carl. „Ich sterbe geradezu vor Neugier. Berichten Sie, was haben Sie entdeckt?"

„Ein totes Mädchen", erwiderte Carl ungerührt. „Die Träger haben ihren Körper in ein Zimmer gebracht."

Die Freifrau erschrak:

„Eine Tote? Wer um Gotteswillen ist sie?"

„Das kann ich Ihnen nicht sagen, Gnädigste. Ich glaube auch nicht, dass Sie das Mädchen kennen. Sie gehörte höchstwahrscheinlich einem anderen Stand an. Aber ich muss Sie um absolutes Stillschweigen bitten. Es könnte sein, dass jemand auf dem Empfang ist, der mehr von dem Geschehen weiß, als wir erahnen."

„Ich verstehe", erwiderte die Dame gedehnt. „Wie unangenehm, einen solchen Gast zu haben."

„In der Tat, das ist es", bestätigte Carl knapp, dem das kühle Verhalten der Gastgeberin wenig gefiel. „Wenn Sie uns jetzt entschuldigten, es ist einiges zu veranlassen."

„Natürlich, General von Schack. Ich verstehe, Sie haben sich Ihrer Pflicht zu widmen."

Er verbeugte sich stumm und verließ zusammen mit Geoffroy Carl den Ballsaal.

„Was haben Sie mit den Worten gemeint, die Sie gegenüber der Freifrau geäußert haben, Vater? Sie schien mir über diese ein wenig erzürnt zu sein."

Beide Männer stiegen gerade in ihre Kutsche, die soeben, aus einer Seitenstraße kommend, vorgefahren war.

„Das mag wohl sein, Geoffroy", gab Carl zur Antwort und schloss den Schlag. „Allein, ich habe und hatte gute Gründe, mit meinen Aussagen vorsichtig zu sein. Direkt hinter Henriette von Pereira-Arnstein stand Baron von Esterházy. Er tat sein Bestes, um ja alles mitzuhören, was ich berichtete."

„Esterházy ist wie alle Ungarn neugierig."

„Das wäre zu verkraften gewesen … Augenblick!"

Carl beugte sich aus dem Seitenfenster. „Johann, fahr nur bis zur nächsten Ecke und halte dort so, dass der Eingang des Palais im Blick bleibt. Warte dann auf weitere Befehle!"

Der Diener gab den Pferden die Zügel, der Wagen rollte an und bis zur nächsten Kreuzung, wo er in einer Halbschrägen stehenblieb.

„Esterházy oder Baron Esterházy, wie er sich zurzeit nennt", sprach Carl weiter, „ist nichts weiter als ein napoleonischer Spion. Es handelt sich bei dem Mann in Wirklichkeit um Karl Ludwig Schulmeister. Auch wenn er sich das Haar gefärbt hat und einen Bart trägt, habe ich ihn sofort erkannt."

„Schulmeister? Der gleiche Mann, der in Königsberg die politische Polizei führte und mit größter Brutalität gegen alle Patrioten vorging?"

„Das war in der Tat der Monsieur Schulmeister. Er ist und war auch derselbe, der 1805 und erneut 1809 zum Generalkommissar der hiesigen Polizei ernannt wurde. Ein ehemaliger Schmuggler, wahrscheinlich auch ein Räuber – und Mitglied der Freimaurerloge La vraie Fraternité in Straßburg. Ein Elsässer und ein Schuft, der sein deutsches Vaterland an die Franzosen verraten hat."

„Glauben Sie, dass der saubere Herr mit dem Mord an dem jungen Mädchen zu tun hat?"

„Das wäre durchaus zu überlegen. Du erinnerst dich, ich hatte es in Berlin mit einer seiner Kreaturen, diesem Maître Blanvillier zu tun."

„Derselbe, der bei unserer Patrouille erschossen wurde?"

„Derselbe!"

„Eigentümlich … Was steht eigentlich auf dem Zettel aus der Hand der Toten?"

„Richtig, das Papier!"

Carl griff in die Tasche, doch diese war leer. Der Zettel musste in der Eile verloren gegangen sein.

„Das Papier ist fort. Aber still, es geschieht etwas."

Er wies auf das Tor des Palais, aus dem soeben ein Mann heraustrat und sich forschend umsah. Dann stieß er auf zwei Fingern einen gellenden Pfiff aus und von einer Seitengasse her rollte ein doppelt bespannter schwarzer Landauer heran, der direkt vor dem Pfeifer anhielt. Der Mann öffnete den Schlag und sprang gewandt ins Innere. Im gleichen Augenblick ließ der Kutscher die Peitsche knallen und fuhr los.

„Hinterher!", rief Carl dem Mann auf dem Bock zu. Johann schnalzte kurz, die Pferde trabten an und sie folgten dem Landauer. Im schnellen Tempo ging es durch die nächtliche Stadt. Bald verließen sie die durch Laternen hell beschienenen Hauptstraßen, gelangten in fernere Viertel und bogen endlich ein in das dunkle Gewirr des alten Judenviertels.

Zwischen den hohen, düsteren Mauern der Häuser zog sich der gepflasterte schmale Straßengrund, schwarz verborgen, selbst das Licht des mitternächtlichen Mondes erreichte ihn nicht. Aus den Kellern stieg ein dumpfer Geruch nach alten Lumpen auf. Der Mief verschwitzter Kleider, mit scharfen Essenzen und anderen Mixturen geputzt, drang aus den finsteren Verkaufsläden und vergitterten Fenstern bis in das Innere der Kutsche. Sie fuhren langsamer, denn die Gassen verengten sich und waren schließlich kaum mehr zu durchfahren. Plötzlich stoppte die Fahrt.

Carl beugte sich aus dem Seitenfenster, um den Grund für den Halt zu erfahren.

„Was ist los, Johann?"

„Der Landauer hat angehalten, Herr", erklärte der Kutscher. „Wir können an dem Wagen nicht vorbei."

„Raus!", rief Carl. „Der Kerl entkommt uns sonst."

Mit diesen Worten öffnete er den Schlag und sprang hinaus auf die Straße. Geoffroy folgte. Einige Meter weiter vorne sahen sie die dunkle Silhouette des anderen Fahrzeugs: Die fremde Kutsche schien leer und die Männer zwängten sich außen vorbei zur anderen Straßenseite. Carl gelangte als erster hinüber und konnte gerade noch sehen, wie eine schemenhafte Gestalt am hinteren Ende der Gasse in einen Hauseingang trat und dort verschwand.

„Hinterher!"

Kurz darauf erreichten die beiden Verfolger das Tor und fanden dieses erwartungsgemäß verschlossen. Das Gebäude selbst wirkte völlig verwahrlost. Der Mörtelverputz fehlte vom Erdgeschoß bis hoch zum Dachgebälk. Ziegel lagen bloß und in dem Mauerwerk klafften da und dort handtellergroße Löcher. An den Fensterrahmen hingen alte Hosen, Hemden und Sakkos, alles wirkte schmutzig und abweisend.

„Da drüben scheint ein weiterer Zugang zu sein", sagte Geoffroy und wies nach links.

„Gut, nehmen wir diesen!"

Ein brüchig wirkender Torbogen führte in einen düsteren Hof, an dessen einer Seite ein rötliches Licht flackerte. Dahinter zeigte sich eine weitere Tür, welche halb geöffnet war. Die Männer durchquerten den Hof und traten durch den Eingang. Vor ihnen lag ein weiter, gewölbter Raum, der als Ausschank zu dienen schien. Schwaden beißenden Tabakrauches lagerten über groben Tischen, hinter denen an langen Holzbänken mehr als ein Dutzend zerlumpte Gestalten hockte. Unter ihnen befanden sich etliche Dirnen, ungekämmt, schmutzig, die meisten barfuß, den Busen mit schmutzigen Tüchern kaum verhüllt. An ihrer Seite saßen Viehhändler, mächtige Gestalten mit haarigen Fäusten, groben Gesichtern und schwerfälligen Fingern. Neben ihnen blatternarbige Burschen in bunt karierten Hosen, allerlei zerlumpte Alte und andere rotnasige Säufer. Eine ungeheure Lautstärke herrschte, alles redete und schwatzte quer durcheinander. Im Hintergrund spielte eine Fiedel, zu deren schrillen Tönen ein rothaariges Weib anzügliche Lieder sang. Sie waren in einer wahren Kaschemme gelandet.

Carl von Schack blickte sich suchend um. Den Spion konnten sie in dem ganzen Gesindel nicht entdecken, wobei es möglich schien, dass der Kerl in dem bunten Gewirr untergetaucht war.

„Die hochwohlgeborenen Herren suchen das besondere Vergnügen und passende Unterhaltung?"

Wie aus dem Nichts tauchte eine Frau in einem verschlissenen dunkelroten Kleid vor ihnen auf. Sie war vollschlank, stark geschminkt und das Gesicht, welches einmal durchaus anziehend gewesen sein mochte, wirkte verlebt und hart. Trotz allem hielt Carl sie für höchsten dreißig. Während seiner kurzen Betrachtung hatte das Weib sie ihrerseits abschätzend gemustert. Ihr Blick blieb an den Orden auf Carls Brust hängen

„Nee", sagte sie und schüttelte den Kopf, „ich glaube nicht, dass die Herren zum Amüsement zu uns gekommen sind. Ihr seid hinter was ganz anderem her", fügte sie mit schlauem Lächeln hinzu. „Sucht ihr jemanden?"

„In der Tat", erwiderte Geoffroy, „und wir haben ihn bereits gefunden!"

Er deutete nach links, wo sich eine hölzerne Theke befand. Dort zeigte sich für einen kurzen Augenblick das Gesicht des Straßburgers. Geoffroy wollte vorwärtsstürmen, doch von der Seite drängten einige vierschrötige Kerle vor, die sich ihm in den Weg stellten.

„Halt!", ertönte das scharfe Kommando Carls. „Geoffroy, komm her. Und ihr Kanaillen, geht sofort dahin zurück, woher ihr gekommen seid! Der erste, der sich widersetzt, bekommt meine Kugel zu schmecken!"

Eine Pistole in seiner Hand unterstrich seine Worte. Geoffroy trat neben ihn und zog seinen Degen. Da verstummte das Gefiedel und im ganzen Raum wurde es schlagartig still. Alle Köpfe wandten sich ihnen zu. Eine prickelnde Spannung breitete sich aus. Da und dort bewegte sich jemand, Messer wurden gezückt, ein halblautes zorniges Gemurmel entstand, wurde lauter und bedrohlicher. Plötzlich sprangen etliche der Kerle auf und rückten von verschiedenen Seiten langsam aber stetig auf sie zu. Carl spürte die Explosivität der Lage, die Situation war kurz davor, außer Kontrolle zu geraten. Seine Waffe und der Degen allein würden gegen den Mob kaum etwas ausrichten können.

Eine Hand legte sich auf seinen Arm, er fuhr herum. Es war das Weib im roten Kleid.

„Folgt mir, ihr Herren, wenn euch euer Leben lieb ist!", raunte sie ihm zu und wandte sich, ohne auf seine Antwort zu warten, einer im Hintergrund bislang verborgen gewesenen Tür zu. Die beiden Männer zögerten nicht und eilten ihr hinterher. Rufe ertönten und eine vor Hass verzerrte Stimme brüllte:

„Packt sie!"

Dann kam etwas geflogen, ein irdener Krug, der, ohne ihn zu berühren, mit lautem Krachen an der Wand direkt neben Carls Kopf zerschellte. Doch schon hatten die Männer die Tür erreicht. Alle schlüpften hindurch und diese, aus festen Bohlen bestehend, wurde von dem Weib unverzüglich geschlossen und verriegelt.

Sie befanden sich jetzt in einem schmalen Zimmer, das durch eine auf einem Schemel stehende rußige Öllaterne mehr schlecht als recht beleuchtet wurde.

„Weiter, beeilt euch!", ihre Führerin durchquerte hastig den Raum und öffnete eine weitere Tür, die zu ihrer Überraschung in eine enge Gasse führte. „Und nun geht!"

„Wir sind in deiner Schuld ...", begann Carl. Er blieb stehen und griff nach seiner Börse, um einige Münzen hervorzuholen. Doch die Frau im roten Kleid wehrte zu seinem Erstaunen die Gabe ab.

„Oh nein, gnädiger Herr! Nicht Euer Geld will ich. Eure Hilfe erflehe ich."

„Meine Hilfe? Gewiss, die sollst du haben. Wie kann ich dir behilflich sein?"

„Findet Luisas Mörder!"

„Luisas Mörder? Meinst du das junge Mädchen, das uns heute Abend geführt hat? Aber, wie kannst du von ihrem Tode wissen?"

„Versprecht, dass Ihr ihn fassen werdet", bat die Frau, ohne seine Frage zu beantworten und fasste wie flehend nach Carls Arm.

„Wir werden alles daransetzen, ihn zu finden. Mehr kann ich nicht versprechen. Aber sag, was weißt du von dem Geschehen?"

„Nichts, ich weiß gar nichts", erwiderte das Weib. „Geht jetzt!

Sie kehrte ihnen der Rücken und trat hastig in das Innere des Hauses. Die Tür knallte zu und wurde verriegelt.

Vater und Sohn starrten verblüfft auf die dunkle Holzfläche. Carl schüttelte den Kopf.

„Ein seltsames Geschehen, dem wir unbedingt auf den Grund gehen sollten. Doch nicht jetzt, denn ich fürchte, das Weib hat recht, wir sollten schleunigst von hier verschwinden!"

„Wohin?"

„Die Gasse hinab."

Beide wandten sich von dem Tor ab und eilten über das schiefe Kopfsteinpflaster davon. Um sie herum war es stockdunkel, in keinem der zahlreichen Fenster brannte ein Licht. Leer und schweigend starrten ihre Höhlen auf die Straße. Auch der Mond schien sich verfinstert zu haben. Eine bedrohliche Schwärze lastete auf den Häusern und eine seltsame Stille herrschte, in der ihre Schritte umso mehr weit in die Nacht hinein hallten. So wurden ihre Bewegungen langsamer, und sie kamen nur sehr mühsam vorwärts. Plötzlich stolperte Geoffroy und stürzte zu Boden. Er rollte sich ab und sprang sofort wieder auf die Füße.

„Verdammt, irgendetwas liegt da im Weg."

„Warte, ich habe von unserer Erkundung noch ein Büchschen mit Tunkhölzern dabei."

Carl zog ein metallenes Behältnis aus der Innentasche seines Rockes. Es war zweigeteilt. Auf der einen Seite, gut verschlossen, befand sich ein winziges Gefäß mit konzentrierter Schwefelsäure. Auf der anderen, ebenso fest verwahrt, mehrere Hölzchen, deren Köpfe mit einer Mischung aus Kaliumchlorat, Schwefel, Zucker und Gummi arabicum bestrichen waren. Carl holte eines hervor, schloss den Deckel sorgfältig und öffnete den Teil mit der Flüssigkeit. Kurz tauchte er das Holz hinein, sofort fing es, nach allen Seiten Funken spritzend, zu brennen an. Im flackernden Licht des Tauchholzes erkannten sie, was Geoffroy hatte stolpern lassen: Zu ihren Füßen lag die Leiche eines ihnen unbekannten Mannes! Eine blutige Wunde zog sich quer über sein Gesicht – dann erlosch das kleine Licht und von dem Toten war nichts mehr zu erkennen. Aber am Rande des Blickfeldes hatte Carl etwas anderes wahrgenommen. Mit einer schnellen Bewegung stieß er seinen Sohn zur Seite. Im gleichen Augenblick krachte eine Pistole und eine Kugel schlug dort ein, wo sich Geoffroy gerade noch befunden hatte. Carl zog seine eigene Waffe und gab einen Schuss ungefähr in die Richtung ab, in der sich das Mündungsfeuer gezeigt hatte. Ein wütender Aufschrei verdeutlichte, dass er getroffen haben musste. Die beiden Männer griffen zu ihren Degen, um den kommenden Angriff abzuwehren. Doch nichts geschah.

Sie warteten und warteten. Endlich waren hastige Schritte zu hören, der unbekannte Gegner schien sich zurückzuziehen. Die Geräusche verstummten und die vorherige Ruhe kehrte wieder ein.

Einige Augenblicke lauschte Carl in die Stille hinein, dann steckte er seinen Degen in die Scheide.

„Das war`s wohl, kehren wir zur Kutsche zurück."

„Und der Tote?"

„Wir geben der Stadtgendarmerie Bescheid, die wird sich um die Angelegenheit kümmern."

„Und wohin jetzt?"

„Jedenfalls nicht weiter in die Richtung."

„Etwa zurück in die Spelunke?"

„Natürlich nicht. Ein Stück zurück, etwa auf halber Strecke, schien mir eine seitliche Einmündung zu sein. Dort kommen wir hoffentlich weiter."

Beide wandten sich um und suchten sich durch die Dunkelheit ihren Weg zurück. Nachdem sie eine Weile vorwärtsgelaufen waren, hielt Carl im Schritt inne.

„Der Seitengang müsste längst erreicht worden sein, wir scheinen ihn verpasst zu haben."

„Ich habe nichts bemerkt. Vielleicht sollten wir weiter…"

„Still!", unterbrach ihn Carl. „Hörst du?"

Töne wehten aus einer unbestimmten Nähe zu ihnen hinab. Mal ferner, mal fast unmittelbar erklingend, ein einfaches, klagendes Musikstück, gespielt auf einer Laute. Dann setzte Gesang ein und ein bekanntes Volkslied war zu hören:

„Liebster, komm zu der Nacht, komm ohne Sorgen, bleib in Liebe bis hin zum Morgen …"

Es war die Stimme eines jungen Mädchens, das da sang. Klar, frisch und glockenrein.

„Wer ist das schöne Kind, das hier singt?", fragt Geoffroy überrascht. „Solche Töne an diesem dunklen Ort und zu dieser späten Stunde?"

Carl musste insgeheim lächeln. Sein Sohn hatte von der Stimme auf das Äußere der Sängerin und ihre Schönheit geschlossen. Ganz das romanhafte und sich schnell begeisternde Denken der Jugend im Stile der Dichter und Denker Clemens Brentano und Achim von Arnim, die er vor einiger Zeit bei einer Rheinreise kennengelernt hatte.

„Ich glaube nicht, dass der Name der Singenden für uns Bedeutung hat", gab er zur Antwort.

„Sie sind, bei allem Respekt, ein wahrer Philister, Vater. Ich möchte wohl meinen, wir fänden bei der holden Maid bessere Aufnahme als in der Spelunke vorhin."

„Jetzt ist die Maid schon hold", meinte Carl, „aber gut, lass uns sehen, dass wir hier wegkommen. Unholdes gibt es hier genug."

In diesem Augenblick leuchtete schräg über ihnen in einem Fenster Licht auf. In seinem Schein zeigten sich linkerhand Stufen, die offenbar zu einem höher gelegenen Straßenteil führten. Carl begann sogleich mit dem Aufstieg, doch Geoffroy zögerte, ihm zu folgen.

„Komm! Worauf wartest du? Auf die schöne Sängerin?"

Der Spott schien Geoffroy aufzurütteln, denn er löste sich aus seiner Starre und wandte sich ebenfalls der steinernen Treppe zu. Rasch stiegen sie hinauf und gelangten nach einigen Minuten zu einem kleinen Plateau, von dem weitere Stufen in die Höhe auf eine gepflasterte Straße in die Oberstadt führten. Carl hielt inne und schaute sich um. Helle, großzügig gestaltete Gebäude erhoben sich links und rechts. Laternen gaben ihr warmes Licht, alles wirkte sauber und gut geordnet. Die Gegend unterschied sich stark von dem tiefer gelegenen Viertel und gehörte eindeutig zu den besseren Lagen der Kaiserstadt.

Ein Rumpeln ertönte und um die hintere Straßenecke bog ein Wagen – ihre Kutsche, wie sie erstaunt feststellten. Johann saß auf dem Bock, stoppte neben ihnen und grüßte.

„Wo kommst du auf einmal her?", fragte Carl

„Das ist eine lange Geschichte, Herr", antwortete der Mann.

„Die ich hören will. Geoffroy, steig hinein. Ich setze mich hoch neben Johann, um mir seine Abenteuer erzählen zu lassen."

So geschah es, die Männer nahmen ihre Plätze ein, Johann schnalzte mit der Zunge und die Kutschpferde trabten los. Während der Fahrt berichtete der Diener von seinen Erlebnissen. Er hatte an der Engstelle, an der der Landauer die Weiterfahrt blockiert hatte, nur mit großer Mühe seine Pferde allein ausspannen und nach hinten führen können. Doch es sei ihm kaum gelungen, die Kutsche zu wenden, erzählte er, wenn nicht drei Männer gekommen wären, die ihm behilflich gewesen seien. Dann aber, nachdem er die Pferde wieder eingespannt hatte, habe plötzlich der eine in den Gürtel gegriffen und eine Pistole gezogen und auf ihn angelegt.

„Glaubt mir, gnädiger Herr, ich vermeinte bereits, mein letztes Stündlein werde schlagen und betete zu Gott, dass er meine Seele gütig aufnehme! Doch die Zeit war wohl noch nicht gekommen, denn nun kamen von der Seite vier andere Kerle mit gezogenen Waffen herangestürmt, die sich sogleich auf die drei stürzten. Ich nutzte die sich bietende Gelegenheit, schwang mich auf den Bock und fuhr im höchsten Tempo davon." Atemlos hielt Johann kurz inne, dann erzählte er weiter.

„Einer eilte mir nach und versuchte, auf die Kutsche zu springen. Ein Hieb mit der Peitsche ließ ihn stürzen. Ein anderer schoss, doch die Kugel verfehlte zum Glück ihr Ziel!"

„Ein wahres Abenteuer", bestätigte sein Herr. „Zu dessen Lösung wir im Augenblick wohl nicht schreiten können."

Sie erreichten das Palais der Familie des Grafen Cavriani in der Bräunerstraße 8, in dem die Herren während des Kongresses logierten und wo Carl schon vor Jahrzehnten residiert hatte. Das

Palais umfasste die gesamte Tiefe der Häuserzeile und besaß zwei Fassaden, die im hochbarocken Stil errichtet waren. Der Stil setzte sich im Innern fort, das ebenfalls sehr prachtvoll ausgestaltet war. Maximilian Franz Graf von Cavriani hatte Carl nebst Sohn eingeladen, befand sich allerdings auf einer Reise in Galizien. Auch seine Gemahlin Jozefa, eine geborene Gräfin Esterházy von Galántha, war für einige Zeit mit dem Sohn Karl auf das Landgut gefahren, sodass ihnen das gesamte Haus zur Verfügung stand. Sie durchquerten die Eingangshalle und stiegen in den ersten Stock empor, wo ihre Gemächer lagen. Carl verabschiedete sich von Geoffroy und trat in das Entrée der Räume, die er bezogen hatte, und von dort in den kleinen Salon, der zu dem Ensemble gehörte. Überrascht blieb er auf der Schwelle stehen. Die Leuchter waren entzündet und in ihrem Licht sah er ein Fräulein, das sich auf der gelben Récamiere, die mit anderen Polstern den Raum zum größten Teil erfüllte, malerisch ausgestreckt hatte. Die Besucherin trug ein dünnes Seidenkleid, das ihre schlanke Figur aufs Angenehmste betonte und zudem männlichen Augen überaus reizvolle Einblicke gewährte. Das Gesicht unter den dunklen Locken, das die Unbekannte ihm zuwandte, konnte nur schön genannt werden. Schwarze, glutvolle Augen, die edle Nase, die vollen Lippen und das feine Spiel der Wangen boten einen faszinierenden, Carl eigentümlich berührenden Anblick. Ihm war, als sei er dem jungen Fräulein bereits einmal vor langer Zeit begegnet. Allein das war vom Alter nicht möglich, er schätzte die Unbekannte auf höchstens achtzehn Lenze.

„Wer sind Sie, mein Fräulein und was führt Sie zu dieser späten Stunde zu mir?“, sprach er die junge Schönheit freundlich an. „Mir dünkt, als hätte ich Sie schon einmal gesehen, wiewohl dies wohl unwahrscheinlich ist.“

„Nicht mich, Herr von Schack, erkennen Sie wieder. Nein, es sind die Züge meiner Tante väterlicherseits. Mein Name lautet Marielle von Korff, mein Vater ist Friedrich Nikolaus Georg von Korff, Offizier in russischen Diensten und seine ältere Schwester war …"

„Sylvia von Korff!"

Carl fiel es wie Schuppen von den Augen, in den Zügen des Fräuleins erkannte er Sylvia wieder. Trotz der anderen Haar- und Augenfarbe war die Ähnlichkeit verblüffend. Ihm fiel die Szene wieder ein, als er Sylvia das erste Mal vor fast vierzig Jahren begegnet war. Sein Freund Hermann Schott von Schottenstein und er waren im Elsass nach diversen Abenteuern mit Herrn de Villes zusammengetroffen. Während eines Rittes durch das dämmrige Grün alter Eichen und Buchen waren aus der Tiefe des Waldes Schreie an ihr Ohr gedrungen – Menschen in Not! Die Männer gaben den Pferden die Sporen und galoppierten los, um zu helfen. Auf einer kleinen Lichtung hatte sich ihnen ein schreckliches Bild geboten. Ein Reisetross von drei Kutschen und einiger Begleitung war offenbar in einen Hinterhalt geraten und überfallen worden. Die Begleitmannschaft wehrte sich tapfer, konnte aber der Überzahl der Räuber nicht standhalten und wurde gerade erbarmungslos niedergemacht. Menschen rannten in Angst und Panik schreiend umher, verfolgt von grauen Wolfsgestalten, die jeden, dessen sie nur habhaft werden konnten, niederschlugen und töteten. Zwei der Kutschen lagen umgestürzt auf der Seite, und eben rissen die Kerle die letzten Reisenden aus einer dritten Kutsche, deren Vorderräder zerbrochen waren, heraus, darunter zwei Damen, um diese ebenfalls zu töten und um zuvor noch an den Frauen ihre tierischen Gelüste zu stillen. Schon war die Kleidung der einen zerrissen und diese unter den schändlichsten Misshandlungen halbentblößt zu Boden geworfen, da zog die andere plötzlich eine Waffe hervor und schoss dem ersten der Gesellen in den Kopf, sodass dieser tot zu Boden stürzte.

Nun wollte sich die wütende Meute auf die Dame stürzen. Doch Carl und Hermann sprengten mitten unter sie und zerstreuten die Bande mit wütenden Hieben. Darauf hatte er der Dame den Arm geboten, die Zitternde zur Seite geführt und ihr auf seinem Mantel einen Platz bereitet. Hier war diese halb ohnmächtig auf dem Stoff niedergesunken und er hatte die Gelegenheit genutzt, sie unauffällig genauer zu betrachten: Hinter dem langen Blondhaar zeigte sich ein feingeschnittenes Gesicht, in dem große, blaue Augen ihren Retter voller Dankbarkeit angelächelt hatten.

Carl seufzte. Es hatte noch lange gedauert, bis beide zueinander gefunden hatten. Erst vier Jahre später, im wunderschönen Mai 1780 nahe dem Glindowsee war dies geschehen, im Hause derer von Korff ... Vieles hatten sie in den nächsten Jahren noch gemeinsam erlebt, unter anderem hatten Sylvia und er zusammen mit August von Erlenburg die Premiere von Mozarts „Entführung aus dem Serail“ besucht. Hier in Wien war dies gewesen, am 16. Juli des Jahres 1782 im hölzernen Bühnenraum des Theaters nächst der Burg. Das Bild erschien vor seinem inneren Auge: Sylvia trug eine samtgrüne Abendrobe, auf deren Brust sie ein Sträußchen Kamelien befestigt hatte. Ihr kunstvoll frisiertes blondes Haar fiel in zahlreichen Locken hinab auf ihre weißen Schultern ...

„Herr von Schack, ist Ihnen nicht wohl? Sie wirken so abwesend?“, holte ihn die Stimme des Fräuleins in die Gegenwart zurück.

„Nein, nein, ich gedachte nur Ihrer Tante und der alten Zeiten ... Doch sagen Sie mir, mein Fräulein, was kann ich für Sie tun?“

„Ich bin auf der Suche nach meiner Kammerjungfer Luisa. Sie hat mich hierher nach Wien mitsamt zwei Dienern und dem Kutscher begleitet. Wir residieren sehr schön im Palais Batthyány-Strattmann in der Herrengasse. Jedenfalls war sie in einem bestimmten Auftrag unterwegs und ich bin sehr beunruhigt, da sie bis jetzt nicht zu mir zurückgekehrt ist.“

„Und wie kommen Sie darauf, dass ich Ihnen helfen könnte, Fräulein Marielle?“

„Sie sind, Herr von Schack, ein erfahrener und weitgereister Mann. Und in der Familie wurde immer und oft erzählt, welche

Vielzahl an gefährlichen Abenteuern Sie gemeinsam mit Tante Sylvia erlebt und gemeistert haben. Da dachte ich mir, dass Sie sicher Rat und Hilfe wüssten."

Bevor Carl antworten konnte, klopfte es an der Tür und Geoffroy trat ein.

„Ich hörte Stimmen, Vater … oh, ich wollte nicht stören!"

Er starrte das Fräulein an, welches unter seinem Blick errötete.

„Du störst nicht", erwiderte Carl mit einem Lächeln und stellte seinen späten Gast vor:

„Das ist Marielle von Korff."

Geoffroy verbeugte sich überraschend ungelenk und sein Gesicht überzog eine dunkle Röte, wie Carl belustigt bemerkte.

„Fräulein von Korff hat mich aufgesucht, um unsere Unterstützung bei der Suche nach ihrer Kammerjungfer Lisa zu erbitten. Diese war in ihrem Auftrag unterwegs und kehrte bislang nicht zurück, was unseren Gast naturgemäß sehr beunruhigt. Sagen Sie", wandte er sich wieder an das Fräulein, „wann ist Lisa aufgebrochen und um welche Uhrzeit hätte sie zurückkehren sollen?"

„Heute Morgen, gleich nach dem Frühstück habe ich sie um elf losgeschickt und erwartet, dass sie bis spätestens drei Uhr mittags zurückkehren würde. Seitdem warte ich und …", sie brach in Tränen aus, „… und ich habe solche Angst, dass Lisa etwas Schreckliches geschehen ist."

Gerührt von ihrem Anblick trat Carl zu der Weinenden und legte ihr väterlich den Arm auf die Schulter.

„Jetzt beruhigen Sie sich. Wieso sollte der Jungfer etwas passiert sein – oder war der Auftrag, den Sie ihr gaben, derart gefährlich?"

„Nein", erklärte das Fräulein unter weiterem Schluchzen, „es ging um eine Nachricht. Eine sehr private. An einen guten Freund."

Geoffroy schien diese Mitteilung, seinem Gesichtsausdruck nach, wenig zu gefallen.

Marielle von Korff warf ihm einen Blick zu und beeilte sich, ihre Worte zu ergänzen.

„Die Zeilen, die ich schrieb, waren für meinen alten Hauslehrer Herrn Magister von Auenfeld bestimmt. Es handelt sich …“, sie stockte, sprach dann aber weiter, „es handelt sich um ein Sonett. Ich dichte ein wenig“, fügte sie unter erneutem Erröten hinzu.

„Das ist doch schön“, rief Geoffroy spontan aus. „Ich meine …“, er verstummte.

Carl hatte von dem ganzen Backfischgetue genug. Er zog seine Taschenuhr hervor und warf einen Blick auf das Ziffernblatt, die Zeiger wiesen auf zwei Uhr morgens.

„Es ist mitten in der Nacht, um diese späte Stunde können wir den Spuren Ihrer Lisa kaum mehr folgen. Geoffroy bringt Sie zurück in Ihr Heim, und ich verspreche, dass wir uns morgen früh gleich auf die Suche nach der Jungfer begeben. Womöglich sieht die Welt auch ganz anders aus und sie ist längst in Ihre Wohnung im Palais Batthyány-Strattmann zurückgekehrt.“

Es war dem Fräulein anzusehen, dass es sich bemühte, Carls Worten Glauben zu schenken. Auch schien Marielle von Korff sehr ermüdet, denn sie gähnte mehrfach verstohlen.

„Ich zähle auf Sie, Herr von Schack!“

Sie erhob sich, verabschiedete sich mit einem Knicks von Carl und reichte Geoffroy den schneeweißen Arm. Dieser ergriff galant ihre Hand und führte den späten Gast aus dem Raum.

Am nächsten Morgen gegen elf war Carl beim Ankleiden, eine Tätigkeit, die er stets ohne Bediensteten verrichtete. Es klopfte und sein Kammerdiener trat ins Schlafgemach. Carl schloss den letzten Knopf.

„Was gibt es, Friedrich?“

„Verzeihung, gnädiger Herr, eine Botschaft!“

Friedrich überreichte ihm ein himmelblaues Couvert, das leicht nach Veilchen duftete. Überrascht öffnete Carl den Umschlag und zog ein ebenfalls blau gefärbtes Blatt hervor, auf dem mit roter Tinte die Worte „Heute um zehn“ geschrieben standen. Dazu hatte die Schreiberin ein Herz gezeichnet.

„Ein lettre d´amour“, verwunderte sich Carl. „Ist der Bote noch im Hause?“

„Nein, Herr, die Jungfer ist gleich von dannen.“

„Du bist sicher, dass das Brieflein für mich bestimmt ist?“, fragte er lachend.

„Die Überbringerin sagte, ‚für Herrn von Schack‘“, erklärte Friedrich. „Es könnte natürlich auch …“, er schwieg betreten, „Junker Geoffroy gemeint gewesen sein“, ergänzte Carl fröhlich den Satz. „Oh Friedrich, ich weiß nicht, was mein Sohn zu dieser Verwechselung sagen wird.“

„Welche Verwechselung?“

Geoffroy trat gerade ins Zimmer.

„Ein Briefchen, höchstwahrscheinlich von weiblicher Hand geschrieben, landete wohl fälschlicherweise bei mir. Hier“, Carl reichte ihm das „Herzblatt“, „sieh selbst, ob die Nachricht für dich bestimmt ist.“

Sichtlich widerstrebend ergriff der Angesprochene das Papier und überflog den Inhalt, wobei er errötete.

„Das ist in der Tat nicht für Sie bestimmt, Herr Vater“, erklärte er und stockte.

„Das dachte ich mir schon“, gab Carl zurück. „Wer immer dir das Brieflein zugesandt hat, bringt dich allerdings in ein Zeitproblem. Du weißt, dass wir heute Abend bei der Gräfin Zichy geladen sind und diese ausdrücklich darauf bestanden hat, einen ‚der jungen Helden im Kampf gegen den französischen Usurpator‘, so ihre Worte, persönlich kennenzulernen. Du könntest zeitliche Probleme bekommen …“

„Es muss und wird mir schon gelingen, mich aus den Fängen dieser alten Weibergesellschaft zu lösen“, erwiderte Geoffroy ärgerlich.

„Wir werden sehen", gab Carl mit einem Lächeln zur Antwort. Die Gräfin galt als eine überaus geistvolle Frau und war zudem eine wahre Schönheit – mit einem alten Weib hatten die Salonnière und die von ihr eingeladene Damenwelt wahrhaftig nichts gemein.

„Vielleicht ergibt sich eine ehrenvolle Gelegenheit zur Demension. Vergiss jedenfalls nicht, nachher sind wir vom Fürsten zu Windisch-Graetz in den Prater eingeladen."

„Seien Sie ohne Sorge, Herr Vater. Einen Ritt in den Prater würde ich nie ausfallen lassen."

Zwei Stunden später trabte eine kleine Reitergruppe über die Hauptallee des Praters in Richtung Augarten. Seit gut fünfzig Jahren, genauer seit April 1766, war das frühere Jagdrevier des Herrschers dem Volk zur Belustigung freigegeben. Acht Jahre später wurden die des Nachts das Gelände versperrenden Gitter abgebaut und jedermann konnte den Prater zu jeder Zeit betreten. In der folgenden Zeit wurde der Garten immer weiter ausgebaut und vergrößert. Am südöstlichen Ende der Hauptallee entstand ein Lusthaus. Die Stadt ließ zudem einen Donauarm zuschütten, der Praterstern wurde eingerichtet. Von diesem gingen sieben Alleen aus, von denen zwei in den Prater führten. Einen dieser Zugänge nutzte die Reiterschar.

Zu ihr gehörten fünf Personen. Zum einen Carl und sein Sohn Geoffroy, zum anderen zwei weitere Herren und ein junges Fräulein, das im Damensattel auf einem Schimmel ritt. Es handelte sich bei der Reiterin um Marie Eleonore Prinzessin zu Schwarzenberg, ein apartes, etwas blasses Fräulein von siebzehn Jahren, dessen Verlobung mit dem Fürsten Alfred zu Windisch-Graetz, so munkelte man in Hofkreisen, unmittelbar bevorstand. Daran mochte viel Wahres sein, denn besagter Fürst befand sich eng an der linken Seite der dunkelhaarigen Schönheit. Beide schienen sich blendend zu unterhalten und achteten kaum auf ihre Begleiter, geschweige denn auf ihre Umgebung. Hinter dem trauten Paar, neben Carl, ritt Prosper Ludwig von Arenberg, Herzog der früheren Herrschaft Arenberg-Meppen und vermählt mit Stéphanie de Tascher de La Pagerie, einer Cousine der ersten Frau Napoleons Joséphine. Der Herzog, weitläufig mit dem Fürsten verwandt, war gesundheitlich angeschlagen. Er hatte im Spanischen Krieg gekämpft, wo er ein Kavallerie-Regiment geführt und vor bald drei Jahren bei einem Gefecht schwer verwundet in englische Gefangenschaft geraten war. Erst vor vier Monaten hatte er diese verlassen dürfen und litt noch immer an den Folgen der Verwundung, was ihn stets aufs Neue verbitterte.

„Da bin ich keine dreißig Jahre alt und ein körperliches Wrack", wetterte er soeben. „Alles wegen dieser verdammten Schlacht und den Briten. Wie General Hill und seine Rotröcke General Girard ausgeschaltet haben; eine Schande, sage ich Ihnen, General von Schack, eine Schande. Ich weiß, Sie standen auf der anderen Seite, aber als militärischer Fachmann können Sie das Geschehen objektiv beurteilen. Wir haben uns verhalten wie die Preußen bei Jena und Auerstedt, ein Skandal", ereiferte er sich erneut.

„Gewiss, Hoheit, ein wahrer Skandal", pflichtete ihm Carl bei. Er war über den Herzog und seine zahlreichen Schwierigkeiten gut informiert. Zum einen hatte dieser sein Herzogtum gleichsam nebenbei verloren. Vor elf Jahren erst war ihm von seinem Vater die Regierung des Herzogtums Arenberg-Meppen übergeben worden. Zum Territorium gehörten die Grafschaft Recklinghausen und das Amt Meppen. Nach dem Beitritt zum Rheinbund kam noch die Herrschaft Dülmen hinzu. Obwohl er Frankreich in jeder Hinsicht, vor allem militärisch, unterstützte, gliederte Napoleon per Dekret Meppen ins französische Kaiserreich ein; die Grafschaft Recklinghausen wurde dem Großherzogtum Berg zugeschlagen. Er zog in den Spanischen Krieg und nahm an dem für ihn so unglücklich verlaufenden Gefecht von Arroyo-Molinos teil. Ein Ereignis, das ihn auf Jahre von Prinzessin Stéphanie trennte. Es kam wie es kommen musste, Stéphanie war ihre eigenen Wege gegangen und die Ehe, so wussten die gut informierten Kreise zu berichten, befand sich kurz vor dem Ende. Was Carl verwunderte, war die weiterhin bestehende Loyalität des Herzogs gegenüber dem französischen Despoten, obwohl dieser längst geschlagen war.

„Aber Hoheit, ein Wrack sind Sie wahrhaftig nicht, sondern ein Mann in den besten Jahren, den gewiss noch eine glänzende Zukunft erwartet. Allerdings …“, er hielt kurz inne, um zu überlegen, ob den Herzog wirklich auf die Unsinnigkeit seines Beharrens an der Seite Napoleons hinweisen sollte. Andererseits, er mochte Prosper und seitdem der Kaiser im April abgedankt hatte, kam es einen machtpolitischen Selbstmord gleich, weiter zu ihm zu stehen. „Allerdings sollten Sie sich vielleicht von Ihrer Position an französischer Seite etwas wegbewegen.“

„Mein bester Herr von Schack“, erwiderte der Herzog lachend. „Das ist längst geschehen. Nur meine Haltung den Krieg betreffend hat sich nicht geändert. Da war und bin ich auf Seiten des Imperators. Ich gab mein Wort und dazu steh ich. Doch lassen Sie uns von anderen Themen sprechen. Wie sagt Herr von Goethe, ‚politisch Lied, ein garst`ges Lied‘! Was halten Sie von unseren beiden Sommervögeln?“

„Er scheint ihr gewogen und sie ihm auch“, gab Carl lächelnd zurück.

„In den Salons der Stadt lernt man sich kennen“, sagte der Herzog von Arenberg. „Wien tanzt! Wie auch immer, Sie haben gestern Abend den Empfang Fanny von Arnsteins besucht? Ich war verhindert, was ich bedauere, ihre Tochter Henriette ist eine beeindruckende und charmante Frau, die angenehm zu plaudern versteht. Es soll zu einem Zwischenfall gekommen sein?“

„Davon habe ich auch gehört“, ließ sich jetzt Fürst Alfred hören, der wohl gemerkt haben mochte, dass er sich nicht völlig mit Prinzessin zu Schwarzenberg separieren durfte. „Ein geheimnisvolles Fräulein ist zu Tode gekommen?“

„Ein junges Mädchen wurde unter seltsamen Umständen ermordet", antwortete Carl und gab einen knappen Abriss des Geschehens, ohne dabei die eigene Rolle zu sehr zu beschreiben.

„Ein Mysterium", kommentierte der Fürst, während die Prinzessin „das junge Ding" bedauerte. Dann wandte sich das Gespräch anderen Themen zu, das tote Mädchen hatte die erlauchte Aufmerksamkeit nur kurz fesseln können.

Gegen fünf kehrten Vater und Sohn ins Palais zurück. Sie nahmen eine Schokolade sowie etwas Gebäck zu sich und pflegten dann bis gegen neun der Ruhe. Anschließend zog man sich um und brach, die Uhr schlug soeben zehn, zum heutigen Empfang der Gräfin Zichy auf.

In Molly Zichy-Ferraris Salon versammelte sich einmal die Woche der vergnügungssüchtige Adel, zahlreiche bedeutende Männer und Frauen, Personen vor allem, die gerade in der Mode waren. Es genügte nicht, Herzogin oder gar Königin zu sein, um in diesen exklusiven Circle Einlass zu finden. Man hatte elegant aufzutreten und vor allem geistreich zu parlieren. Und natürlich wurden hier, wie in allen Salons, mit großer Freude Liebes- und politische Intrigen angezettelt.

Auch heute waren zahlreiche illustre Gäste versammelt: Die Gräfin Saurau-Hunyady, die Prinzessin Jablonowska sowie die Gräfin Apponyi-Nogarola, beide außergewöhnlich attraktiv und mit reizenden Anlagen für Kunst und Musik ausgestattet. Natürlich waren auch die Schwestern von Sagan zugegen, die Carl bereits auf dem gestrigen Empfang im Hause Fanny von Arnsteins getroffen beziehungsweise vor Jahren in Berlin kennengelernt hatte. Ferner Karoline Szechény-Meade und ihre Schwester Lady Selina Meade, die schönen Töchter des Earl of Clanwilliam, die Grafen Woyna und Gatterburg, Baron Pfeil und Graf Tolstoi und als besondere Berühmtheit Eugène-Rose de Beauharnais, der Stiefsohn Napoleons, der ehemalige Vizekönig von Italien und Gemahl der Tochter des bayerischen

Königs sowie viele andere bekannte Persönlichkeiten des Hofes und der Stadt Wien. Carl war de Beauharnais mehrfach begegnet und schätzte den gradlinigen, aufrechten Soldaten und dessen unerschrockene Tapferkeit. Sie begrüßten einander herzlich, ließen aber die Politik in ihrem Gespräch außen vor. Der Prinz verabschiedete sich bald, um sich zurück in das Palais der bayerischen Gesandtschaft zu begeben, wo heute seine Frau Prinzessin Auguste mit der jüngsten, gerade ein halbes Jahr alten Tochter Théodelinde eingetroffen war. Auch Louis Antoine d'Artois, der Duc d'Angoulême, war anwesend und winkte Carl zu. Beide Männer hatten sich mehrmals bei verschiedenen Veranstaltungen getroffen und dabei einen höchst anregenden Austausch über die aktuelle Politik und das Zeitgeschehen gehabt.

Die Gastgeberin begrüßte beide Schacks überaus freundlich. Sie zog Geoffroy gleich mit sich, um ihn, wie sie sagte, einigen Damen von Geschmack vorzustellen. Carl hingegen wurde die Gesellschaft der Gräfin Thürheim zuteil, einer attraktiven Enddreißigerin, die für ihre böse Zunge und die damit verbundenen Klatsch- und Tratschgeschichten bekannt und berüchtigt war. Die Stiftsdame eines adligen Damenstifts zu Brünn, Lulu, wie sie genannt wurde, legte auch sogleich los.

„Ich hörte, Sie hätten lange Zeit in Württemberg gelebt, Herr von Schack."

„Das ist richtig, Gnädigste. Allerdings nur zur Zeit des vor mehr als zwanzig Jahren verstorbenen Herzogs Karl Eugen. Jetzt hat sich alles verändert, das Land ist Königreich und König Friedrich regiert."

„Dieser entsetzliche Dicke; er weiß bei Empfängen gar nicht, wo er seinen Bauch hinschleppen soll. Bei den Beratungen wurde der Tisch an seinem Platz halbrund ausgesägt, damit er überhaupt sitzen kann. Der Erbprinz ist viel beweglicher. Er flattert von Salon zu Salon und, trotz seines Heiratsprojektes mit der Großherzogin Katharina, von Blüte zu Blüte."

„Ist er hier?"

„Nein, er hält sich überwiegend im Salon der Prinzessin Bagration auf. Sein Vater dagegen wäre heute Abend gerne hier. Aber weder er noch der garstige König von Dänemark sind bei Molly zugelassen."

„Und die anderen gekrönten Häupter?", konnte sich Carl nicht enthalten zu fragen.

„Zar Alexander beehrt gern die zahlreichen Salons. Er zögerte auch nicht, seine hohe Stellung für seine Eroberungen zu nutzen. Bei der Fürstin Bagration, die mit Staatskanzler Metternich eine gemeinsame Tochter hat, und bei der Herzogin Wilhelmine von Sagan und ihren Schwestern machte er als Herr des Landes, in dem ihre Besitztümer liegen, seine Herrschaftsrechte bereits gelten."

„Ein Imperator d'Amour?", scherzte Carl.

„Nun", fuhr „Lulu" genüsslich fort. „Vom Zaren ausgezeichnet wurden auch Julie und Sophie Zichy, die verwitwete Fürstin Gabriele Auersperg und die Gräfin Saurau-Hunyady. Aber auch Prinzessin Taxis und die Gräfin Starhemberg sollen amouröse Erfahrungen mit dem Zaren und anderen mächtigen Männern gemacht haben."

„Gnädigste sehen mich verwirrt", sagte Carl, denn Gräfin Thürheim schien eine Antwort zu erwarten.

„Das geht vielen so", gab sie zufrieden zurück. „Dieser Salon ist auf dem besten Wege, zum wahren amourösen Zentrum Wiens zu werden. Und dies", „Lulu" sah sich vorsichtig um, ob sie auch sonst niemand höre, „obwohl Mutter Natur Gräfin Molly mit einem sehr mäßigen Verstand sowie einer außerordentlich großen Nase und einer Hüfte, die ihr bis zum halben Rücken reicht, ausgestattet hat. Sie lebt allerdings im Glauben, eine geistreiche, elegante, einflussreiche und pikante Frau zu sein. Durch die Exklusivität ihrer Einladungen hat sie es immerhin erreicht, dass alle Welt sie für geistvoll hält."

Ein Herr trat zu ihnen, Feldmarschallleutnant Graf Woyna.

„Sicher hat Sie unsere Lulu über jeden, der heute zu Gast hier ist, bestens informiert", meinte er lachend. „Für ein Stiftsfräulein ist sie wirklich glänzend informiert."

Gräfin Thürheim warf ihm einen bösen Blick zu und wandte sich ohne ein weiteres Wort ab.

„Ein tratschsüchtiges Weib", bemerkte Woyna, als sie gegangen war. „Aber nicht deswegen habe ich mich in Ihr Gespräch gemischt. Es geht um anderes. Vielleicht sollten wir zur Seite treten, drüben im kleinen Salon dürften wir ungestört sein."

Beide Männer zogen in den besagten Salon zurück, wo sie in einer seitlichen Nische Platz nahmen.

„Ich habe gehört, Herr von Schack, Sie und Ihr Sohn seien gestern gleichsam Zeugen eines Mordes geworden."

„Das ist richtig, aber warum interessiert Sie das, Graf?"

„Das ermordete junge Mädchen hieß Luisa und war in einem bestimmten Auftrag unterwegs."

„Sie setzen mich in Erstaunen, woher wissen Sie …?"

„Mir sind die Auftraggeber, jedoch nicht der Auftrag selbst bekannt. Genauer gesagt, ich vermute, dass gewisse Kreise beteiligt sind, deren Interesse es ist, den Friedenskongress in ihrem Sinne zu beeinflussen."

„Durch die Tötung einer Botin?"

„Das war, so hart es klingen mag, nur ein Begleitumstand der ganzen, sich hinter dem Geschehen verbergenden Absichten und Pläne."

„Ich gestehe Graf, Sie sprechen für mich in Rätseln. Um Ihre Andeutungen zu verstehen, wäre es vonnöten, mehr über die von Ihnen erwähnten Hintergründe und Kreise zu erfahren."

„Gut, dann hören Sie …"

„Graf Woyna, Herr von Schack, hier also verstecken sich die Herren", unterbrach die Stimme einer Dame den Grafen. Es war die ihrer Gastgeberin Molly Zichy-Ferrari.

„Wir wollen tanzen und uns fehlen noch Herren. Also kommen Sie, genug von der Politik, jetzt wird sich amüsiert!"

Den Rest des Abends verbrachten Carl und Geoffroy mit Tanz, nichtigem Geplauder und beim Jeu. Gelegenheit, mit dem Grafen Woyna zu sprechen, fand sich nicht mehr. Zudem verschwand besagter Herr gegen ein Uhr mit einer Dame, in der Carl Andrea de Nogarola zu erkennen glaubte. Wahrhaftig, dachte er, ein Salon d'Amour!

Eine halbe Stunde später brachen Vater und Sohn ebenfalls auf. Ohne weitere Zwischenfälle erreichte ihre Kutsche das Palais. Auch in ihren Zimmern warteten heute keine verängstigten Damen, und Geoffroy schien zudem die Einladung, die ihm morgens zugestellt worden war, gänzlich vergessen zu haben.

Es mochten zwei Stunden vergangen sein, als Carl von einem kratzenden Geräusch erwachte. Er setzte sich auf und lauschte. Das Geräusch wiederholte sich, es war, als riebe ein Eisen über eine raue Fläche. Einen Augenblick herrschte Stille. Dann war erneut der merkwürdige Reibeton zu hören. Eindeutig, das kam von draußen. Carl sprang aus dem Bett und trat ans Fenster. Er schob die schweren Damastvorhänge beiseite und spähte hinaus in die nächtliche Schwärze. Sein Schlafgemach lag zum Hof, doch in der tiefen Dunkelheit, die dort herrschte, vermochte er nichts zu erkennen. Da, wieder erklang ein kratzender Laut. Diesmal viel lauter und … die Ursache musste sich direkt links neben dem Fenster befinden. Carl schlüpfte rasch in die Beinkleider, riss die Flügel auf und wandte sich in die Richtung des Geräusches. Dort auf einem Sims kauerte eine schwarz gekleidete Gestalt!

„He, du! Was machst du da?", rief er den dunklen Gesellen an.

Dieser blieb, wo er war und machte keine Anstalten zu antworten. Ein weiteres Fenster oberhalb des Sims' öffnete sich und Geoffroys Stimme ertönte:

„Was ist da draußen los?"

„Wir haben Besuch", rief Carl. „Schau mal nach unten!"

„Oh, will der ‚Besuch' nicht ins Haus kommen?"

Doch diesem schien daran nicht gelegen zu sein, vielmehr versuchte der Fremde, sich an der Hauswand entlangzuhangeln, um auf diese Weise zu entkommen. Carl zögerte, doch schon kletterte Geoffroy aus dem Fenster und stieg dem Eindringling hinterher. Carl drehte sich um, ergriff den Degen und ein Licht und eilte die Treppen hinab zum Hof. Er kam soeben dort an, als ein lauter Schrei ertönte und eine sich gegen den Nachthimmel abzeichnende Silhouette von oben herabstürzte. Verdammt, war das Geoffroy?

„Mir ist nichts passiert", ließ sich im gleichen Augenblick sein Sohn hören. „Aber was ist mit unserem Fassadenkletterer?"

„Ich schaue gleich nach, aber komm runter und sei vorsichtig!"

„Das bin ich immer", erwiderte Geoffroy. „Hier ist ein Seil, das hat unser Einbrecher wohl gesucht. Ich komme!"

Während er sich abseilte, wurde hinter Carl die Hoftür geöffnet und ein Diener mit einem Knüppel und einer Fackel in der Hand zeigte sich.

„Gut, dass Er kommt!", rief von Schack. „Leuchte Er sogleich den Hof aus, hier muss ein Einbrecher zu finden sein."

Sie begaben sich auf die Suche und fanden wirklich den Eindringling. Er war bei seinem Sturz auf einem mit Heu gefüllten Wagen gelandet, wirkte benommen, aber schien soweit unverletzt zu sein. Die Gestalt war schmal, das Gesicht verdeckte eine Maske.

„Kerl, du hast wahrhaftig dein Glück nicht verdient", sagte Carl. „Jetzt wollen wir mal sehen, wer sich hinter der Camouflage verbirgt!"

Er beugte sich vor.

„Bitte nicht, Herr", flehte der Gefangene leise. Carl hielt verblüfft inne, die Stimme schien die eines jungen Weibes zu sein. Geoffroy trat hinzu. Bei den Worten des Maskierten schien er zu erschrecken.

„Warten Sie, Vater!", bat er. „Wir sollten unseren Gefangenen separat vernehmen."

„Die Gefangene, meinst du wohl", entgegnete Carl süffisant. „Gut", er wandte sich dem Diener zu. „Binde Er dem ‚Kerl' Hände und Beine. Dann fass Er die Füße, Geoffroy, du nimmst die Arme. Wir bringen unseren ‚Gefangenen' ins Haus."

Die Anweisung wurde ausgeführt und die Gefesselte hinein in eine Kammer getragen und auf einen Stuhl gesetzt. Dem Diener wurde befohlen, einen Leuchter zu entzünden, dann schickte Carl den Mann hinaus und beide von Schacks blieben allein mit dem Einbrecher zurück.

„So, jetzt löse die Stricke und nimm der Gefangenen die Maske ab!", wies Carl seinen Sohn an. Geoffroy folgte zögerlich, entfernte die Fesseln und enthüllte langsam das Gesicht. Im unruhigen Licht der Kerzen zeigte sich das Antlitz Marielles von Korff!

Das Fräulein schlug die Hände vor dem Gesicht zusammen und begann bitterlich zu schluchzen.

„Weinen Sie nicht, mein Fräulein!", rief Geoffroy voller Gemüt. „Es wird sich alles klären – ich werde alles erklären", verbesserte er sich.

„Da gibt es nichts zu erklären, mein Sohn", meinte Carl trocken. „Es handelt sich wohl bei der ganzen Aktion um ein verunglücktes tête-à-tête. Eine alte Geschichte. Neu ist dabei nur", fügte er lachend hinzu, „dass ihr beiden die Rollen getauscht habt. Zu meiner Zeit wäre der Herr zur Dame emporgestiegen …"

„Es verhält sich ganz anders als Sie es denken, Herr von Schack", ließ sich nun Marielle von Korff hören. „Wahr ist es wohl, dass Geoffroy und ich uns gestern Abend um zehn Uhr vor dem Stephansdom verabredet haben. Allein, er konnte nicht kommen und schickte mir eine Nachricht, in der er bat, das Treffen auf morgen beziehungsweise heute zu verschieben. Ich erhielt die Botschaft allerdings erst, als ich mich bereits vor Ort befand."

„Unmöglich!", rief Geoffroy, „Ich habe die Nachricht um sieben Uhr abends durch Johann übermitteln lassen."

„Meine Zofe brachte mir diese erst um zehn", erwiderte Marielle.

„Ihre Zofe?", hakte Carl nach. „Sagten Sie nicht gestern, dass sie verschwunden sei?"

„Sie … also das Ganze war ein Missverständnis", erklärte das Fräulein. Eine Aussage, die in Carls Ohren nicht sehr überzeugend klang. Er forschte aber nicht weiter, Marielle von Korff schien sich ohnehin mehr und mehr in einem Gespinst von Schwindeleien zu verstricken.

„Und Ihre ungewöhnliche Verkleidung?", konnte sich Carl jedoch nicht enthalten zu fragen.

Das Fräulein errötete und schwieg. Ein Blick auf Geoffroy zeigte, dass dieser ebenfalls gern eine Antwort gehabt hätte. Er beschloss, der dummen Angelegenheit ein Ende zu bereiten.

„Es ist spät. Bring bitte Fräulein von Korff nach Hause!", wies er seinen Sohn an. „Und Sie, mein Fräulein, wählen künftig die gängigen Zeiten und die gängigen Formen für Ihren Besuch in unserem Hause. Gute Nacht!"

Das Fräulein erhob sich, knickste und verließ mit Geoffroy den Raum. Carl zog sich in sein Zimmer zurück. Diese unmögliche Jugend, dachte er. Doch er und seine Freunde Hermann und Melchior und Graf Geoffroy waren nicht viel anders gewesen. Wenn er an ihre Pariser Zeiten dachte … Mit einem Lächeln auf den Lippen schlief er ein.

## 2. Kapitel

# INTRIGEN UND RANKÜNE

Der Herbst ging ins Land, die Blätter fielen und der Kongress tagte, feierte und tanzte. Am zweiten Oktobertag trafen sich die gekrönten Häupter, die Fürsten, die Damen und Herren von Adel und viele andere von Rang und Namen zu einem ersten großen und atemberaubenden Ball in der zum Festsaal umgebauten Winterreitschule neben der Hofburg. Es war ein prachtvolles Ereignis voller Glanz und Gloria. Unzählige Diamanten, welche die Hälse der Damen und die Brustkörbe der Herren schmückten, spiegelten das Licht der Kerzen wider. Tausende und Abertausende erhellten den Saal. Im Mittelpunkt des Geschehens stand Zar Alexander I. Keine fünfunddreißig Jahre alt, war er eine glamouröse Erscheinung, galt als überaus charmant und besaß darüber hinaus ein ausgeprägtes Selbst- und Sendungsbewusstsein. Er sah sich als Instrument Gottes, das dazu ausersehen war, Europa von den Übeln der Aufklärung, der Französischen Revolution und deren Verkörperung, Napoleon, zu befreien. Kurz, er sah sich als den Erlöser der alten und der neuen Welt. Gleichzeitig genoss der Herrscher die damit einhergehende Verehrung vor allem des weiblichen Teils der Wiener Kongressgesellschaft.

Die Tratschgeschichten der Gräfin Thürheim hatten durchaus einen Bezug zur Realität, fand Carl. Die zweite Leitfigur des Kongresses, König Friedrich Wilhelm III. von Preußen, sah neben dem jungen Zaren allerdings sehr blass aus. Er erschien wenig heldenhaft, sondern eher schwach und oft konfus; wie anders hätte wohl Friedrich der Große gewirkt. Der dritte Monarch in der Runde war Kaiser Franz I. von Österreich, als Franz II. der letzte Kaiser des 1806 untergegangenen Heiligen Römischen Reiches. Sein unerschütterlicher katholischer Glaube, seine Biederkeit und die geregelte Gemütlichkeit seines Privatlebens ließen ihn die Feste und Empfänge soweit wie möglich meiden. Sein Außenminister hingegen, Clemens Fürst von Metternich, war von einer geradezu grenzenlosen Eitelkeit, der Mittelpunkt jedes Salons und ein gewandter Verführer zahlloser Frauen, sozusagen in der direkten Konkurrenz zum Zaren Alexander. Er war zudem der eifrigste Kämpfer, wenn es galt, gegen die Revolution oder was er dafür ansah vorzugehen. Das lag vor allem an der Biografie seiner Jugend. Nach einem sehr frühen Studium an der Universität Straßburg ging er im Jahre 1790 an die Hochschule in Mainz. Dort hatte Metternich einen Revolutionsmann zum Erzieher. Die Lehren dieses Jakobiners und der ständige Appell an die Volksleidenschaften flößten ihm bald einen unüberwindlichen Ekel ein. Auf der anderen Seite bestärkte den Jüngling das Erlebnis der Kaiserkrönung Leopolds II. in Frankfurt. Metternich sah sich als Bewahrer der Werte der Monarchie und er fühlte, die Revolution würde der Gegner sein, mit dem er zukünftig zu kämpfen hätte. Einige Jahre später, mit fünfundzwanzig Jahren, war er bereits Vertreter des westfälischen Grafenkollegiums auf dem Rastatter Kongress. Mit siebenundzwanzig Gesandter Österreichs in Dresden, mit dreißig dann Gesandter in Berlin. In der Zeit in Berlin und Paris, von 1804 bis 1809, zeigte sich Metternich als ein geborener und vollendeter Diplomat: Vornehm und geschmeidig, sicher im Auftreten, mit früher Menschenkenntnis und ausgesprochener Freude an seinem

Handwerk und dem Wunsch, das Interesse seines Staates zu fördern. Obwohl sein diplomatisches Tun weder in Berlin noch in Paris den gehofften Erfolg brachte, lernte er doch Menschen und Verhältnisse kennen, deren Kenntnis ihm wenige Jahre später von größtem Nutzen sein sollte. Dies zeigte sich insbesondere auf diesem Kongress.

Der Winter hielt Einzug in die Stadt. Obersthofmeister Graf von Trauttmansdorff organisierte weitere Bälle, richtete zudem Konzerte aus und veranstaltete Schlittenpartien, Jagdausflüge und andere Vergnüglichkeiten. All das benötigte eine Unmenge an Personal. Anderthalbtausend Diener kümmerten sich nur um das Wohlergehen der Kongressteilnehmer. Sie servierten den Monarchen und ihren Gefolgen, die in der Hofburg untergebracht waren, Frühstück und Abendessen, brachten den Herrschaften Wasser und Getränke, kümmerten sich um die Sauberkeit der Wäsche und leerten die zahlreichen Nachttöpfe.

Zudem gab es eine Fülle kultureller Höhepunkte. Am 29. November wurde im Rahmen einer Akademie „Der glorreiche Augenblick", eine Kantatenkomposition von Ludwig van Beethoven aufgeführt, mit der der Meister dem Sieg der Alliierten ein Denkmal setzen wollte.

Soweit die große Bühne.

Carl von Schack beschäftigte jedoch auch weiterhin das „kleine" Geschehen wie der Fall des ermordeten Mädchens Luisa. Allerdings waren seine Nachforschungen bislang zu keinen brauchbaren Ergebnissen gelangt. Weder hatte er herausfinden können, in welchem Auftrag die Tote an ihn herangetreten war, noch wer ihren Tod verantwortete. Die Gendarmerie hatte sich bei ihrer versprochenen Unterstützung sehr zurückgehalten und der geheime Gang, den er dann selbst erforschen wollte, war plötzlich nicht mehr zugänglich gewesen. Seinem Hauptverdächtigen, dem französische Spion Schulmeister, konnte nichts nachgewiesen werden und der Elsässer hatte die

Stadt unbehelligt verlassen können. Bei der Frau in Rot blieb Carl also in der Schuld.

Das Weihnachtsfest kam – Fanny von Arnstein stellte den ersten Weihnachtsbaum der Stadt auf, ein Brauchtum, das sie aus Berlin mitgebracht hatte – und das neue Jahr 1815 wurde eingeläutet. Die hohen Herrschaften feierten, debattierten und tanzten weiter. Carl war des Treibens und Intrigierens schließlich überdrüssig und entschied, Wien zu verlassen, um eine Einladung seines alten Freundes und Schwiegervaters Graf du Breuil anzunehmen und zusammen mit seinem Sohn und dessen Enkel auf das Gut Château du Breuil in der Nähe von Cheverny an der Loire zu reisen.

Geoffroy sträubte sich gegen den Besuch und suchte den Aufbruch unter allerlei Vorwänden zu verschieben. Der Grund dafür war offensichtlich. Seine so merkwürdig begonnene Verbindung zu Marielle von Korff hatte sich durch verschiedene gemeinsam besuchte Vergnügungen vertieft. Dabei hatte es sich weniger um Bälle oder andere Tanzvergnügen gehandelt. Nein, das Fräulein besaß ein ausgeprägtes Interesse an eher männlichen Betätigungen wie Jagen, Schießen und Reiten. Bei einem der gemeinsamen Ausflüge war es im Spätherbst zu einem Zwischenfall gekommen, der die beiden jungen Leute endgültig aneinanderband.

Das Fräulein trug wie oft zuvor und ohne Scheu männliche Jagdkleidung und saß ebenso männlich zu Pferde. Das trug ihr den Spott des jungen Freiherrn von Plessen ein, der, als Cousin Leopolds von Plessen, von sich sehr eingenommen war und sich ebenfalls, allerdings vergeblich, um ihre Aufmerksamkeit bemühte. Bei besagtem Ausritt nun drängte der Freiherr sein Pferd an die Seite der Stute Marielles. Dort ließ er einige launige Bemerkungen über Reiter und Ross fallen, um sich dann auf das Gebiet der Mythologie zu begeben.

„Sie sind hier in unserer Gruppe gewiss die Schönste, Fräulein von Korff, wenn auch Ihre burschikose Kleidung das aparte Äußere so eindrücklich in Leder verhüllt. Für uns Jäger wäre es sicher reizvoller, Sie zeigten sich im Gewande der Göttin Artemis, die, so sagen die Alten, um das Wild besser erlegen zu können, die rechte Brust unbedeckt ließ."

„Mein Herr", erwiderte Marielle errötend, „Sie vergessen sich!"

Geoffroy, der eben an das Paar aufschloss und die letzten Worte gehört hatte und den Unmut des Fräuleins bemerkte, wandte sich dem Freiherrn zu.

„Mir scheint, Herr von Plessen, Ihre Kinderstube lässt zu wünschen übrig. Offenbar hat es Ihr Hofmeister versäumt, Ihnen mit der Rute die richtigen Manieren beizubringen."

„Was wagen Sie …!", entgegnete von Plessen zornig und verstummte, als er die steinerne Miene seines Gegenübers bemerkte. Dann nickte er knapp.

„Wann?"

„Morgen früh bei Sonnenaufgang."

„Wo?"

„Am bekannten Ort in der Josefstadt. Die Waffenwahl überlasse ich Ihnen."

„Ich wähle den Degen", entschied der Freiherr und ein siegessicheres Grinsen überzog sein Gesicht. Gut einen Kopf größer als Geoffroy, breiter und schwerer, galt er als hervorragender Fechter und gefährlicher Kämpfer, der jede sich bietende Schwäche des Gegners für sich zu nutzen wusste.

Das Duell fand am nächsten Tag im Buchenwäldchen nahe der Rofranogasse bei Morgengrauen statt. In der Nacht hatte es stark geregnet und der Boden war ziemlich aufgeweicht und schlammig. Der Kampf begann dennoch in der üblichen Form. Beide Männer kreuzten ihre Klingen, setzten Terz- und Quarthiebe, die sie mit entsprechender Parade parierten. Plötzlich jedoch ging der Freiherr mit kräftigen Hieben zum Angriff über, um zu einer schnellen Entscheidung zu kommen. Geoffroy ließ die Attacke ins Leere laufen und drängte mit einigen präzis gesetzten Stößen den Gegner zurück in die Defensive. Von Plessen rutschte aus, fiel zu Boden und sprang sofort wieder in die Höhe. Dann senkte er überraschend den Degen.

„Hören Sie, Geoffroy, bei diesem Matsch kann man nicht kämpfen und wenn, dann nur wie alte Weiber! Lassen Sie uns wie Männer fechten."

Er winkte seinem Leibdiener.

„He da, Georg, bring mir die Waffentasche!"

Der Mann trat von der Seite, wo er an einen Baum gelehnt dem Treiben seines Herrn zugeschaut hatte, zu diesem und präsentierte ein ledernes Futteral. Der Freiherr entnahm diesem einen Dolch sowie eine Tartsche.

„Ich lasse Ihnen die Wahl, Angriff oder Verteidigung."

„Behalten Sie Ihr Messer und Ihr Schild, ich fürchte Ihre Finten nicht."

„Ganz wie Sie belieben, Herr von Schack!"

Jetzt entspann sich ein wahrer Freikampf, ein Kampf unter Einsatz der freien Hand, der Füße und eines Dolches oder der Tartsche zum Parieren und Festhalten der gegnerischen Waffe. Beide umkreisten sich vorsichtig, sprangen dann plötzlich mit großen Ausfallschritten nach vorne oder in die Höhe und nutzten alle Vorteile, die das Gelände ihnen bieten mochte. Gerade hechtete Geoffroy über einen Baumstamm, wobei er sich im Sprung drehte und einen heftigen Hieb gegen den Freiherrn führte. Dieser parierte mit einer schnellen Wendung zur Seite und bedrängte ihn seinerseits durch einen unerwarteten Rollsprung. Plötzlich hob von Plessen den Degen, täuschte einen Schlag von vorne an und landete überraschend einen Hieb von der Seite, der Geoffroys Wams aufriss. Dieser wich zurück – und erinnerte sich eines Ausfalls, den ihm sein Großvater Graf du Breuil vor einiger Zeit gezeigt hatte. Er ließ sich gewandt auf seinen linken Arm fallen und stieß mit der Rechten den Degen unter den Dolch des Angreifers, wodurch er jenen mit solcher Wucht in die Schulter traf, dass die Spitze seines Degens abbrach. Dieser Treffer beendete den Kampf, der Freiherr konnte den Arm nicht mehr bewegen und musste aufgeben.

Marielle von Korff eilte, als sie vom erfolgreichen Ausgang des Duells erfuhr, stehenden Fußes zum Sieger, um diesen zu beglückwünschen und sich für sein mutiges Eintreten für ihre Ehre zu bedanken. Der Dank fiel großzügig aus und beide wurden zum heimlichen Paar.

Carl betrachtete die Verbindung mit großer Skepsis. Das Fräulein erschien ihm zu leichtsinnig und für ihr Alter viel zu locker im Auftreten. Sie kümmerte sich zudem zu wenig um gesellschaftliche Konventionen und liebte es, kleine Schwindelgeschichten zu erzählen. Freilich, Marielle war ausgesprochen hübsch und erinnerte ihn in vielem an Sylvia. Und wahrscheinlich war es hauptsächlich dieses Faktum, weshalb er einer Verbindung seines Sohnes mit dem Fräulein skeptisch gegenüberstand.

Sein Freund Hermann, dem er schriftlich sein Leid klagte, schrieb ihm aus der Schweiz postwendend zurück.

„Bester Freund, wir alle – und du selbst auch – sind einmal jung gewesen und wissen, wie das mit den Frauen ist. Erinnere dich an deinen Schwarm Aurelie …"

Aurelie von Weilingen, die Tochter des württembergischen Gesandten, in die er sich als Jüngling in Potsdam unsterblich verliebt hatte. Lange hatte er nicht mehr an sie gedacht. Wegen ihr war Carl nach Württemberg gegangen und in den Dienst des Herzogs getreten. Doch erst nach zwei Jahren hatten sie sich wieder von Angesicht zu Angesicht gesehen. Während Adel und Volk den Venezianischen Markt feierten, begegnete er der mittlerweile zur vollerblühten Schönheit herangewachsenen Jungfrau im Ludwigsburger Park. Er sah ihr Bild noch heute, vierzig Jahre später, vor sich: Aurelie trug ein helles, oberhalb des Rockes leicht anliegendes Kleid, das lange, dunkle Haar war in sorgsame Flechten gelegt. Ihre braunen Augen, die kirschroten Lippen, der sanft gewölbte Nacken, der sich unter dem Tuche ihres Kleides abzeichnende Lilienbusen und ihre zarten Alabasterarme ließen alles in ihm aufbrechen, was so lange verborgen geblieben war. Er griff ihre Hand und gestand der Schönen seine Liebe. Mit niedergeschlagenen Augen erwiderte sie, dass er ihr gleichsam nicht gleichgültig sei. Carl zog sie an sich, da rief eine Stimme in der Ferne ihren Namen. Nach einem gehauchten Kuss entfloh Aurelie. Dann, gut ein halbes Jahr später, verschwanden sie und ihr Vater gewissermaßen über Nacht. Der Graf sei in England, sei in Paris, sei in Petersburg, hieß es, wenn er die Diplomaten vorsichtig befragte. Schließlich erreichte ihn die Hiobsbotschaft. Aurelie war mit dem Herzog von Worshire vermählt worden!

Jahre später kam es zu einem erneuten Zusammentreffen, wieder in Potsdam. William von Worshire war inzwischen in einem Seegefecht ums Leben gekommen und Aurelie Witwe. Er hatte sie gebeten, jetzt endlich seine Gemahlin zu werden. „Hört auf zu träumen, Junker von Schack", war Aurelies Antwort gewesen. Sie habe andere Möglichkeiten, ihr Glück zu machen, fuhr sie fort, als die Frau eines einfachen Junkers an einem mittleren Fürstenhof zu werden. Und ihr Herz sei längst vergeben. Charles Henry Knowles, ein guter Bekannter Carls, war ihr zweiter Mann geworden. Dann verstarb Aurelie bei der Geburt ihres ersten Kindes … Auch Sylvia war tot und Anne; nein, er hatte mit den Frauen kein Glück gehabt. Keine Sentimentalität, rief er sich innerlich zu Ordnung. Er war jung gewesen, hatte geliebt und gelebt und das Leben genossen.

Hermann hat recht, stimmte er innerlich dem Freund zu. Die Jugend muss und wird ihre eigenen Erfahrungen machen. Mag Geoffroy seine Marielle bei sich behalten. Er wird schon sehen, wie weit er mit ihr kommt!

Er teilte seinem Sohn mit, dass das Fräulein sie begleiten dürfe, doch nur im Hinblick auf eine künftige Verbindung.

Am 20. Januar verlobte sich das Paar im kleinen Kreise und fünf Tage später brachen Carl, Geoffroy und Marielle von Korff nebst ihrer Dienerschaft in zwei Kutschen zur Loire auf.

Ihre erste große Station sollte Salzburg sein, von wo sie über die Residenzen München und Stuttgart nach Straßburg zu reisen gedachten. Am 2. Februar erreichten die Kutschen die Stadtgrenze. Salzburg hatte seit 1810 zum Königreich Bayern gehört, erst seit gut einem Jahr sollte das Territorium Österreich übergeben werden, doch die bayerisch-österreichischen Gebietsverhandlungen zogen sich hin und begannen beinahe kriegerische Gestalt anzunehmen. Bereits in Wien hatte der bayerische Gesandte mit seinem österreichischen Kollegen heftig um das Inn- und Hausruckviertel sowie um die Grenzziehung des abzutretenden Salzburg gefeilscht, bislang ohne Ergebnis. Sie fuhren gleich am nächsten Tag weiter nach München, wo die Gruppe am 8. anlangte. Ohne länger zu verweilen reiste man weiter und fuhr am Morgen des 13. Februar in Stuttgart ein. Die Residenz präsentierte sich wenig einladend. Es war kalt und es schneite stark. In der Stadt herrschte zudem eine sehr angespannte Atmosphäre. Der König hatte bis fast zuletzt an Napoleons Seite gestanden und das Land in eine wirtschaftliche Katastrophe geführt. Der Thronfolger war deswegen mit dem Herrscher völlig zerstritten, auch die Landesstände begehrten auf. Die Altwürttemberger bestanden gemäß des Tübinger Vertrags von 1514 auf der Wiedereinführung der von König Friedrich I. aufgehobenen landesständischen Verfassung und verlangten, sie mit gewissen Abänderungen auf das ganze Neuwürttemberg auszudehnen.

Die Reisenden bezogen bei Carls altem Freund Melchior von Talheim Quartier. Er und seine Frau Madeleine, eine Geborene von Nassau-Dillenburg, lebten noch immer in ihrem stattlichen Hause am Ludwigsburger Kaffeeberg. Das Paar war jetzt neununddreißig Jahre verheiratet. Die beiden Zwillingsmädchen hatten längst eigene Kinder, der Sohn diente als Oberst unter Blücher. Madeleine war noch immer eine gutaussehende Frau, wenn auch ihr früher dunkles Haar sich zu einem hellen Weiß gewandelt hatte. Melchior selbst war überaus stattlich, um nicht zu sagen rund geworden, eine Folge der guten Küche des Hauses. Überraschenderweise trafen die Gäste auf zwei andere Besucher. Auf den Doktor der Jurisprudenz Ludwig Uhland und seinen Freund, den Arzt Justinus Kerner. Beide Männer, dem Alter Geoffroys näher als dem Carls und Melchiors, dichteten zudem. Nach dem vortrefflichen Mahl zogen die Damen sich zurück und die Herren blieben, ganz im Stile ihres früheren Tabakkollegiums, bei einigen Bouteillen guten württembergischen Weines von den Hängen des Bottwartales zurück.

„Wo je bei altem, gutem Wein der Württemberger zecht, da soll der erste Trinkspruch sein, das alte, gute Recht", rief Uhland und hob sein Glas. Die Herren tranken.

„Wohlauf, froh getrunken den funkelnden Wein!", fügte Kerner einen Trinkspruch hinzu. Wieder führte die Runde die Kelche zum Mund.

„Über das Hiesige möchte ich heute nicht weitersprechen", sagte jetzt Melchior. „Dass es unter den Bürgern gärt, sieht jeder, der zu sehen vermag. Wie aber ist die Lage in der großen Politik, Carl? Du kommst aus Wien, wo sich unser dicker König den Wanst noch mehr hat stopfen wollen."

„Sie ihm aber nichts gaben, was er wollte haben!", warf Uhland ein. „Dachte, er könne sich Baden einverleiben!"

„Es gab Salons, da wurde Friedrich nicht empfangen", gab Geoffroy zum Besten, was ihm einen tadelnden Blick seines Vaters einbrachte.

„Es wird, so sagt man", meldete sich jetzt Kerner zu Wort, „viel getanzt und viel geredet. Alle Welt spinnt Intrigen, verschachert Posten wie Städte und ganze Provinzen und amüsiert sich auf Kosten des Volkes, als habe es nie eine Revolution gegeben. Es ist doch so?", wandte er sich an Carl.

„Mit spitzer Feder ausgedrückt“, gab dieser lachend zu Antwort. „Jeder deutsche Fürst, der etwas auf sich hält, ist in Wien vertreten. Unser neues Königreich Württemberg zum Beispiel hat mit zweiundzwanzig Personen sechs Teilnehmer mehr als Frankreich.“

„Wer ist neben dem König und dem Kronprinzen noch vor Ort? Vom Baron von Schött weiß ich“, sagte Uhland.

„Unter anderem die Kämmerer Graf Schenk von Dilchingen und Herr von Lievreville.“

„Und was macht Napoleon?“, wollte jetzt Melchior wissen.

„Glaubst du, das Ungeheuer bleibt für ewig als kleiner Fürst auf seiner Insel Elba?“

„Ich habe so meine Zweifel. Seine Emissäre sind auf jeden Fall noch aktiv.“

Carl berichtete der Runde von Karl Ludwig Schulmeister und der Tötung Luisas.

„Die Gendarmen konnten den Kerl nicht fassen?“, empörte sich Melchior.

„Ihm konnte nichts nachgewiesen werden und dann ist er eines Tages abgereist und seitdem wie vom Erdboden verschwunden“, erklärte Carl. „Der Mord ist ungesühnt geblieben.“

Alles schwieg betreten. Dann fragte Uhland.

„Und Sie glauben, Herr von Schack, dass besagter Schulmeister als Agent Bonapartes in Wien tätig war?“

„Ich glaube das nicht nur, ich bin mir sicher. Der saubere Monsieur arbeitet seit Jahren im Dienste Napoleons. Ich denke, da ist etwas im Busch und wir werden möglicherweise bald noch eine französische Überraschung erleben.“

„Zumal Ludwig XVIII. im Volk und bei den Veteranen nicht sonderlich beliebt ist“, merkte Kerner an. „Er hat die Armee nahezu halbiert, hochdekorierte und erfahrene Offiziere Napoleons durch adelige Immigranten ersetzt und den Soldaten den Sold gekürzt. Und das Dümmste, was er tun konnte: Ludwig hat trotz der sehr schlecht ausgefallenen Ernten die Steuern drastisch erhöht!"

Die Diskussion über die europäische Lage wogte noch ein wenig hin und her, dann wandte man sich einem anderen, den Gästen geschuldeten Thema zu, der Literatur. Chamisso und Lord Byron wurden gerühmt und des im letzten Jahr verstorbenen Iffland gedacht.

„Wisst ihr, dass auch Mathias Claudius vor kurzem gestorben ist?", warf Uhland in die Runde. „Im Januar. Die französische Besatzung Hamburgs hat ihm sehr zugesetzt."

„Es ist traurig", sagte Kerner, „mit ihm ist ein großer Dichter von uns gegangen."

Er zitierte:

„Wenn jemand eine Reise tut, so kann er was verzählen; drum nahm ich meinen Stock und Hut, und tät das Reisen wählen."

„Erzählt von eurer Reise", griff Melchior den Faden auf. „Reist ihr über Paris?"

„Nein", sagte Carl. „Von Paris habe ich genug gesehen. Unsere Tour geht über das alte Straßburg, dann folgen Nancy und Troyes, Orléans und Tours."

„Wollt ihr wirklich morgen schon weiter?"

„Unbedingt, wir müssen vorwärtskommen. Der Schneefall will offenbar nicht enden."

„Ihr werdet wohl die Kutschen gegen Schlitten tauschen müssen. Ich gebe euch zwei höchst komfortable Reiseschlitten aus meinem Stall. Sonst ist über den Schwarzwald kaum ein Durchkommen möglich."

Dankend nahm Carl das Angebot des Freundes an.

Am nächsten Morgen gegen elfe brach die kleine Karawane auf. Fünf Tage später wurde Straßburg erreicht. Über die Zukunft des Elsass wurde, wie Carl wusste, in Wien gerade heftig gestritten. In den Jahren 1793 und 1794 hatte Frankreich die bis dahin noch ganz zum Reich gehörenden letzten Gebiete in Besitz genommen. Nach dem

Verbot von Gottesdiensten und dem Beinahe-Abriss des Straßburger Münsters flohen zahlreiche deutschgesinnte Einwohner ins Exil, vor allem in die Schweiz. Mit der Einführung des Codes Civil 1800 wurde dann das überkommene deutsche Gemeine Recht abgeschafft und etliche Elsässer enteignet, die ebenfalls auswanderten. So war es in Straßburg zu einer Veränderung der Bürgerschaft gekommen, die Zeiten Goethes waren längst vorbei. Mehrheitlich fühlten die Einwohner sich als Franzosen, ganz anders als in der Region um Mühlhausen oder in den Dörfern und Städtchen der Vogesen.

Sie fuhren in die Stadt ein bis zum Münster und dann in die Rue Mercière, passierten die alte Hirschapotheke und wandten sich in die Rue du Vieux Marché aux Poissons, zum Alten Fischmarkt. Von der Knoblauchgasse aus gelangte die Gruppe zur Straße des Heiligen Thomas, wo man im Gasthaus „Zum Geist" Quartier nahm und trefflich zu Abend speiste. Der Plan, am nächsten Morgen weiterzufahren, musste allerdings aufgegeben werden, denn Marielle hatte sich während der kalten Schlittenreise trotz ihrer Pelze und diverser Decken empfindlich verkühlt und fieberte stark. Eine gute Woche mussten sie pausieren und man schrieb bereits den 25. Februar, als ihre Reise endlich fortgeführt werden konnte. Wenigstens hatte sich das Wetter soweit gebessert, dass Carl ihre Schlitten zurücklassen und gegen eine breite Kutsche eintauschen konnte. Ihre Reise ging jetzt viel schneller vonstatten. Am 1. März rollten sie in Nancy ein und wurden dort in ihrem Gasthof mit einer Schreckensbotschaft des „Moniteurs" empfangen:

*L'anthropophage est sorti de son repaire!*

„Napoleon hat Elba verlassen und ist in Frankreich gelandet", rief Carl, der den Text überflog. „Ich fürchte für unsere Weiterreise."

„Was wird er wohl vorhaben?", überlegte Geoffroy.

„Er wird auf Paris marschieren und versuchen, sich die Macht zurückzuholen."

„Droht uns Gefahr?", fragte Marielle ängstlich.

„Nun, wir laufen tatsächlich Gefahr, die mögliche Marschroute des Korsen zu kreuzen. Wenn es zu Kämpfen zwischen bourbonischen und bonapartistischen Verbänden kommt, können wir leicht zwischen die Fronten geraten. Es wird sicher zu neuem Krieg kommen. In Wien, Berlin, St. Petersburg und vor allem in London werden die Regierenden Napoleons Rückkehr nicht unbeantwortet lassen und unverzüglich gegen den Usurpator mobilmachen."

„Auch diesmal werden wir den Tyrannen und Unterdrücker der Freiheit verjagen", rief Geoffroy. „Ich muss sofort zu meinem Regiment nach Berlin!"

„Ich glaube kaum, dass du dort rechtzeitig ankommst. Am sinnvollsten wäre, wenn wir uns zurück nach Straßburg begeben und von dort ein Rheinschiff nehmen würden."

„Wieso das?"

„Nun, die preußischen Verbände werden so schnell wie möglich zum Rhein marschieren. Blücher kennt die Strecke! Fräulein von Korff könnte in Straßburg Quartier nehmen und abwarten, wie sich die Lage entwickelt. Oder direkt weiterreisen."

Marielle war einverstanden und sie entschieden, gleich am nächsten Morgen in der Frühe in Richtung Rhein aufzubrechen.

Am Vormittag des folgenden Tages erreichtes sie Lunéville. An der Stadtgrenze wurde die Kutsche von einem Trupp Gendarmen aufgehalten.

„Votre passeport, s'il vous plaît!"

Carl reichte seinen Pass.

„Ah, Monsieur ist Allemande. Und der andere Herr?"

„Das ist mein Sohn Geoffroy."

„Geoffroy ist ein französischer Name."

„Das ist richtig, Sergeant. Nach seinem Großvater, dem Grafen de Breuil."

„Der Vater ein Allemand, der Großvater Franzose? Das ist merkwürdig, sehr merkwürdig."

Der Gendarm überlegte einen Augenblick.

„Monsieur“, sagte er dann, „ich muss Sie bitten, uns zum Château zu begleiten.“

Von je zwei berittenen Polizisten eskortiert rollten sie nun zum Château von Lunéville, einem Prachtbau, den Herzog Leopold Anfang des 18. Jahrhunderts hatte errichten lassen. Das Schloss selbst war mit der Übernahme des Herzogtums Lothringen und dem Tode des letzten Herzogs Stanislaus I. in den Besitz des französischen Staates übergegangen.

Sie erreichten rasch die in der Mitte der Stadt gelegene Anlage und fuhren in das weitläufige Parkgelände ein. Dort zeigte sich ein wahres Heerlager. Zelte waren errichtet worden, Feuer brannten und verschiedene Soldatengruppen übten Gewehrgriffe. Der Wagen hielt vor dem Mitteltrakt des Hauptgebäudes. Auf vier korinthischen Säulen ruhte ein gewaltiger Sims, der in seinem Inneren das alte lothringische Wappen zeigte.

Der Sergeant stieg vom Pferd und machte einem aus dem Inneren kommenden Offizier Meldung.

„Eine Kutsche mit verdächtigen Reisenden, mon Capitaine!“

Der Angesprochene, ein sehr junger Mann für seinen Rang als Führer einer halben Schwadron, trug die grüne Uniform der Éclaireurs de la Garde impériale. Diese leichten Lanzenreiter waren jedoch keine Aufklärer, wie ihr Name suggerierte, sondern erst vor knapp zwei Jahren für den Kampf gegen die russischen Kosaken aufgestellt worden, hatten allerdings ebenso die Rolle als Schlachtenkavallerie übernommen. Er trat zum Kutschschlag und forderte die Reisenden in knappem Befehlston zum Verlassen auf.

Carl stieg aus, gefolgt von Geoffroy. Dann halfen sie Marielle hinaus. Der junge Offizier errötete, als er das Fräulein bemerkte.

„Excusez-moi, Demoiselle!“, er verbeugte sich. „Es ist mir fern“, fuhr er auf Deutsch fort, „Ihnen Ungelegenheiten bereiten zu wollen.“

Er wandte sich an Carl.

„Monsieur …? “

„Carl von Schack, Capitaine. Das sind mein Sohn Geoffroy und Fräulein von Korff.”

„Claude Lannes de Montebello”, stellte sich der Offizier mit einer Verbeugung vor.

„Der Sohn des Siegers von Tudela und Saragossa?“, fragte Carl überrascht.

„Nein“, der junge Soldat errötete erneut. „Das ist Jean Claude Lannes de Montebello. Ich bin ein entfernter Neffe.”

„Aber Sie sind doch mit dem Duc verwandt.“

„Gewiss“, erwiderte der Offizier knapp, offenbar war ihm das Thema peinlich. „Was ist der Grund Ihrer Reise, Herr von Schack?“

„Wir waren auf dem Weg an die Loire zum Château du Breuil. Doch als wir hörten, dass Ihr Kaiser in Frankreich gelandet ist, kehrten wir um“, gab Carl offen zur Antwort. „Es dürfte wieder Krieg geben.“

„Das ist eben das Problem. Doch ich bin unhöflich, hier im Stehen mit Ihnen zu parlieren. Wenn Sie mir bitte folgen würden, bei einer Tasse Schokolade und Gebäck spricht es sich leichter.“

„Unter Ihrer Führung, gewiss“, antwortete anstelle von Carl Marielle von Korff.

Das Fräulein trat auf den Capitaine zu und bot ihm mit einem Lächeln ihren Arm, den dieser nach kurzem Zögern vorsichtig ergriff.

Er führte seine „Gäste“ über die Treppe hinein ins Schloss und zu dem mit prächtigen Marmorskulpturen ausgestattete Foyer. Von dort ging es über verschiedene Treppen und Gänge in den linken Seitentrakt. Vor einer hohen Tür stand ein Posten, der ehrerbietig grüßte und darauf die Flügel öffnete. Drinnen zeigte sich ein weiterer Salon, der in Rokokomanier möbliert war. An den Wänden hingen Landschaften im Stile Watteaus. Der Offizier geleitete „seine Dame“ zu einem mit gelber Seide bezogenen Sofa, das zu einem Sitzensemble gehörte.

„Nehmen Sie Platz, mein Fräulein und die Herren. Ich habe einige Anweisungen zu geben. Wenn Sie mich bitte entschuldigen!"

Der Capitaine verbeugte sich knapp und verließ den Raum.

„Ein wahrer Kavalier", sagte Marielle, „höflich und zuvorkommend."

„Das mag sein", stimmte Carl ihr zu. „Allein, ich denke, er wird in militärischen Angelegenheiten kein Pardon kennen. Es ist zu befürchten, dass wir als Angehörige feindlicher Staaten betrachtet und festgesetzt werden."

„Aber es herrscht doch Friede?", erstaunte sich Marielle.

„Nicht mehr lange", meinte Geoffroy. „Napoleon ist kein Friedensherrscher."

„Nur im Krieg gelangt man zu Ruhm", tönte die Stimme des zurückkehrenden Capitaines, der gerade eintrat. „Das weiß niemand besser als der Kaiser. Und ich hoffe inbrünstig, dass der Imperator neuen Ruhm an unsere siegreichen Fahnen zu heften weiß."

Ein Klopfen an der Tür unterbrach seinen Enthusiasmus. Ein Diener erschien und servierte auf weißem Porzellan Petit Fours nebst dampfender Schokolade in zierlichen Tassen. Als der Bedienstete den Salon wieder verlassen hatte, nötigte der Offizier mit verbindlichsten Komplimenten seine Gäste, zuzugreifen, um sich, wie er sagte, nach den Anstrengungen des Vormittags zu stärken. Dann kam er endlich zum eigentlichen Thema.

„Ich muss Sie das fragen, meine Herren und vertraue Ihrem Wort als Männer von Ehre. Gehören Sie dem Militär an und wären als Offiziere im Kriegsfall Gegner der französischen Sache?"

Carl musste insgeheim über die umständliche Frage schmunzeln, hütete sich aber davor, dies zu zeigen. Ernst blickte er den jungen Offizier an.

„Ich stehe als General in königlich-preußischen Diensten. Mein

Sohn ist Rittmeister der Kavallerie und hat an der Seite von Körner, Lützow und Friesen gegen die französische Besatzung unseres Vaterlandes gekämpft. Aber mit dem Pariser Frieden vom letzten Mai ist der Krieg beendet worden. In Wien tagt derzeit der Kongress, um das neue Friedenszeitalter einzuleiten. Von welchen Kriegsfall sprechen Sie?"

„Man hat Frankreich besetzt, die Alliierten sind in Paris einmarschiert und haben unser Volk zu demütigen versucht. Unser Kaiser wurde abgesetzt und auf eine kleine Insel verbannt. Das war und ist Krieg, mein Herr", erwiderte Lannes de Montebello zornig. „Jetzt ist der rechtmäßige Herrscher zurückgekehrt und er wird die Feinde zurückschlagen und die Macht Frankreichs zu neuer Blüte führen!"

„Niemals werden Preußen, Österreich, Russland und die Briten zulassen, dass der Tyrann erneut Europa knechtet!", rief Geoffroy empört.

„Das genügt!", erklärte der Capitaine und erhob sich. „Meine Herren, betrachten Sie sich ab sofort als meine persönlichen Gefangenen. Das Fräulein jedoch ...", er stockte, fuhr dann langsamer fort. „Wir Franzosen führen keinen Krieg gegen die Schönheit. Sie können also weiterreisen oder bleiben, die Entscheidung liegt ganz bei Ihnen."

Er drehte sich abrupt um, verließ den Salon und verschloss die Tür.

„Bravo, Herr Sohn!", kommentierte Carl das Geschehen. „An dir ist ein wahrer Diplomat verloren gegangen."

„Geoffroy konnte nicht anders handeln", verteidigte ihn Marielle. „Er musste diesen Franzosen in die Schranken weisen!"

Carl schüttelte unwillig den Kopf.

„Es hätte sicher eine andere Möglichkeit gegeben, statt den Mann derart zu provozieren."

Er trat an eines der Fenster und blickte prüfend hinaus. Zu hoch, eine Flucht schien auf diesem Weg nicht möglich. Nun wandte er sich wieder den anderen zu.

„Lassen wir das Jammern, zerbrochenes Porzellan lässt sich nur schwer kitten. Jetzt sollten wir den Augenblick nutzen, um unsere Lage zu besprechen. Sie, mein Fräulein, sollten das Schloss verlassen und heimreisen. Es ist nicht mehr sicher in Frankreich."

„Sie verzeihen, Herr von Schack, wenn ich anderer Meinung bin", widersprach Marielle von Korff. „Ich verlasse das Schloss, ja, aber ich bleibe in Lunéville und organisiere Ihre Befreiung."

„Sie wollen was tun?", Carl brach in schallendes Gelächter aus.

„Ich will das tun", gab das Fräulein ruhig zurück und wies auf das Fenster, „was Fassadenkletterer gerne tun …"

Die Rückkehr des Franzosen ließ sie ihre Erklärungen abbrechen. Der Offizier kam in Begleitung eines Sergeanten und zweier Gemeiner, die Gewehre im Anschlag hatten.

„Meine Herren, bitte übergeben Sie Ihre Degen. Sergeant Dupois führt Sie in Ihre Gemächer."

Schweigend kamen die Männer der Aufforderung nach. Geoffroy und Marielle tauschten noch einen seelenvollen Blick, dann wurden Vater und Sohn unter Bewachung aus dem Raum geleitet.

„Mein Fräulein, wie kann ich Ihnen behilflich sein?", wandte sich der Capitaine in verbindlichem Ton nun Marielle von Korff zu.

„Ich denke, ich bedarf Ihrer Hilfe nicht", erwiderte sie. „Lassen Sie mich einfach in die Stadt zurückkehren. Ich miete mir in einem Gasthaus ein Zimmer und warte darauf, dass dieser Kriegsunsinn vorbei ist."

„Ganz wie Sie wünschen, gnädiges Fräulein. Ich werde einen Leutnant beauftragen, Sie zu einem passenden Quartier zu führen."

„Danke, Monsieur", gab Marielle kühl zurück.

Der Raum, in den Carl und Geoffroy gebracht wurden, lag am hinteren Ende des linken Seitenflügels in der zweiten Etage. Es musste sich um einen Lagerraum handeln, die Fenster waren schmal und zum Teil mit Brettern vernagelt. In einer Ecke befanden sich dünne Matratzen, an den Wänden waren Haken eingelassen, an denen mehrere Körbe hingen. Einige Kisten waren zusätzlich an der Seite aufgestapelt. Der Boden wirkte sehr schmutzig, da und dort lagen Holzstücke herum. In einer Kammer rechterhand gab es ein blechernes Gefäß für die Notdurft. Alles in allem ein wenig ansprechendes und karges Gefängnis.

Sobald die Soldaten gegangen waren, untersuchten die Männer die Fenster genauer. Sie waren wirklich sehr eng, nur mit Mühen mochte es möglich sein, sich hindurchzuzwängen, bei der Gefahr, steckenzubleiben. Und dann ging es noch gute zehn Meter in die Tiefe. Nein, auf den ersten Blick schien eine Flucht auf diesem Weg unmöglich.

„Jetzt können wir nur auf deine Fassadenkletterin bauen", meinte Carl, „obwohl ich mir, ehrlich gesagt, nicht viel Hoffnungen mache, dass das Fräulein uns eine große Hilfe ist."

„Das sehe ich völlig anders, Herr Vater …"

Die Tür öffnete sich und eine Magd, begleitet von einem Soldaten, brachte auf einem Tablett ihr Abendessen und platzierte dieses auf eine der Kisten. Während der Soldat wartete, holte sie von draußen einen Korb. Diesem entnahm die Dirne Besteck und zwei weiße Servietten sowie zwei Kristallkelche, die sie dazu legte bzw. stellte. Der Soldat endlich zog aus einem Mantelsack eine Flasche Rotwein hervor, öffnete diese umständlich und schenkte in beide Gläser ein. Darauf verließ das Paar den Raum und die Türe ward erneut verschlossen.

Das Speiseangebot konnte sich sehen lassen: Kalte Rebhuhnpastete, ein Pilzragout, Schinken, diverse Käsesorten, sogar Weintrauben und das obligatorische Weißbrot. Und natürlich der Wein!

„Ein trefflicher Burgunder", sagte Carl, „Herr Lannes de Montebello ist wahrhaftig ein Mann von Geschmack und gegenüber seinen ‚Gästen' von nobler Haltung."

„Mag sein", erwiderte Geoffroy, „aber, ehrlich gesagt, ich würde den Wein lieber in Freiheit und nicht in dieser üblen Kammer genießen."

Dennoch ließen sich´s beide Männer trefflich schmecken. Nach einer halben Stunde wurde abserviert und eine Laterne gebracht, denn es dunkelte bereits. Zudem legte die ihnen bereits bekannte Magd einige Decken auf die Matratzen und stellte einen Krug Wasser hinzu.

Einige Zeit verging, draußen war kurzzeitig lautes Lärmen zu hören, das schließlich langsam verklang. Immer dunkler wurde es, die Nacht brach völlig herein und allmählich verstummten die Geräusche der Außenwelt. Sie legten sich auf ihr hartes Lager. Dennoch konnte von Schlaf keine Rede sein. Geoffroy erhob sich schließlich, ging zum Fenster und starrte sehnsüchtig hinaus in die Dunkelheit, was Carl ein Lächeln entlockte.

„Na, deine Schöne lässt wohl auf sich warten?", neckte er den Sohn.

Dieser antwortete nicht. Dann griff er plötzlich nach vorn.

„Ein Wollknäuel!"

Carl sprang auf und trat an die Seite des Sohnes.

„Wickel es auf, wir beschweren das Ende mit einem Holzstück und lassen es wieder hinab."

Auf diese Weise zog Geoffroy einen Faden hinauf, dem ein dünnes Seil und schließlich ein kräftiges Tau folgten. Dieses befestigten sie an einem der Wandringe. Nun holten sie gemeinsam die eigentliche Fracht in die Höhe: Marielle von Korff! Auch das schlanke Fräulein passte nur unter Mühen durch die Fensterenge, aber schließlich zogen die Männer sie mit einem Ruck hinein.

„Du meine Güte!", rief Geoffroy, als sie sich im Licht zeigte. „Du siehst aus wie der Leibhaftige!"

Das Gesicht der jungen Frau war in der Tat mit Ruß verschmiert, sodass von diesem kaum etwas erblickt werden konnte. Ihr Haar war zudem unter einer Kappe verborgen, dazu trug sie schwarze Beinkleider und eine ebenso dunkle Joppe.

„Lieber ein wenig den Teufel spielen, als beim Klettern gesehen zu werden", entgegnete sie keck. „Überhaupt, etwas mehr Dankbarkeit und Freude über mein Kommen stünde dir gut an, denn ohne mich würden die Herren hier versauern."

„Mit Verlaub, mein verehrtes Fräulein Mephista", schaltete sich Carl ein, „ich vermag im Augenblick nicht zu erkennen, wie wir hier herauskommen sollten. Für das Fenster sind wir Männer zu robust gebaut."

„Nicht so ungeduldig, Herr von Schack. Ich habe einiges an Werkzeug mitgebracht."

Aus einem bis dahin verborgen gewesen Beutel, den sich Marielle umgehängt hatte, holte sie jetzt eine Pistole, zwei Messer, ein Beil und einen Hammer hervor.

„Ich denke, damit können wir etwas anfangen. Gut gemacht!", lobte Carl und nahm die Pistole an sich. Nun trat er zur Tür und lauschte eine Weile. Kein Laut war von draußen zu hören. So machten sich die Männer vorsichtig daran, mithilfe der Messer und des Beils sowie des Hammers das Schloss aufzubrechen, was ohne große Mühe erstaunlich schnell gelang. Auf einen Wink hin nahm Geoffroy das Beil und löschte die Laterne, dann drückte Carl sachte gegen das Holz. Mit einem Quietschen schwang die Tür auf. Dahinter herrschten gähnendes Dunkel und eine fast absolute Stille. Vorsichtig traten die drei in den Gang und schlichen, sich an der Wand entlang tastend, vorwärts. Auf diese Weise gelangte sie nach einiger Zeit zu einem Treppenbereich, der ein wenig Licht durch ein Fenster empfing. Noch immer war nichts zu hören und keine Spur von den Wachen oder anderen Soldaten zu sehen.

Carl schüttelte den Kopf. Da stimmte etwas nicht, sie hätten längst auf jemanden stoßen müssen.

„Haben Sie draußen jemanden gesehen?", flüsterte er Marielle zu.

„Nein, alles war dunkel …"

„Kein Wachfeuer?"

„Es herrschte völlige Finsternis!"

„Die sind verschwunden", meinte Geoffroy. „Klammheimlich abmarschiert!"

„Das überprüfen wir!"

Doch wo auch sie schauten, nirgends war jemand zu sehen, das Schloss schien gänzlich verlassen. Schließlich gaben die drei das Suchen auf und wandten sich zur Eingangshalle, um zur Pforte zu gelangen. Laut hallten ihre Schritte auf dem Marmorboden und Carl war es, als höre er im Hintergrund ein Schlurfen oder Schleifen. Er gab den anderen ein Zeichen, stehenzubleiben. Die drei hielten inne und wirklich, ganz kurz war wieder dieser seltsame Laut zu hören, um dann abrupt zu verstummen. Er schien vorn vom Eingang gekommen zu sein.

„Zurück!", gebot Carl leise. „Wir nehmen einen anderen Weg hinaus. Da stimmt etwas nicht."

Leise zogen sie sich in den Flügel, aus dem sie gekommen waren, zurück. Die Verbindungstür hatte sich gerade geschlossen, als hinter ihnen ein lautes Geschrei und Gelärme losbrach.

„Lauft, das ist eine Falle!"

Alle drei rannten los, um zum anderen Ende des Flügels zu gelangen, wo sie eine weitere Tür erhofften. Am Ende des Flurs befand sich indes ein Quergang, der links wie rechts zu innen gelegenen Räumen zu führen schien. Sie wandten sich nach rechts, Geoffroy probierte die Klinke, die erste Tür war verschlossen, die zweite jedoch ließ sich öffnen. Rasch schlüpften sie hinein und drückten den schweren Holzflügel zu.

Carl schaute sich suchend um, mehrere Sessel standen um einen gewaltigen Marmortisch, auf dem, zu ihrer Überraschung, ein brennender Kerzenleuchter stand; ansonsten war das Zimmer leer. Er deutete auf den Tisch.

„Wir müssen den Zugang verbarrikadieren, schnell!"

Der Leuchter wurde zur Seite gestellt und damit begonnen, den Tisch zu verschieben. Die Kräfte der Männer reichten jedoch dazu nicht aus. Erst zu dritt gelang es ihnen unter großer Anstrengung und mit verbissener Mühe, das riesige Teil bis zur Tür zu bewegen.

Gerade war der Kraftakt vollzogen, als vom Gang her heftig gegen das Holz geschlagen wurde.

„Lang wird unsere Barrikade nicht halten", meinte Carl, „wir sollten so schnell wie möglich weiter."

In diesem Augenblick zersplitterte das große Fenster an der Rückseite des Raumes und mehrere Bewaffnete sprangen herein. Carl riss die Pistole hervor und schoss den ersten nieder, Geoffroy erledigte einen zweiten mit einem Beilhieb. Auch Marielle gelang es durch ein geschicktes Ausweichmanöver, einen Angreifer zu Fall zu bringen. Doch sein Kompagnon packte sie von hinten – und sackte überrascht zusammen, das Fräulein wusste ihr Messer zu gebrauchen. Inzwischen hatte Geoffroy den Kerl am Boden und Carl die Nummer fünf auszuschalten gewusst. Rasch nahmen sie die Waffen der Burschen an sich. Im Licht der Kerzen, der Leuchter hatte die „Schlacht" merkwürdigerweise unversehrt überstanden, zeigte sich, was Carl in der Hitze des Gefechtes nicht bemerkt hatte. Die Kerle trugen keine Uniformen, sondern gehörten ihrem zerlumpten Äußeren nach eher den unteren Volksschichten an. Waren es Räuber oder zählten sie zu bäuerlichen Schlossstürmern, wie sie der Sommer 1789 gesehen hatte? Allein, es blieb keine Zeit, die Angelegenheit näher zu untersuchen. Die Tür splitterte bereits und es konnte nicht mehr lange dauern, bis das Holz den wütenden Hieben der Angreifer endgültig nachgab.

„Zum Fenster, aber vorher löscht das Licht", kommandierte Carl. Er stockte, denn Marielle sank auf einmal in sich zusammen. Geoffroy konnte sie gerade noch auffangen. „Sie blutet!", rief er. „Einer der Schufte hat sie verwundet!"

„Hilft nichts, wir müssen hier raus."

Geoffroy nahm den leichten Körper auf den Arm und folgte seinem Vater, der bereits, das Beil fest umfasst, durch das zerbrochene Fenster stieg. Zu ihrem Glück und zu ihrer Verwunderung befand sich dort niemand, der Weg hinaus in den Schlosspark war frei zugänglich. Weiter hinten, unter einer Baumgruppe, entdeckten sie einige angekoppelte Pferde, die wohl den Angreifern von eben gehören mochten.

„Wir benötigen dringend einen Arzt“, rief Geoffroy.

„Dann müssen wir in den Ort.“

Beide Männer bestiegen die Pferde, Geoffroy nahm Marielle vor sich und sie galoppierten los. Hinten ihnen hörten sie Schüsse, konnten aber nicht ausmachen, ob diese ihnen galten. Verfolgt wurden die drei jedenfalls nicht.

In einem wahren Höllentempo ging es durch die Nacht, querab der Straße über Stock und Stein. Eine gute Stunde waren sie so unterwegs, ohne auf Häuser oder ein Dorf zu treffen. Endlich erreichten die Reiter eine kleine Siedlung. Diese gehörte, wie es sich zeigte, nicht zu Lunéville, sondern bildete lediglich einen kleinen, sehr armselig wirkenden Weiler. Offenbar waren sie bei ihrem scharfen Ritt in der Finsternis vom Weg abgekommen.

Die heruntergekommenen Hütten lagen im Dunkeln, was zu dieser mitternächtlichen Stunde nicht überraschte. Vor einem der armseligen Bauten hielt Carl sein Ross an und pochte laut gegen die Tür. Nichts war zu hören. Er wiederholte das Klopfen, doch niemand ließ sich sehen, alles blieb geschlossen.

„Verdammt, die Leute öffnen nicht, sie haben Angst. Wir müssen jemanden finden, der uns zumindest Auskunft geben kann, wo es Hilfe gibt.“

Sie ritten weiter und endlich, am Ende des Weilers, fiel Licht aus einem Fenster.

„Und wenn ich die Tür einschlagen muss, uns wird geöffnet werden“, knurrte Carl und sprang vom Pferd. Im gleichen Augenblick öffnete sich die Pforte des schmalen Hauses und ein älteres Weib trat heraus, das eine Katze auf dem Arm trug und nicht weiter auf seine Umgebung achtete. Die Person setzte das Tier vorsichtig auf den Boden und hob dann den Blick. Sie bemerkte jetzt Carl, der, wie es schien, plötzlich vor ihr stand, und schrie laut auf.

„Keine Sorge, gute Frau“, suchte er sie sofort zu beruhigen. „Wir tun dir nichts, zumal wir dringend Hilfe benötigen. Das Fräulein“, er wies zu Geoffroy, der sich bemühte, mit Marielle auf den Armen vom Pferd zu steigen, „wurde von Schurken verletzt.“

Die Alte blickte misstrauisch auf das Paar, vor allem Marielles männliche Kleidung schien sie zu stören. Doch als diese laut stöhnte, bedeutete sie den Männern mit einem Wink, ihr rasch ins Haus zu folgen. Sie traten ein.

Im Innern herrschte eine überraschende Sauberkeit. Zwar schien es an fast allem zu mangeln, aber das Wenige, das die Bewohnerin besaß, war gepflegt und in einem reinlichen Zustand. An den Wänden des Raumes, in den sie geführt wurden, hingen duftende Kräuterbündel und allerlei seltsames Wurzelwerk. Auf dem Herdfeuer stand ein großer Kessel, in dem eine bläulich-graue Flüssigkeit brodelte. Offenbar verstand sich das Weib auf die Heilkunde, vielleicht sogar auf ein wenig Hexerei. Geoffroy legte das Fräulein sacht auf das einfache Strohlager, welches das Bett der Alten bildete. Die Frau trat sogleich zu der Verletzten und warf einen prüfenden Blick auf die Verwundung der halb Ohnmächtigen.

„Du“, sie deutete auf Geoffroy, sie sprach im alten lothringisch-deutschen Dialekt, „gehe in die Küche und hol den Kessel mit Wasser vom Feuer, für eine alte Frau ist das zu schwer.“

Er zögerte kurz, nickte dann und ging hinaus.

„Ihr, werter Herr“, sagte sie zu Carl gewandt, dem sie offenbar einen höheren Rang zugestand, „werdet mir helfen, indem Ihr Euer schönes Hemd für den Verband opfert.“

Wortlos öffnete Carl die Weste sowie das Wams und legte das Hemd ab, welches die Alte ergriff und mit einem Messer in Streifen schnitt. Gerade kehrte Geoffroy mit dem Kessel zurück, den er neben das Lager stellte.

„Gut, und jetzt geht ihr hinaus, das hier ist Frauensache“, kommandierte das Weib. Sonst hätte Carl aufgrund der Anmaßung der

Alten laut aufgelacht, doch in der aktuellen Situation war ihm nicht zum Lachen und er zog den widerstrebenden Geoffroy mit sich.

„Komm, das Weib hat recht. Wir können nicht helfen und sind nur im Wege! Und außerdem …“

Er ließ den Satz offen und nahm, trotz des schwachen Lichtes, zu seiner Belustigung wahr, dass Geoffroy leicht errötete.

Es dauerte eine Weile, in der sie zu warten hatten, und die beiden Männer wurden allmählich unruhig, da endlich öffnete sich die Tür und die Helferin trat ein.

„Dem Fräulein geht es besser“, verkündete sie. „Ich habe die Wunde gesäubert und verbunden, zum Glück war sie nicht so tief, wie ich zunächst befürchtete. Dann gab ich einen Heiltrank, jetzt schläft sie. Das schöne junge Blut. Was hat man mit ihr gemacht?“

„Sie wurde Opfer von Räubern“, gab Carl knapp zurück. „Du bist eine Kräuterkundige?“

„Das bin ich, Herr, und Heilerin. Auch wenn manche keinen Unterschied zwischen der Heilkunde und der Hexerei machen.“

„Wie dem auch sei, ob du hexen kannst oder nicht, du hast dem Fräulein sehr geholfen und dafür danke ich dir. Was können wir nun für dich tun, außer dir deine Dienste reichlich entlohnen?“

„Ich bedarf des Lohnes nicht, Herr. Alles, was ich zum Leben brauche, habe ich oder gibt mir die Natur. Eine Sache nur, Herr, gibt es, nach der ich mich mein Lebtag sehne, die Ihr mir aber gewiss nicht geben könnt.“

„Sprich, Alte, was ist es? Vielleicht kann ich mehr geben, als du es dir vorstellen kannst.“

„Nun, meine Grand-mère erzählte mir oft von einem berühmten Kräuterbuch eines Doktor Mattili oder Mattuli.“

Carl lief es eiskalt den Rücken hinunter.

„Weib, du meinst nicht etwa das Kräuterbuch des hochgelehrten und weltberühmten Herrn Dr. Petri Andreae Matthioli“, zitierte er den Titel jenes Werkes, dem er einst, Jahrzehnte war es her, auf seiner

Reise nach Mömpelgard nachgejagt war.

„Matthioli, ja", rief die Alte. „So sagte die Großmutter."

In diesem Augenblick pochte es heftig an die Tür.

„Aufmachen!", befahl eine raue Stimme.

„Man ist uns gefolgt", kommentierte Geoffroy unnötigerweise.

„Still, wir warten ab."

Wieder klopfte es laut.

„Aufmachen!", wiederholte der Sprecher.

„Wir müssen verschwinden. Los, hol Marielle!", wies Carl Geoffroy an. „Gibt es einen anderen Ausgang?", wandte er sich dann an die Alte.

„Unten durch den Keller."

„Öffnet, oder ich lasse das Tor einschlagen!", tönte es draußen.

Gerade kehrte Geoffroy mit dem wie leblos in seinen Armen liegenden Fräulein zurück. Die Kräuterfrau öffnete eine Falltür, unter der eine Treppe verborgen lag.

„Hier herunter, die Herren. Der Gang führt in den Garten. Keine Sorge, mir passiert nichts."

Carl ergriff ein Licht und rasch stiegen sie ins Dunkle hinab, während sich hinter ihnen die Türe schloss. Im matten Flackern der Kerze tasteten die Männer sich vorwärts. Von oben waren laute Stimmen und Schritte zu hören, dann ein Fluch und ein schriller Schrei, der abrupt verstummte.

„Verdammt, die Kerle drangsalieren die Alte. Ein schlechter Dank für ihre Hilfe."

Carl wandte sich zurück, um nach oben zu stürmen. Im gleichen Blick krachte es fürchterlich, der Boden schwankte und Teile der Decke stürzten ein. Ein Balken streifte seine Schulter und riss den Ärmel auf, verletzte ihn aber zum Glück nicht. Doch was war mit Geoffroy? Die Luft hing voller Staub, die Kerze war zudem erloschen und es herrschte eine grauschwarze, undurchdringliche Finsternis.

„Geoffroy?"

Keine Antwort. Hustend kletterte Carl über die am Boden liegenden Steine und Hölzer und tastet sich in die Richtung vorwärts, in der sich sein Sohn und das Fräulein befinden mussten. Da, er fühlte etwas vor sich, eine Hand, dann ein Arm. Da lag jemand unter dem Schutt. Die Hand war schlaff und fühlte sich rau an, das war weder Geoffroy noch das Fräulein. Ein anderer befand sich hier unter dem Geröll – und er schien tot!

„Vater?"

Geoffroys Stimme, er lebte! Carl schob mit Mühe zwei Balken zur Seite und gelangte an eine höher gelegene Maueröffnung, durch die der nächtliche Mond sichtbar wurde. Direkt davor saß sein Sohn, Marielle lag in seinen Armen und vor ihm stand eine dunkle Gestalt, die eine Pistole auf ihn gerichtet hielt. Verdammt, einer der Kerle musste vom Kellerausgang gewusst haben.

„Komm raus, los!", forderte der Schurke ihn auf. „Sonst jage ich dem feinen Fräulein eine Kugel in sein hübsches Gesicht!", fügte er feixend hinzu.

Carl zog seine Pistole aus dem Gürtel, spannte den Hahn und steckte sie hinten in die Hose, darauf achtend, dass sie sichtbar blieb. Dann kroch er langsam aus dem Loch, wobei er sich wie zufällig vor Marielle und Geoffroy schob. Jetzt befand er sich unmittelbar vor dem Paar und richtete sich vorsichtig auf. Er spürte, wie eine Hand die Waffe zog und ließ sich fallen. Ein Schuss krachte und der schmutzige Kerl vor ihm fiel tot zu Boden.

„Gut gemacht. Seid ihr verwundet?"

„Nein, uns ist außer ein paar Prellungen nichts geschehen."

„Dann sollten wir schleunigst verschwinden!"

„Marielle kann nicht weiter", widersprach Geoffroy. „Wir brauchen jetzt und hier ein Versteck."

Er hatte recht, das Fräulein schien völlig erschöpft und in einem ohnmachtähnlichen Dämmerzustand zu sein.

„Ich weiß einen Platz für die Herren und das Fräulein“, sprach eine Frauenstimme – das Kräuterweib! Sie stand hinter ihnen und war quicklebendig und, wie es schien, völlig unverletzt.

„Du lebst?“, verwunderte sich Carl und wandte sich der Frau zu. „Ich vermutete dich unter den Trümmern deiner Behausung, getötet von den Soldaten oder durch die merkwürdige Detonation.“

„Es braucht mehr als drei bewaffnete Kerle, um mich zu töten“, sagte die Alte und lachte meckernd. „Und, glaubt mir, werter Herr, ich weiß, wie ich Substanzen zum Explodieren bringen kann. Doch jetzt kommt, dem Fräulein geht es schlecht und es bedarf dringend der Ruhe.“

Damit drehte sie sich um und marschierte, ohne auf eine Antwort zu warten, in die Dunkelheit hinein. Notgedrungen folgten die Männer dem seltsamen Weib. Eine Zeitlang ging es kreuz und quer durch Wald und Finsternis. Geoffroy wurde die schöne Last, die er trug, langsam zur Bürde, zumal er den Boden unter den Füßen kaum sah, mehrfach stolperte und einmal nur durch den raschen Zugriff seines Vaters vor einem Sturz bewahrt wurde. Da endlich, ihr Gang durch die Nacht dauerte bereits eine gute Viertelstunde, blieb die Alte vor einer baufälligen Hütte stehen. Sie öffnete die Tür und trat ein, die Männer folgten. Innen entzündete die Frau eine Kerze und hielt diese in die Höhe, damit der Raum in Augenschein genommen werden konnte.

„Dort hinten ist eine Lagerstatt, auf der das Fräulein ruhen kann. Für die Herren gibt es lediglich den Boden. Hier“, sie reichte Carl eine kleine braune Flasche aus Ton, „ist eine Arznei, von der die Kranke jetzt zehn und nach dem Erwachen morgen früh weitere zwanzig Tropfen nehmen soll. Eine bittere Medizin, aber sie wird helfen!“

„Wie sollen wir dir danken“, sagte Carl. „Du hast uns und vor allem dem Fräulein geholfen und dich selbst in Gefahr gebracht …“

„Bringt mir das Kräuterbuch des Doktors Matthioli, Herr“, unterbrach ihn die Frau. „Das ist mir Dank genug!“

Das vermaledeite Kräuterbuch. Nachdem es in Paris verbrannt

worden war, hatte ihm vierzehn Jahre später der alte Nicodemus Dossler in Tübingen ein anderes Exemplar des Werkes übergeben. Und dann musste er es wieder verlegt oder verloren haben … oder nicht? Er wusste es nicht mehr … Nun hatte ihn erneut die Aufgabe ereilt, das obskure Werk zu finden. Denn dass er dem Weib dieses zu bringen habe, stand für ihn außer Frage.

Die Alte ging, und nachdem sie die Medizin genommen hatte, war Marielle von Korff fast unverzüglich eingeschlafen. Vater und Sohn teilten sich die Wachen, denn nach den Erlebnissen der letzten Stunden schien es Carl bedenklich, ohne direkte Sicherung zu ruhen.

Die Nacht verlief ohne weitere Störungen und am nächsten Morgen begrüßte die drei Reisenden ein strahlender Frühlingstag. Marielle ging es ersichtlich besser, die Verwundung war offenbar nicht so gefährlich wie in der Nacht befürchtet. Der Schnitt, der zunächst stark geblutet hatte, erwies sich, wohl auch dank der Kräuter der Alten und wie diese gesagt, als weniger tief und zeigte bereits Anzeichen einer Heilung.

Anderes harrte jedoch der Klärung. Wie sollten sie ohne Pferde weiterkommen? Und wie war überhaupt die Lage? Befand sich das Land fest in der Hand Napoleons oder gab es noch Widerstand der Legitimisten? Wenn ja, wo standen die Truppen Ludwigs XVIII.? Oder herrschte erneut Anarchie wie im Sommer des Jahres 1789 und im Herbst 1793 in den Straßen von Paris? Was machten die Alliierten? So viel Carl wusste, hatten auf dem Kontinent lediglich die Preußen und die Engländer Truppen in nennenswerter Größe unter Waffen. Würde es wieder zu jahrelangen Kämpfen kommen, in denen Deutschland, sein Vaterland, zum Hauptkriegsschauplatz für die rivalisierenden Kräfte werden würde? Viele Fragen, viele Probleme, am besten, sie widmeten sich dem nächstliegenden, der Suche nach Pferden oder nach einer Kutsche. Vorher galt es allerdings, etwas zum Frühstück zu finden, denn die drei hatten schlicht und ergreifend Hunger.

Doch die doppelte Thematik löste sich überraschend schnell. Sie saßen draußen in der milden Sonne auf dort liegenden Baumstümpfen und überlegten gemeinsam, auf welche Weise die benötigten Dinge herzubekommen seien, da war plötzlich das Traben von Hufen und das Rollen von Rädern zu hören.

„Eine Kutsche. Auf, Geoffroy, die halten wir an."

„Wie Strauchdiebe?"

„Wenn es sein muss, anders wird es bei unserem Aussehen kaum gehen! Bleiben Sie hier, Marielle, wir kommen wieder."

Beide Männer sprangen auf und eilten in die Richtung, aus der die Geräusche gekommen waren. Ein kurzes Stück ging es durch niederes Buschwerk, dann erreichten sie eine schmale, gepflasterte Straße. An dieser Stelle befand sich ein steiler Anstieg und etwas weiter entdeckten sie einen breiten Landauer. Dieser kam, obwohl doppelt bespannt, nur langsam vorwärts. Dadurch bot sich die Chance, die Kutsche einzuholen und anzuhalten.

„Stopp!", rief Carl und griff dem Kutscher in die Zügel.

Doch überraschend sprengten von der Seite drei Husaren, die den Wagen zum Schutz begleiteten, vor und zogen, als sie die beiden „Räuber" sahen, ihre Waffen. Auch Carl und Geoffroy hoben kampfbereit ihre Degen. Das Ganze hätte bös ins Auge gehen können, wenn sich nicht im gleichen Augenblick, da die Reiter zum Angriff ansetzten, das Seitenfenster der Kutsche geöffnet hätte und eine dröhnende Stimme „Monsieur de Schack" rief und laut „Stopp!" kommandierte. Die Berittenen zügelten sofort ihre Pferde, der Landauer hielt und der Schlag öffnete sich. Heraus sprang der Prinz de Beauharnais!

„Mein lieber Monsieur von Schack", begrüßte ihn de Beauharnais auf Deutsch, „betätigen Sie und Ihr Sohn sich neuerdings als Braquers und überfallen ehrbare Reisende? Jedenfalls sehen Sie beide geradezu verboten aus."

„Das mag sein, Prinz, nur sind wir selbst überfallen worden, konnten jedoch den Verbrechern entkommen. Ein Fräulein, Sie kennen es vielleicht, es ist Marielle von Korff, wurde dabei verletzt und bedarf dringend eines Arztes und einer Transportmöglichkeit."

„Selbstverständlich werde ich einem Fräulein in Not meine Hilfe nicht verwehren, obwohl ich dringend nach Paris muss. Sie wissen, Napoleon ist von Elba zurückgekehrt."

„Und Sie wollen sich an die Seite Ihres Adoptivvaters stellen?"

„Nein, ich will ihn zur Vernunft bringen. Europa muss zur Ruhe kommen, mit einem Krieg ist niemandem gedient. Doch lassen Sie uns später darüber sprechen. Jetzt kümmern wir uns vor allen Dingen um das Fräulein."

Prinz de Beauharnais schickte die Husaren los, damit diese, geführt von Geoffroy, Marielle zur Kutsche bringen sollten. Dies geschah, und keine Viertelstunde später rollte das Gefährt mit Carl, seinem Sohn und dem Fräulein, nach einer kurzen Bewirtung mit Brot, Käse und Wein, weiter. Geoffroy allerdings musste vorn beim Kutscher Platz nehmen, damit sich Marielle, die sich noch schwach fühlte, niederlegen und ausruhen konnte.

Die Herren widmeten sich währenddessen leise dem Gespräch. Der Prinz erzählte, er sei, als die Nachricht von der Landung des Kaisers Wien erreicht habe, sofort per Eilpost nach Paris aufgebrochen.

„Waren Sie nicht als Regent Frankreichs im Gespräch?", fragte Carl.

„Das war aus meiner Sicht eine Chimäre, denkbar aber ist, dass ich als Großherzog von Genua einen Teil meiner italienischen Lande rette."

„Doch wenn Napoleon seine neu ergriffene Macht festigt …"

„Dann würden die Karten anders verteilt. Und ich fürchte, meine könnten nicht mehr im Spiel sein."

„Ihnen bleibt Bayern, Prinz. Man sagt, König Maximilian I. sei Ihnen sehr gewogen."

„Nun, wohl eher seinen Enkeltöchtern", erwiderte de Beauharnais lächelnd. „Aber Graf von Montgelas ist ganz auf meiner Seite und das ist die Hauptsache, denn der König trifft keine Entscheidung, ohne seinen ersten Minister zu konsultieren."

So plauderten sie eine Weile fort, bis die Kutsche die Kleinstadt Dombasel an der Mörthe, auf Französisch Dombaslesur-Meurthe erreichten. Dort erhielten die drei Reisenden auf Vermittlung des Prinzen Quartier im Gut von Christoph de Dombasle, dem Grundherrn der Region. De Beauharnais eilte weiter nach Paris.

Drei Tage verbrachten sie im gastfreundlichen Hause des Agrarökonoms. Endlich war Marielle wiederhergestellt, und sie reisten am 7. März über Metz und Diedenhofen nach Luxemburg, eine Strecke, die ohne weitere Abenteuer in dreieinhalb Tagen zurückgelegt wurde. In der Stadt herrschte große Unruhe, als sie eintrafen, denn es war unklar, was aus Stadt und Land werden würde. Jahrhundertelang war Luxemburg Teil des Heiligen Römischen Reiches Deutscher Nation gewesen, ja sein Herrscherhaus hatte sogar mehrere Kaiser gestellt. 1795 besetzte Frankreich das Land und machte es zum Département des Forêts. Nun wurde gemunkelt, dass Luxemburg an das neue Königreich der Niederlande fallen solle. Andere Gerüchte besagten, dass Preußen die an Mosel, Sauer und Our gelegenen Landesteile erhalten sollte. Aktuell weilte, wie es hieß, Wilhelm von Oranien-Nassau inkognito in der Stadt, um die politische Lage zu seinen Gunsten zu beeinflussen.

Carl ließ das hiesige Intrigenspiel kalt, viel mehr interessierte ihn die aktuelle Lage in Frankreich. Napoleon schien sich wieder der Macht zu nähern, die Nachrichten seines siegreichen Vormarsches verbreiteten sich in Windeseile. Am 7. März war er in die Stadt La Mure eingezogen und überaus freundlich empfangen worden. Am selben Tag war es bei Laffrey, nahe Grenoble, zum ersten Aufeinandertreffen des Kaisers mit den königlichen Truppen gekommen. Die Berichte erzählten von einer auf Carl theatralisch wirkenden Szene.

Napoleon sei auf die schussbereiten Soldaten zugegangen, habe in einer weiten Geste seinen grauen Mantel geöffnet und die Männer zum Schießen aufgefordert. Diese jedoch zeigten sich begeistert von der Rückkehr ihres ehemaligen Feldherrn und wechselten die Seiten. Auch die Städte Grenoble und Lyon hatten sich angeblich zum Abfall von Ludwig XVIII. bewegen lassen. Auf seinem Weg durchs Land wurde das zunächst noch kleine Heer von jubelnden Bauern von Dorf zu Dorf begleitet. Die Enttäuschung über die Herrschaft des Königs saß offenbar tief, die Freude über die Rückkehr des Kaisers schien immer größer zu werden.

Dass Prince de Beauharnais sich direkt nach Paris begeben hatte, verdeutlichte, er rechnete mit dem baldigen Einzug des Herrschers in seiner alten und neuen Hauptstadt. Nur militärisch war Napoleon noch Paroli zu bieten. Doch die Alliierten zögerten. Endlich aber beschlossen die Verbündeten, vier große Armeen aufzustellen: Eine englisch-deutsche unter dem durch seine Siege in Spanien berühmt gewordenen englischen Nationalhelden Herzog von Wellington in Belgien, eine preußische am Niederrhein unter dem alten Feldmarschall Fürst Blücher, eine russische am Mittelrhein unter Feldmarschall Graf Barclay de Tolly und eine österreichisch-deutsche am Oberrhein unter dem Fürsten Schwarzenberg.

Da, es war mittlerweile der 19. März und der König, so berichteten Depeschen, war aus Paris geflohen, erhielt Carl eine Nachricht von Charles William Stewart, einem Offizier, den er vor zwei Jahren in den Schlachten von Großgörschen und Bautzen kennengelernt hatte und der Großbritannien als Gesandter in Berlin vertrat. Der Engländer schrieb ihm, es sei absolut erforderlich, dass er umgehend nach London reise, um dort Kontakt mit dem preußischen Gesandten von Jacobi-Klöst oder dessen Stellvertreter aufnehme. Carl kam der Aufforderung nach und begab sich nach England. Geoffroy und Marielle blieben zunächst in Luxemburg zurück.

## 3. Kapitel

# LONDONS BRÜCKEN

Am frühen Morgen des 25. März legte Carl von Schacks Schiff „Unicorn“, die Themse hochkommend, im Hafen von London an. Über den Kirchtürmen und den Dächern der Stadt zeigte sich eben das sanfte Licht des neuen Tages. Die Straßen begannen sich zu beleben, Marktkarren rumpelten daher und erste Lastkutschen wurden entladen. Kleine Trupps von Männern und Frauen mit schweren Körben voller unterschiedlicher Waren auf den Köpfen bewegten sich in mühseligem Schritt in Richtung Covent Garden. Der Markt dort und die zu ihm führenden Straßen füllten sich mit Fuhrwerken jeder Art und Größe, vom schwerfälligen Frachtwagen mit vier kräftigen Pferden bis zum klappernden Räderkarren. Männer schrien Kommandos, Handwagen wurden quietschend geschoben, Marktweiber schwatzten, Schweine grunzten und Ziegen meckerten. All dies bildete eine wahre Kakophonie von Tönen, Geräuschen und Lauten.

Carl verließ das Schiff und beauftragte einen Dienstmann, sein Gepäck in die preußische Gesandtschaft zu bringen. Er selbst wollte sich vor seinem Treffen mit dem Stellvertreter des aktuell in Wien weilenden Botschafters von Jacobi-Klöst in der riesigen Stadt umsehen und London ein wenig kennenlernen. Zudem plante Carl, einen englischen Kontaktmann namens Ned Ward zu treffen, der ihm in Brüssel empfohlen worden war. So bewegte er sich nun mit ruhigen Schritten hinein in das chaotisch anmutende Durcheinander der Straßen der englischen Hauptstadt. Links und rechts öffneten eben die Läden. Lehrlinge und Ladendiener zeigten sich emsig damit beschäftigt, die Fenster für den Tag zu reinigen und die Auslagen mit Waren neu zu bestücken. Die Bäckerläden füllten sich mit Dienstboten und Kindern, die auf das Herausziehen der ersten Brote aus den großen Öfen warteten. Scharen von Menschen bewegten sich durch die Straßen. Kanzlisten mit runden Hüten und Brillen eilten in ihren frisch gebürsteten Röcken und mit Tinte befleckten Hosen an den Häusern entlang. Putzmacherinnen und junge Näherinnen liefen in kleinen Gruppen schwatzend zu ihrer Arbeit. Überall war ein dichtes Gedränge von gut Gekleideten, Stutzern und Schäbigen, Wohlhabenden und Armen, Fleißigen und Faulenzern, Alten und Jungen, ein einziges buntes Getümmel voller betriebsamer Tätigkeit.

Carl steuerte das Gasthaus Lamb & Flag an, in dem er Ned Ward treffen sollte. Gerade wollte er in das ältliche Gebäude eintreten, da berührte ihn von hinten eine Hand am Arm und eine Stimme raunte:

„Folgen Sie mir, Sir!"

Er drehte sich um, eine dunkel gekleidete Gestalt wandte sich soeben ab und tauchte hastig in die Menge ein. Das musste der geheimnisvolle Mr. Ward sein! Carl verstand den Sinn des Ortswechsels nicht, eilte aber dem Mann sofort nach. Dieser führte ihn durch verschiedene verwinkelte Gassen und hielt endlich vor einem prächtigen Gebäude inne, an dem ein großes gemaltes Schild mit der Inschrift „Old Man" hing.

Es zeigte sich beim Eintritt, dass der „Alte Mann" offenbar ein Kaffeehaus war. Sie stiegen einige Treppen hinauf, welche in einen großen, mit schweren Eichenmöbeln bestückten Raum führten. Dort saßen etliche geputzte Damen und Herren und tranken aus feinen Porzellantassen duftenden Kaffee. Ned Ward drängte sich etwas unhöflich durch die Reihen der Sitzenden, und Carl folgte, bis sie an das Ende des Raumes gelangten, wo sich beide an einen kleinen Tisch niedersetzten.

Ward war ein Mann von etwa Mitte vierzig mit harten Gesichtszügen, die zum Teil hinter einem struppigen Bart verschwanden. Er winkte der Kellnerin, kaum dass sie Platz genommen hatten, und bestellte, ohne sein Gegenüber zu fragen, zwei Tassen Kaffee.

„Warum dieses Versteckspiel, Mr. Ward?", fragte Carl etwas ungehalten.

„Glauben Sie mir", antwortete dieser, nachdem er einen Augenblick die anwesenden Personen aufmerksam gemustert hatte, „ich habe meine Gründe."

„Gut, Sie müssen mir keine Auskunft geben, jedoch Informationen. Was gibt es so Dringendes, dass ich die weite Reise von Brüssel nach London gemacht habe, obwohl es auf dem Kontinent wahrlich genug zu tun gäbe. Napoleons Macht wächst stetig an!"

„Selbstverständlich", bestätigte Ned Ward. „Das Militär sammelt seine Kräfte und rüstet sich für das große Schlachten. Doch Kriege werden nur vordergründig durch die Zahl der Kanonen und Schwadrone gewonnen …"

„Sicher, Napoleons strategisches Genie steht außer Frage, obwohl diese Qualität ihm weder in Spanien noch in Russland geholfen hat. Und Leipzig war ganz sicher ein Ruhmesblatt für unsere Seite!"

Ward sah sich erneut im Raum um, dann sagte er mit gedämpfter Stimme:

„Es geht um einen Agenten des Imperators, der hier in London die Kriegsmüdigkeit weiter Kreise nutzt und das Parlament wie auch das House of Lords zu einer neutralen Haltung zu bringen sucht. Der Mann arbeitet mit allen nur denkbaren Methoden, vor allem mit Intrigen und Erpressung und er schreckt auch vor Mord nicht zurück."

„Wer ist dieser Agent?"

„Das wissen wir leider nicht. Es ist lediglich gelungen, eine Botschaft an ihn aufzufangen."

„An wen war diese adressiert?"

„An eine Anwaltskanzlei namens Smith, Smith and Sons, Fleetstreet 17, die es aber dort nicht gibt."

„Und der Absender?"

„Ein Mr. Williams. Normalerweise werden Briefe dieser Art einfach hinterlegt. Doch dem Boten kam das Ganze merkwürdig vor. Es war bereits das vierte oder fünfte Schreiben, das er dorthin brachte und das nicht richtig übergeben werden konnte."

„Alle vorherigen Briefe waren verschwunden?"

„So ist es", bestätigte Ned Ward.

„Was stand nun in dem abgefangenen Schreiben?"

„Ich habe es dabei, am besten Sie lesen den Brief selbst."

Ward griff in die Brusttasche, holte ein graues Couvert heraus und reichte es Carl.

Dieser ergriff es und zog ein eng beschriebenes Blatt hervor, das er sogleich zu lesen begann. Der Brief war auf Französisch verfasst, eine Anrede fehlte:

*Die Neutralität Londons muss mit allen Mitteln erreicht werden. Preußen und Österreich werden es allein nicht wagen, gegen uns vorzugehen und der Zar ist weit. Jenkinson ist schwach, die Spannungen zwischen Whigs und Torys müssen vertieft werden. Suchen Sie auch Kontakt zu Sir Charles Monck. Er ist ein wichtiger Meinungsbildner. George Canning ist Wellington zutiefst verhasst, ebenfalls ein Ansatzpunkt ...*

In diesem Stil ging es weiter, in der Sache durchaus wie erwartet, doch bis auf die Nennung vom Sir Monck und George Canning ohne konkrete Hinweise, wie der Verfasser sich das Vorgehen vorstellte.

„Premierminister Robert Jenkinson ist mir natürlich bekannt. Doch wer sind die Herren Monck und Canning?", fragte Carl.

„Sir Monck ist die verkörperte Opposition, genauso wie sein Freund Canning“, erwiderte Ward mit schiefem Grinsen. „Letzterer liefert sich seit Jahren Gefechte mit der Regierung und den Ministern Seiner Majestät. Dies in wortwörtlichem Sinne.“

„Jetzt erinnere ich mich“, sagte Carl. „Gab es nicht ein Duell Cannings mit Lord Castlereagh? Irgendwie ging es dabei um eine Truppenentsendung.“

„Das ist richtig. Doch der eigentliche Anlass war eine geplante Ministerrochade, bei der Castlereagh durch Lord Wellesley ersetzt werden sollte. Castlereagh, der Canning hinter dem Geschehen vermutete, forderte diesen zornig zum Duell und verwundete ihn.“

„Eine eigenartige Form, Politik zu betreiben“, merkte Carl an.

„Haben Sie nie einen Zweikampf ausgefochten, Herr von Schack?“, fragte Ned Ward.

„Wie jeder Herr von Stand habe ich mich duelliert, allerdings nie aus politischen Gründen.“

„In England herrschen in dieser Hinsicht andere Gepflogenheiten. Canning weilt derzeit als Botschafter in Portugal. Sie sollten eher ein Auge auf Francis Burdett werfen. Der Mann ist von Natur aus ein Rebell. Er hat in Oxford studiert und gehört seit fast zwanzig Jahren dem Unterhaus an. Seit Jahren gefällt er sich in der Rolle als liberaler Freund Frankreichs und hat sich erst kürzlich für einen Frieden mit Napoleon ausgesprochen.“

„Warum wird er auf der Liste nicht erwähnt?“

„Wahrscheinlich glaubt der Absender, seiner Hilfe und Unterstützung sicher zu sein“, schlug der Kontaktmann vor.

„Das wird es sein“, stimmte von Schack zu. „Nur, wie führt uns das alles zu dem Agenten?“

Ned Ward antwortete nicht.

Irritiert fragte Carl nach:

„Ned, hören Sie mich?“

Der Mann schwieg weiter. Auch die übrigen Gespräche im Raum

schienen schlagartig zu verstummen. Wards Blick richtete sich auf einen Punkt links hinter dem Junker. Die Augen wurden größer, füllten sich sichtbar mit Angst und Furcht. Etwas knackte und Carl ließ sich instinktiv fallen. Ein Schuss krachte, schon war er wieder auf den Beinen und wandte sich zur Seite. Die zweite Kugel pfiff haarscharf an ihm vorbei und er sprang vorwärts, in die Richtung, aus der zweimal geschossen worden war. Der Schütze, ein mittelgroßer Kerl in dunkler Kleidung, warf seine nutzlosen Waffen weg und wandte sich zur Flucht. Carl folgte, holte auf, war knapp hinter dem Mann und griff schon nach ihm. Da stolperte er über einen Stuhl und stürzte zu Boden. Als er sich wieder erhoben hatte, war der Attentäter bereits aus dem Hause geeilt und in der schützenden Menge der Straße untergetaucht. Verärgert kehrte Carl in die Gaststube zurück, um nach Ned Ward zu sehen. Hier herrschte große Unruhe, alles redete durcheinander und die meisten der Anwesenden bemühten sich, den Gasthof so schnell wie möglich zu verlassen, was einige Kellner im Hinblick auf die Zeche zu verhindern trachteten. Der Junker versuchte, in dem Chaos den Agenten zu entdecken. Vergeblich, er fand ihn nicht. Der Mann schien verschwunden, und er hatte nichts zurückgelassen, aus dem ersichtlich gewesen wäre, wohin er geflüchtet war.

Carl warf einige Münzen auf den Tisch und verließ ebenfalls das Wirtshaus.

Wohin jetzt? Sollte er die Gesandtschaft aufsuchen? Etwas anderes schien ihm nicht sinnvoll zu sein. Der Weg dorthin war leicht zu finden und zur Not konnte er einen der zahlreichen Straßenjungen als Führer dingen. Also begab sich Carl wieder in das Gewühl der Straße und tauchte in die bunte Menge ein.

Nachdem er eine Weile gelaufen, musste der Junker jedoch feststellen, dass ihm in keiner Weise mehr bewusst war, wo in dieser Riesenstadt er sich genau befand. Carl hielt inne und schaute sich forschend um.

Die Straße, durch die er soeben lief, hatte schon bessere Zeiten gesehen. Die Häuser waren alt und wirkten zum größten Teil baufällig. Die meisten schienen zudem unbewohnt, viele Fenster waren mit Brettern vernagelt und die Tore fest verschlossen. Direkt neben ihm befand sich eine dicke, mit rostigem Eisenblech beschlagene und mit kräftigen Nägeln versehene Tür. Gerade öffnete sich diese und ein unwirsch aussehender Kerl mit dreikantigem Hut, einem groben Halstuch und hohen Stulpstiefeln, dazu in einen grünen Jagdrock gekleidet, trat hervor. Ihm folgten eine kräftige, ältliche Frau von wenig vertrauenerweckendem Äußerem und ein Mädchen von fünfzehn oder sechzehn Jahren. Es trug sein langes Blondhaar offen und einzelne Locken fielen wirr in seine Stirn. Das Gesicht zeigte unter dem Schmutz, der es bedeckte, klare Konturen. Die blauen Augen waren hell und die Lippen voll und rot. Trotz seiner verlumpten Kleidung strahlte das Kind die Frische der Jugend aus. In der Hand trug es ein kleines Bündel und, das sah Carl erst jetzt, das Mädchen war barfuß. Das Trio lief vorüber. Dabei stieß das Mädchen gegen einen Stein, stolperte und wäre fast gestürzt, wenn der Junker nicht rechtzeitig seinen Arm ergriffen und es gehalten hätte.

„Du dummes, unnützes Ding!“, schimpfte die Alte und riss die Kleine grob zu sich. „Pass auf, wo du läufst und stoße nicht gegen fremde Herren!“

Das Mädchen brach in Tränen aus.

„Jetzt fängt sie auch noch zu heulen an“, rief die Frau zornig. „Was soll ich nur mit einem solchen schmutzigen Balg wie dir anfangen?“

„Lass das Kind in Ruhe, Alte“, sagte Carl. „Es ist gestolpert, mehr ist nicht geschehen.“

„Ah“, sagte das Weib und wandte sich mit schiefem Grinsen von Schack zu. „Der hochwohlgeborene Herr hat Geschmack an der faulen Trine? Versteht sich, versteht sich, ist ja auch bei aller Blödigkeit nett anzusehen und gut für dies oder jenes zu brauchen. Was gilt es, gnädiger Herr? Drei Schilling und Ihr könnt die Kleine haben – so wie sie ist.“

„Dazu einen Sixpence für die Kleidung", mischte sich der Kerl im grünen Rock ein. „Gleich ganz ohne könnt Ihr die Dirne nicht mitnehmen", fügte er mit anzüglichem Lachen hinzu.

„Halt dein vorlautes Maul, John!", fuhr ihn die Alte an. „Der gnädige Herr ist ein Gentleman und weiß schon, was ihm das schlechte Ding wert ist. Also", wandte sie sich mit einem breiten Grinsen an den Junker, wobei sie ihr lückenhaftes Gebiss enthüllte. „Drei Schilling für eine Woche. Könnt machen mit der Dirne, was ihr wollt. Die beste Unterhaltung für einen älteren Gentleman. Und wenn sie euch zu langweilen beginnt, schickt sie früher fort. Mary weiß, wo sie zu Hause ist, und findet allein zurück. Da braucht John nicht zu suchen", fügte das Weib mit drohendem Unterton hinzu.

Carl reichte es, ihn widerte das ekelhafte Geschachere an. Er blickte kurz auf das Mädchen, das, den Kopf gesenkt, dem Handel angstvoll lauschte.

Vorsichtig, das üble Paar nicht aus den Augen lassend, zog der Junker mit der linken Hand die Börse hervor. Im gleichen Augenblick sprang der Grobschlächtige vor – und fühlte auf seiner Brust die Spitze von Carls Degen, was ihn rückwärts gegen die alte Vettel prallen ließ.

„Verdammtes Pack, soll ich euch lehren, wie man sich gegenüber einem Gentleman zu verhalten hat?", rief der Junker zornig.

„Gnade, Herr!", winselte die Alte und warf sich auf die Knie. „John ist manchmal etwas voreilig. Er meint es aber nicht so. In Wirklichkeit hat er ein Herz aus Gold."

„Genauso ist es, Herr", bestätigte John, der sich vorsichtig nach hinten in Richtung Tür zurückzog. Dabei griff er nach Mary, die sich jedoch losriss und an Carls Seite eilte.

„Bitte, gnädiger Herr, nehmt mich mit. Ich will tun, was Ihr wollt. Nur lasst mich nicht bei der Alten zurück. Ich bitte euch!"

Der Junker reichte ihr die Börse.

„Gib ihnen vier Schillinge", befahl er. „Das mag genügen, mehr werden sie für dich in den letzten Monaten nicht aufgewendet haben. Du kannst so lange bei mir bleiben, wie du willst", fügte er leise hinzu.

Das Mädchen suchte das Geld hervor, warf es dem Weibe zu, welches gierig nach den Münzen grapschte, und gab die Börse zurück. Der Vierschrötige sprang vor und das ungleiche Paar begann, sich um seinen „Lohn" zu prügeln. Menschen traten hinzu und feuerten die beiden an.

Carl nutzte den Tumult, um mit seinem jungen Gast unauffällig zu verschwinden. Zum Glück fand sich an der nächsten Ecke eine freie Mietdroschke, die ihn mitsamt dem Mädchen Mary zur preußischen Gesandtschaft brachte. Die Fahrt dorthin verlief schweigend. Das Mädchen kauerte zusammengesunken in einer Ecke und warf von Zeit zu Zeit unsichere Blicke auf Carl. Dieser hingegen überlegte, was er mit seinem unerwarteten Gast anfangen solle. Der Botschafter beziehungsweise sein Stellvertreter von der Marwitz würde im Hinblick auf den erweiterten Besuch zudem gewisse Irritationen zeigen, zumal der Junker ohne begleitende Dienerschaft angekündigt worden war.

„Wir bräuchten anständige Kleidung, ein Bad und jemand, der dich frisiert", sagte Carl mehr zu sich als zu der Kleinen. „Und eine weibliche Person, die sich um dich kümmert", fügte er auf Englisch hinzu. „Am besten eine ältere Frau."

„Bitte, gebt mich nicht zurück an die Alte", bat das Mädchen.

„Nein, davon ist nicht die Rede. Nur, es gibt vieles, was für dich vonnöten ist, wahrscheinlich mehr als ich mir vorstellen kann, und das in den Aufgabenbereich der Weiblichkeit fällt."

Unter diesen Reden erreichte die Kutsche das Gebäude der Gesandtschaft, das Carlton House Terrace an der Südseite von Pall Mall, dessen Garten an den St. James-Park grenzte.

„Komm!", sagte Carl und wandte sich zum Eingang. Seine junge Begleiterin starrte offenen Mundes auf das palastartige Gebäude.

„Dort wohnt Ihr, gnädiger Herr?“, fragte das Mädchen. „In diesem Schloss? Und ich darf mit hinein?“

„Ich bin selbst nur zu Gast“, erwiderte der Junker lachend. „Und du bist mein Gast. Komm“, wiederholte er, ergriff ihre Hand und zog die Kleine mit sich.

Sie stiegen die Treppe empor und wurden am Eingangsportal vom Haushofmeister und gleichzeitigem Butler Mr. Samuel Dumplewick empfangen. Dieser hatte als Butler in verschiedenen hochherrschaftlichen Diensten breite Erfahrungen gesammelt, unter anderem war er im Hause Lord Nelsons angestellt gewesen, und beherrschte die Regeln und Formen der englischen Oberschicht perfekt. Von großer, geradezu massiger Gestalt wirkte er imposant und war es gewöhnt, dem normalen Volk gegenüber Autorität auszustrahlen und Respekt einzuflößen. Mr. Dumplewick warf einen indignierten Blick auf Mary, die sich an Carl geradezu klammerte und wandte sich dann mit einer kaum wahrnehmbaren Drehung seines Oberkörpers dem Junker zu.

„Sie wünschen, Sir?“

„General von Schack. Führen Sie mich zu Herrn von der Marwitz.“

„Sehr wohl, Herr General. Aber Ihre Dienerin ...“

„Kommt mit, guter Mann“, unterbrach ihn Carl, „und jetzt etwas Tempo. Ich bin es nicht gewohnt, zu warten.“

„Wenn Herr General mir bitte folgen wollen!“

Angesichts der eindeutig höheren Autorität verneigte sich der Haushofmeister devot und führte Carl und Mary durch die mit mythologischen Figuren geschmückte Eingangshalle hinauf in die erste Etage des Vorderhauses und über einen langen Flur zum Arbeitszimmer Herrn von der Marwitz‘. Er klopfte und öffnete die Tür. Vor ihnen zeigte sich ein großer, mit dunklen Möbeln eingerichteter Raum. In der Mitte stand ein breiter, akribisch aufgeräumter Schreibtisch. Weiter hinten luden mehrere Ledersessel zum Sitzen ein, an den Wänden reihten sich Aktenregale.

„General von Schack und“, Dumplewick räusperte sich kurz, „Begleitung.“

„Herr General von Schack“, rief von der Marwitz und erhob sich. „Wie schön, dass Sie gut in London angekommen sind.“

Von der Marwitz, ein schlanker Mann in den besten Jahren, dessen Haar an den Schläfen bereits grau wurde, erhob sich und kam auf Carl zu. Jetzt erst bemerkte er Mary, stutzte kurz und befahl dann Mr. Dumplewick, der noch an der Tür stand:

„Können gehen, Samuel!“

„Sehr wohl, Herr Legationsrat!“

Der Haushofmeister verneigte sich und schloss die Tür.

„Eine neue Agentin?“, wandte sich von der Marwitz jetzt scherzend an Schack. „Oder mit wem habe ich die Ehre?“

„Das ist richtig“, bestätigte Carl ohne mit der Wimper zu zucken. „Das junge Fräulein wird mich bei meiner hiesigen Mission unterstützen. Aufgrund gewisser Umstände muss Mary jedoch erst neu eingekleidet und mit allem sonst Notwendigen versorgt werden. Haben Sie jemanden im Hause, der sich um sie kümmern kann?“

„Mary“, wiederholte von der Marwitz. „Mary ist also Ihre neue Agentin. Gut, Mrs. Wintermere, unsere Hauswirtschafterin, wird sich Ihrer Mitarbeiterin annehmen.“

Er läutete und befahl dem eintretenden Butler, Mrs. Wintermere kommen zu lassen.

Wenig später stand die Hauswirtschafterin im Zimmer. Ihre ganze Erscheinung schien ihren Beruf, der auch die Küche des Hauses beinhaltete, in breiter Form zu verkörpern. Etwa fünfzig Jahre alt, war sie von einer etwas fülligeren Gestalt. Das graue Haar zierte ein Dutt, die Wangen ihres ebenfalls gerundeten Gesichts zeigten eine geradezu fröhliche Röte. Gekleidet war sie in mehrere Lagen von Röcken, was ihrer Figur zusätzliches Volumen schuf. Kurz, sie war eine Person, die häuslich und bieder wirkte und zu der ein junges Mädchen leicht würde Vertrauen fassen können. Dem war auch so; und Mary ging, nachdem Mrs. Wintermere den Auftrag erhalten hatte, sich um das Mädchen umfassend zu kümmern, ohne Zögern mit ihr.

Die Herren nahmen auf den Sesseln im Hintergrund des Zimmers Platz und nun wandte sich das Gespräch den Themen zu, wegen denen Carl nach London gekommen war.

„Die letzten Nachrichten vom Kontinent klingen besorgniserregend. Napoleon scheint seine Macht zu festigen“, begann von der Marwitz. „Das bedeutet erneuten Krieg.“

„Die Gefahr besteht im hohen Maße“, bestätigte Carl. „Niemand glaubt seiner Versicherung, dass er den Frieden von Paris anerkennen, die Grenzen von 1792 nicht überschreiten und zukünftig mit den Nachbarn in Frieden leben wolle.“

„Deswegen haben die Mächte einen neuen geheimen Koalitionsvertrag vorbereitet und werden ihn heute oder morgen schließen“, informierte der amtierende Gesandte.

„Also sind die Widerstände der Opposition überwunden worden?“

„Das schon, aber es hält sich hartnäckig das Gerücht, dass es einen geheimen Kreis gäbe, der weiterhin die Sache Napoleons betreibt.“

„Eine Verschwörergruppe?“

„Davon ist auszugehen“, bestätigte von der Marwitz. „Botschafter von Jacobi-Klöst sprach vor seiner Abreise nach Wien sogar die Befürchtung aus, dass mit etlichen Anschlägen und Sabotageaktionen zu rechnen sei.“

„Liegen Ihnen Namen vor oder gibt es Vermutungen über die Mitglieder?“

Von der Marwitz schüttelte den Kopf.

„Ein geheimer Kreis, wie gesagt. Einzig ein gewisser Ned Ward soll mehr wissen.“

„Ned Ward ist mir bekannt“, sagte Carl ruhig, verriet aber vorerst nicht, dass er den Mann bereits getroffen hatte.

Ein Klopfen an der Tür unterbrach ihr Gespräch. Es war der Butler, der meldete, das Mahl sei angerichtet. Die Herren begaben sich in das Esszimmer, wo sie sich zu Tisch setzten. Im Hause wurde englisch gekocht, zum Auftakt servierte Dumplewick eine Ochsenschwanzsuppe, gekochter Hammel, Salzkartoffeln und Kohl stellten das Hauptgericht dar und zum Nachtisch folgte ein Pflaumenkompott mit Grütze. Als Getränk wurde Ale und zum Abschluss ein sehr süßer Portwein gereicht. Von der Marwitz schien dergleichen „Köstlichkeiten" gewohnt zu sein, denn er sprach den Speisen mit gutem Appetit zu, während Carl sich zurückhielt. Die Unterhaltung drehte sich um Nichtigkeiten, der Gesandte interessierte sich vor allem für den neuesten Wiener Gesellschaftstratsch. Im Anschluss zogen die Herren sich mit ihren Gläsern und einer Zigarre in den Rauchsalon zurück, wo sich Carl bemühte, das Gespräch über den geheimen Zirkel wiederaufzunehmen.

Nach einer Weile klopfte es und Mrs. Wintermere betrat zusammen mit Mary den Salon. Mit dem Mädchen war eine wundersame Verwandlung vor sich gegangen. Es musste gebadet haben, denn alles an ihm war sauber und wohlriechend. Es trug ein einfaches weißes Kleid, dessen Stoff seinen jungen Leib sanft umfloss. Das helle Haar war sorgsam gebürstet und zu zwei Zöpfen geflochten worden. Seine Augen leuchteten und das feine Rot der Lippen zeigte ein strahlendes Lächeln. Es lief auf Carl zu und ergriff seine Hand, um diese zu küssen.

„Ich danke Euch, Herr, für Eure Wohltaten", rief es mit jugendlichem Überschwang.

„Nun, nun", erwiderte der Junker leicht verlegen und entzog ihm die Hand, „jetzt wollen wir erst einmal sehen, was für dich weiter zu tun ist, Mary."

„Ich kann gut mit der Nadel umgehen", erwiderte das Mädchen eifrig, „und putzen und kochen."

Von der Marwitz lachte auf.

„Es sieht so aus, bester Herr von Schack, als hätten Sie sich eine Putzmamsel an Land gezogen und keine Agentin.“

Das Mädchen schaute ihn verständnislos an.

„Keine Sorge, Mary“, wandte sich Carl auf Englisch wieder an das Kind. „Wir werden sicher etwas finden, nur putzen und kochen musst du hier nicht. Das besorgen die Köchin und die Angestellten. Aber sag, wie gut kennst du dich in London aus?“

„Ich finde mich zurecht, Herr.“

„Gut, du wirst einen Auftrag bekommen. Warte bitte draußen, ich muss mich mit diesem Herrn hier kurz besprechen.“

Mary knickste und ging hinaus vor die Tür.

„Was haben Sie vor, Herr von Schack?“, fragte der Gesandte neugierig.

„Ich möchte die Kleine nach Ned Ward suchen lassen.“

„Nach Ned Ward? Wie soll das Mädchen ihn finden?“

„Er hat gewisse Angewohnheiten“, sagte Carl und gab nun einen knappen Bericht seines Treffens mit dem Agenten. „Mary soll einfach in den verschiedenen Lokalen nach ihrem großen Bruder fragen.“

„Bruder?“

„Er ist nicht alt genug, um ihr Vater zu sein.“

Von der Marwitz lachte erneut.

„Sie haben auf alles eine Antwort. Gut, Mary findet Mr. Ward – und dann?”

„Sie übergibt ihm eine Nachricht, das ist alles.“

„Das klingt alles sehr einfach. Sie wollen ihn erneut treffen, richtig? Und wollen dabei nicht gesehen werden?“

„Ich bin sicher, dass man mir hierher gefolgt ist und jeden meiner Schritte überwacht. Mary dagegen …“

„Ist nicht bekannt beziehungsweise wird nicht erkannt. Das ist denkbar“, überlegte von der Marwitz. „Doch, wo wollen Sie den Mann treffen? Die Gesandtschaft ist nicht der richtige Ort für derartige Begegnungen, wir müssen gerade in diesen bewegten Zeiten strikte Neutralität wahren."

„Seien Sie ganz beruhigt, ich lasse Sie völlig außen vor und werde einen Treffpunkt wählen, der in keiner Weise mit dem hiesigen in Verbindung gebracht werden kann. Je weniger Sie wissen, desto besser", beruhigte ihn Carl. „Jetzt würde ich gern die Nachricht verfassen."

„Sicher, dort drüben auf dem Sekretär finden Sie Feder, Tinte und Papier."

Der Junker begab sich an das Schreibpult, griff nach Papier und Feder und schrieb ein paar kurze Zeilen. Dann löschte er das Ganze mit Sand, faltete das Blatt und siegelte es mit seinem Ring.

„So, jetzt wollen wir Mary holen", sagte er, schritt zur Tür und öffnete diese.

„Mary?"

Doch der weite Flur vor der Tür war leer.

Carl eilte hinaus, um das Mädchen zu suchen, vergeblich, es war nicht aufzufinden. Erst als er Mrs. Wintermere befragte, zeichnete sich ab, was mit Mary geschehen sein mochte.

„Gerade eben klopfte es an die Tür", berichtete die Haushälterin. „Draußen stand eine ältere Frau, die um einen Becher Wasser und ein Stück Brot bat. Ich ließ Mary ihr das Wasser und einen Kanten bringen, was das Kind wohl getan hat."

„Haben Sie die Haustür selbst wieder verschlossen?", forschte Carl.

„Die Köchin wollte etwas wissen", gestand Mrs. Wintermere, „sodass ich nicht weiter darauf geachtet habe. Mary schien mir ein vernünftiges Mädchen zu sein und ich ging davon aus …"

„Schon gut", unterbrach sie der Junker. „Sie können gehen."

Er wandte sich an von der Marwitz, der der Befragung beigewohnt hatte.

„Es sieht so aus, als ob die Alte Mary entführt habe. Sie entschuldigen mich, ich muss hinterher."

„Was haben Sie mit diesem Mädchen zu schaffen?“, wunderte sich der stellvertretende Gesandte. „Sicher ist die Kleine ein hübsches Ding, aber eindeutig aus der unteren Schicht. Sie finden, wenn Sie wollen, an der nächsten Ecke Ersatz.“

„Mary untersteht meinem Schutz“, erwiderte Carl knapp, ergriff den Hut und eilte aus dem Haus.

Auf der Straße hielt er kurz inne. Wo sollte er das Mädchen suchen? Am besten in der Gegend, in der er Mary gefunden hatte. Eine Droschke zeigte sich nicht, sodass er zu Fuß gehen musste. Andererseits, die Alte war gewiss nicht gefahren. Also marschierte der Junker mit zügigen Schritten los. Straße auf Straße folgte, Häuserreihe auf Häuserreihe – und irgendwann wusste Carl nicht mehr, wo er sich genau befand. Deutlich war lediglich, die Gegend, durch die er gerade lief, gehörte zu den ärmeren Teilen der Riesenstadt. Er blieb stehen und sah sich forschend um.

Rechter Hand befand sich in einem schmierig und zerfallen wirkenden Haus eine Branntweindestille. Das war jedenfalls auf der Hauswand zu lesen. Ein schmales Fenster stand offen, Tabakqualm quoll hervor, dazu ertönte schrille Musik. Dazwischen waren aufgeregte Stimmen zu hören, offenbar wurde gestritten, jedenfalls klangen die Wortfetzen, die er verstand, nicht sehr freundlich. Aus einem plötzlichen Impuls heraus entschloss sich der Junker, die Schänke aufzusuchen. Er stieg drei Stufen hinauf und öffnete eine schwere Holztür, die das Entree darstellte. Innen herrschte ein rötlich trübes Halbdunkel. Lediglich eine rußende, von der Decke baumelnde Öllampe ließ einen unsicheren Lichtkegel durch die Stube tanzen. In ihrem matten Schimmer zeigte sich das Bild einer wahren Spelunke, wie sie Carl bisher nur in den dunkelsten Gassen von Paris gesehen hatte. Gut ein Dutzend der übelsten und verwahrlosesten Gestalten saß auf den roh gezimmerten Stühlen und lärmte zügellos. Vor ihnen auf einem breiten Tisch standen etliche Flaschen Schnaps, aus denen die Anwesenden kräftige Schlucke nahmen. Mitten im Raum jedoch befand sich ein Schemel, und auf diesem, Carl holte tief Luft, saß Mary. Dass sie saß, stimmte nur bedingt. Neben ihr stand der grässliche Kerl vom Morgen, ohne Hut, aber noch immer im grünen Jagdrock, und drückte das am ganzen Leib zitternde Mädchen fest auf die Sitzfläche nieder.

„Zwei Schilling und ihr könnt die Kleine haben, so wie sie ist. Die Kleidung geht extra, nur Sixpence – wenn die Gentlemen sie brauchen“, fügte er schmutzig lachend hinzu.

„Hör, John“, rief ein verlumpter Bursche von der rechten Seite. „Willst du uns die Katze im Sack verkaufen? Sieht ganz so aus, als wär nicht viel dran an der Dirne. Sie soll mal zeigen, was sie hat!“

„Ja, Ben hat recht“, schrie ein anderer. „Runter mit den Klamotten!“

„Runter, runter!“, fiel der Haufen grölend ein.

„Gut, Leute, gut“, sagte John und beugte sich zu Mary. Er grapschte nach dem Stoff am Halsausschnitt ihres Kleides und …

Im gleichen Augenblick ergriff Carl vom Tisch eine der Flaschen, sprang vor und schlug dem Grünen das Glas über den Schädel. Dann fasste er Mary am Arm und zog sie hoch. Mit der anderen Hand packte er den Schemel und schleuderte ihn an die Lampe, dass diese krachend zerbarst. Brennendes Öl ergoss sich über die Sitzenden, die wild aufschrien und um sich schlugen. Andere drängten zur Tür und begannen in Panik aufeinander einzuprügeln.

Carl hob das Mädchen hoch und legte den zarten Körper auf die Schulter, um die Kleine vor etwaigen Angriffen zu schützen und leichter mit ihr entkommen zu können.

„Hinten ist noch ein Ausgang“, flüsterte sie ihm ins Ohr. „Durch den Keller hindurch.“

Mit der leichten Last im Arm eilte er in den hinteren Teil des Raumes, wo im Widerschein des Ölbrandes eine schmale Treppe zu sehen war, die nach unten führte. Carl setzte das Mädchen ab, und beide stiegen hinab in die dunkle Tiefe. Ein kurzes Stück folgten sie einem Gang, dann führten weitere Stufen nach oben. Der Junker drückte eine zum Glück nur angelehnte Tür auf, sie eilten hindurch und standen wieder auf der Straße.

„Wohin jetzt?", fragte Mary. „Zu Eurem Palast, Herr?"

„Das wird das Beste sein, wenn du weißt, wie wir dort hinkommen."

„Ich kenne den Weg, doch wir werden vorsichtig sein müssen, dass John und Mutter Plumpet uns nicht erwischen."

Carl lachte auf.

„Diesen Mr. John und das alte Weib fürchte ich nicht. Dennoch ist wohl angebracht, einer Konfrontation mit dem Pöbel aus dem Weg zu gehen. Also, führ uns zurück!"

Mary nickte, ergriff seine Hand und zog ihn mit sich quer über die Gasse zum Tor einer dort liegenden Schreinerwerkstatt.

„Kommt, Herr! Meister Jack ist ein guter Mann. Er wird niemanden verraten, dass wir über seinen Hof gelaufen sind."

Eilig durchquerten sie den schmalen Hof. Überall lagen Bretterstapel und es duftete nach frischem Baumharz. In der Werkstatt selbst wurde eifrig gesägt, gehobelt und geschmirgelt. Meister Jack und seine Gesellen waren sehr beschäftigt und schienen ihren „Besuch" kaum wahrzunehmen. Mary lief an ihnen vorbei und ins Haus hinein, Carl folgte. Sie kamen zum Treppenhaus. Das Mädchen blieb stehen und deutete nach oben.

„Wir müssen zum Dachboden. Von dort führt ein Steg in das Haus auf der anderen Seite."

„Ist das wirklich nötig?", fragte der Junker. Seine letzten akrobatischen Kletteraktivitäten lagen einige Jahre zurück.

Lautes Lärmen und Schreien auf dem Hof beantwortete die Frage, die Meute war ihnen auf den Fersen. Beide hasteten die knarrenden Stufen zum oberen Stockwerk hinauf. Hier roch es nach Kräutern und harzigen Ölen. Überall standen Körbe mit Essenzen und an der Seite stapelten sich Warenballen und Kisten.

„Meister Jack hat den Dachboden an den Händler gegenüber vermietet“, erklärte Mary. „Deswegen gibt es hier oben eine Verbindung zwischen den Häusern.“

Sie schlängelte sich zwischen Kisten und Ballen hindurch, Carl folgte notgedrungen. Jetzt erreichten beide eine offene Dachluke. Von hier aus führte ein sehr schmales Holzbrett über die Straßenschlucht zur anderen Seite. Mary bewegte sich leichtfüßig hinüber, doch als Carl den ersten Schritt wagte, begann das Brett sich durchzubiegen und zu schwanken. Er hielt in der Bewegung inne. Unter ihm gähnte die Tiefe und hinter ihm wurden zornige Stimmen laut, die Verfolger schlossen auf. Ein weiteres Zögern war bedenklich, also eilte er im Sprung zur Gegenseite, die er auch unversehrt erreichte – das Brett jedoch rutschte zur Seite und krachte mit einem Riesenlärm auf die Straße hinab. Das Mädchen, das ihn erwartet hatte, wagte einen Blick nach unten.

„Es ist nichts passiert“, verkündete es dann, „nur ein paar Krüge sind zerbrochen.“

„Dann sollten wir rasch weiter.“

Unter Marys kundiger Führung durchquerten sie weitere Dachböden, bis sie schließlich in einen völlig leeren Speicher gelangten, in dem es erbärmlich nach faulem Fisch und Algen stank.

„Sind wir in der Nähe der Themse?“, fragte Carl.

„Ja, Herr, der Speicher liegt direkt an einem der Kais.“

„Da werden wir sicher einen Schiffer finden, der uns mit seinem Kahn von hier fortbringt.“

Carls Vermutung bestätigte sich und keine zehn Minuten später saßen beide in einem Boot, welches mit seinen Insassen Kurs auf den großen Hafen nahm.

Nach einer guten Viertelstunde Fahrt landeten sie an.

Inzwischen war es Abend geworden, Nebel zog auf und die Anlegestelle lag im Licht der wenigen im Dunst gelblich scheinenden Laternen. Eine feuchte Kälte umhüllte alles. Mary fröstelte und der Junker legte schützend seinen Arm um das Kind. Weiter hinten lungerten ein paar finstere Gestalten herum. Linker Hand sang eine Gruppe Weiber mit widrig klingenden Stimmen frivole Lieder. Einige der Kerle kamen näher. Das Ganze gefiel Carl nicht sonderlich, und er war froh, als aus der Dunkelheit eine Droschke auftauchte und auf sie zufuhr. Der Kutscher zügelte das Pferd, der Wagen hielt, und er beugte sich zum Junker hinab.

„Wohin, gnädiger Herr?“, fragte er in einem Ton, als ob die Fahrt bestellt worden wäre. „Pall Mall“, befahl Carl kurz, half Mary beim Einsteigen und folgte ihr.

Der Kutscher ließ die Peitsche knallen, sie fuhren los. Flüche ertönten, die rasch vom Nebel geschluckt wurden. Links und rechts zeichneten sich undeutlich die Konturen der Häuser ab. Die Räder klapperten über das alte Kopfsteinpflaster, endlich wurde der Boden glatter und der Wagen rollte ruhig dahin. Das eintönige Geräusch wirkte einschläfernd, und das Mädchen legte den Kopf an Carls Schulter und nickte ein. Auch ihm wurden die Lider schwer und er hatte Mühe, sie offen zu halten. Schon spürte er, wie ihm die Augen zufielen, er gab der lockenden Süße nach und versank in ein wirres Träumen. Figuren und Gestalten zeigten sich, die ihm bekannt und fremd zugleich erschienen … Da ließ ihn ein plötzlicher Ruck aus seinen Gesichten auffahren, der Wagen hatte gehalten.

Der Schlag wurde geöffnet und eine Stimme, die er kannte, aber nicht zuordnen konnte, forderte ihn auf, auszusteigen, denn das Ziel sei erreicht.

„Warte in der Kutsche!“, raunte Carl Mary rasch zu, die gleichermaßen aus dem Schlaf geschreckt war, und stieg mit der Hand am Degen aus. Draußen trat ihm ein Mann entgegen, den er hier zu sehen nicht erwartet hatte: Ned Ward!

„Guten Abend, Herr von Schack“, begrüßte ihn der Agent. „Es ist mir eine Freude, Sie heute noch einmal treffen zu dürfen.“

„Zumal Ihr Aufbruch am Mittag mir sehr abrupt zu sein schien“, erwiderte Carl.

„Die Umstände, die Umstände, Sie verstehen?“

„Nein, eigentlich nicht. Aber, um es kurz zu machen, was verschafft mir zu dieser Stunde die Ehre?“

„Nun, mir schien, dass Sie Hilfe benötigten und ich wollte auch unser Gespräch zu Ende bringen.“

„Haben Sie mich verfolgen lassen?“

Ned Ward lachte.

„Bester General, in dieser Stadt haben die Wände Ohren und die Häuser Augen. Auch glaube ich, dass mein Kutscher gerade zum rechten Zeitpunkt eingetroffen ist.“

„Da mögen Sie recht haben“, sagte Carl. „Doch bevor wir uns austauschen: Meine kleine Begleiterin sollte vorher in die Gesandtschaft gebracht werden.“

„Sie meinen Mary, das hübsche Kind, das Sie der alten Hexe Plumpet und ihrem Neffen John abgenommen haben?“

„Mr. Ward, Sie verblüffen mich.“

„Informationen zu sammeln und Bescheid zu wissen gehört zu meiner Profession, Herr von Schack. In der Kutsche finden Sie Papier und Tinte sowie Feder, falls Sie dem Mädchen ein Schreiben mitgeben wollen.“

„Wahrhaftig, Mr. Ward, Sie denken an alles.“

Carl gab Mary Bescheid und fertigte rasch ein Schreiben für Herrn von der Marwitz, in dem er bat, sich des Mädchens anzunehmen, und sein späteres Kommen ankündigte. Er verabschiedete sich und der Kutschwagen rollte mit Mary los.

Ned Ward geleitete ihn zum Eingang des Gebäudes, vor dem die Droschke gehalten hatte. Es handelte es um ein Gasthaus, „The Pig and the Pipe“, wie ein wettergegerbtes Schild verkündete. Der Innenraum war ziemlich leer. Nur an einem runden Tisch saßen ein paar ältere Männer, die Karten spielten und sich dabei halblaut unterhielten. Die Herren suchten sich einen Platz in der Ecke und setzten sich. Der Wirt brachte auf ein Zeichen Wards zwei Gefäße mit Ale. Der Agent hob seinen Krug und prostete dem Junker zu.

„Auf Ihr Wohl, Herr von Schack."

„Danke, Mr. Ward."

Beide Männer nahmen einen kräftigen Schluck.

„So, und jetzt sagen Sie, Mr. Ward, worum es geht. Wir wurden heute Mittag leider unterbrochen!"

„Wir hatten über Sir Monck, seinen Freund Canning und dessen Duell mit Lord Castlereagh gesprochen", sagte Ward, „als der Schuss fiel. Mir ging es um Canning und dessen zweifelhafte Haltung gegenüber Napoleon."

„Die Haltung der Alliierten ist doch eindeutig", wandte Carl ein, „Canning kann an der neuen Allianz nichts mehr ändern."

„Das wohl nicht. Aber es gibt andere Möglichkeiten, im Sinne Napoleons unsere Pläne zu stören."

„Woran denken Sie, etwa an Sabotage?"

„Das könnte sein", sagte Ned Ward bedächtig. „Wir haben Hinweise, dass jemand auf unsere Nachschublinien angesetzt wurde und ein Anschlag sehr wahrscheinlich ist."

„Das klingt, Sie erlauben mir die Bemerkung, sehr allgemein. Ihre Nachschublinien dürften riesig sein, die Royal Navy hat sicher an die fünf- bis sechshundert Schiffe unterm Union Jack."

Ned Ward lachte hell auf.

„Weit daneben geschätzt, General. Die Royal Navy ist kein Fischerverband. Doch es geht nicht um die Flotte. Im Norden des Landes, nahe Newcastle upon Tyne, wird an einer völlig neuen Technik gearbeitet, die eine Revolution für das Transportwesen bedeutet. Ein gewisser Mr. Stephenson baut dort eine sogenannte Lokomotive, ein eisernes Fahrzeug, das mit Feuer und Dampf angetrieben wird und zahlreiche Lastanhänger gleichzeitig ziehen kann. Die Zeit der Kutschen und Pferde wird bald vorbei sein", fügte er fast triumphierend hinzu.

Carl von Schack schwieg. Er war zu Pferde durch sein Leben geritten, mitunter auch leidlich bequemer mit einer Kutsche gefahren. Das sollte es künftig nicht mehr geben, weil man jetzt mit Eisen und Feuer unterwegs war? Moderne Zeiten brachen offenbar an, neue Techniken wurden entwickelt, wohin würde das alles führen? Plötzlich fühlte er die Last seiner Jahre und das dumpfe, traurige Gefühl, das sich bei Abschieden einstellt. Nun, ganz gleich, den Dingen musste man sich stellen. Carl gab sich einen Ruck.

„Ich schlage vor", sagte er dann, „wir reisen nach Norden, um vor Ort eingreifen zu können, wenn sich Canning oder einer seiner Mitstreiter zeigt. Was meinen Sie, Mr. Ward?"

„Schwierig", erwiderte der Agent. „Ich bin derzeit in anderen Angelegenheiten tätig, die meine unbedingte Anwesenheit im London erfordern. Und diese, ich darf mich über den genauen Aufgabenbereich, wie Sie sicher verstehen, nicht näher äußern, dürften mich für mindestens zwei Wochen hier festhalten."

„So lange können wir nicht warten. Ich werde also allein aufbrechen. Geben Sie mir alle notwendigen Informationen, morgen früh geht es los – ganz altmodisch mit Pferden und Kutsche."

„Wie Sie wünschen, Herr von Schack. Ich hätte nicht gedacht, dass Sie sich der Sache persönlich annehmen wollen. Ich kenne allerdings jemanden, der Ihnen unter Umständen zur Seite stehen könnte. Oberst von Neipperg, Offizier der königlich-württembergischen Armee, hat, soviel ich weiß, einige Erfahrung in derartigen Angelegenheiten."

Ned Ward verabschiedete sich mit dem Versprechen, dem Junker alles Notwendige vor dessen Aufbruch zukommen zu lassen. Eine Droschke brachte Carl zurück in die Gesandtschaft.

Während der Fahrt hing er seinen Gedanken nach. Joseph von Neipperg war hier in London? Das war in der Tat eine gute Nachricht. Er hatte seit ihrer Leipziger Begegnung im Oktober 1813 nichts mehr von dem Freund gehört. Die anderen Freunde Hermann

Schott von Schottenstein und Melchior hatte er zuletzt vor gut zwei Jahren bei der Beerdigung seines alten Weggefährten August von Erlenburg in Ludwigsburg gesehen. Es war ein melancholisches Zusammentreffen gewesen. Hermanns Frau Elisabeth ging es nicht gut, sie hatte es auf der Brust und weilte damals mit Tochter Sophia auf Kur in Marienbad. Der letzte in ihrem Bunde, Ferdinand von Montmartin, hatte den Heldentod bereits im Oktober 1806 bei der unglücklichen Schlacht von Jena und Auerstedt gefunden. Seine Frau Leonore war ein Jahr zuvor im späten Kindsbett verstorben, Nachkommen hatte das Paar nicht gehabt.

So viele Erinnerungen an alte Zeiten, an die zahlreichen Abenteuer, die die Freunde als junge Männer gemeinsam erlebt hatten und in den letzten Jahren das militärische Geschehen und die Zeit der französischen Besatzung. Seit mehr als zwanzig Jahren herrschte Krieg in Europa, eine ganze Generation war auf den Schlachtfeldern verblutet, nun war es einfach genug. Damals, mit der Revolution in Paris, hatte alles begonnen. Er hatte die ersten Schrecken als Augenzeuge miterlebt: Den Sturm auf die Bastille. Seitdem war viel Zeit vergangen …

Die Droschke hielt und Carl schreckte aus seinen Gedanken auf. Er stieg aus, entlohnte den Kutscher und begab sich durch den Eingang in das Gelände des Gesandtschaftsgebäudes.

Am nächsten Morgen frühstückte von Schack mit dem Stellvertreter des Gesandten von der Marwitz und erläuterte ihm dabei seine neuen Pläne.

„Verstehe ich Sie richtig, General, Sie wollen aufgrund einer vagen Vermutung die strapaziöse Reise nach Newcastle upon Tyne auf sich nehmen?“, verwunderte sich sein Gastgeber.

„Nein, es handelt sich mehr als um eine Vermutung. Ich habe vor einer halben Stunde von Mr. Ward die Nachricht erhalten, dass ein Charles Masters gestern Abend in London eingetroffen sei und für heute Vormittag einen Platz in der Postkutsche in Richtung Durham gebucht habe. Charles Masters ist niemand anderes als der französische Meisterspion Karl Ludwig Schulmeister."

„Und von Durham sind es knapp zwanzig Meilen bis Newcastle", ergänzte von der Marwitz. „Sieht ganz danach aus, als würde Ihre Reise doch nicht ins Blaue gehen."

Es klopfte und der Butler Dumplewick erschien an der Tür. Er verbeugte sich steif und meldete:

„Gnädiger Herr, ein Offizier will Herrn von Schack sprechen. Sein Name ist …"

„Joseph von Neipperg", tönte eine Bassstimme vom Eingang her. Der Freund, den Butler zur Seite schiebend, stürmte in den Salon und auf Carl zu. Dieser erhob sich und beide Männer umarmten sich.

„Dass du schon hier bist! Mr. Ward hat dich angekündigt, wusste aber nicht zu sagen, wann du genau eintreffen würdest. Pardon", der Junker wandte sich von der Marwitz zu, der der Szene leicht indigniert beiwohnte.

„Mein Jugendfreund Oberst von Neipperg", stellte er dem stellvertretenden Gesandten Joseph vor. Die Herren reichten sich kurz die Hand.

„Sind Sie auch in diplomatischen Angelegenheiten unterwegs, Herr Oberst?", fragte von der Marwitz.

„Gewiss, in sehr geheimen Angelegenheiten", antwortete Neipperg lachend. „Doch zunächst gedachte ich, mir London näher anzuschauen. Bist du dabei?", wandte er sich an Carl.

„Bedauere, ich breche noch heute Vormittag in Richtung Norden auf."

„Schon heute?"

„Die Zeit drängt."

„Dann verschiebe ich meine Besuchstour und reise mit dir."

„Das wäre mir sehr recht."

„Gut, abgemacht!", erklärte Neipperg

„Und was geschieht mit dem Mädchen?", fragte von der Marwitz, der den raschen Gesprächsaustausch verwundert verfolgt hatte. „Soll Ihr Gast hierbleiben?"

„Darüber habe ich mir, ehrlich gesagt, noch keine Gedanken gemacht", gestand Carl. „Am besten wäre es natürlich, wenn das Kind hier bis zu meiner Rückkehr warten könnte."

„Ich will nicht zurückbleiben, Herr! Ich komme mit", rief das Mädchen und trat hinter einem Vorhang hervor.

„Oh, wen haben wir denn da?", rief Neipperg. „Wie heißt du denn, mein hübsches Fräulein?"

„Ich heiße Mary, und ich bin nicht Euer ‚Fräulein'", gab sie trotzig zurück. „Ich bin bereits sechzehn! Ich kann kochen und für Euch putzen", bat sie Carl, trat zu ihm und berührte seinen Arm. „Ich könnte auch spionieren. Ihr habt es eben gesehen, niemand von Euch hat mich bemerkt. Bitte, Herr, lasst mich nicht zurück. Bitte!"

„Reizend", meinte Neipperg, „ganz reizend. Woher kommt das hübsche Kind, Carl?"

„Habe einen Augenblick Geduld, Joseph", sagte der Junker.

„Mary", wandte er sich an die Kleine, „es schickt sich nicht, hinter Vorhängen zu stehen und zu lauschen. Auch wenn man nicht gesehen wird. Warte jetzt draußen, du wirst später erfahren, was sein wird."

„Ja, Herr."

Mary knickste, zog einen Schmollmund und verließ den Salon.

„Wirklich, allerliebst", sagte Neipperg. „Ich fühle mich lebhaft an Olga erinnert. Dieses Blitzen in den Augen, das gleiche Temperament … Was sagtest du, ein Fräulein von Stand?"

„Nein", erwiderte Carl lachend. „Mary ist keine Gräfin wie Olga Czernitscheff. Ihr Onkel ist auch nicht der Fürst Potjemkin. Das Mädchen ist ein Geschöpf der Straße, ein echtes Londoner Gewächs."

„So?", sagte Neipperg leicht indigniert. „Jedenfalls eine bald erblühende Schönheit. Glaub mir, ich kenne mich in diesen Dingen aus, mit ein bisschen Schliff dürfte sich in naher Zukunft ein Diamant zeigen."

Carl, der die romantischen Schwärmereien des Freundes kannte, ging nicht weiter auf seine Worte ein. Er schilderte kurz, wie er Mary gefunden und welches Abenteuer er mit ihr bestanden hatte. Herr von der Marwitz hatte sich gleich zu Beginn mit „wichtigen Geschäften" entschuldigt. Zum einen kannte er die Geschichte bereits, zum anderen zeigte er sich seit Neippergs Eintreffen sehr zurückhaltend – dessen abschlägige Antwort auf die Frage nach seiner Mission schien den Gesandten verärgert zu haben.

„Soweit die Abläufe", sagte Carl und beendete seine Darstellung. „Jetzt muss eine Entscheidung im Hinblick auf Mary gefunden werden."

„Sie kommt mit, das ist doch klar", rief Joseph lebhaft. „Du kannst sie nicht zurück auf die Straße schicken."

„Davon ist nicht die Rede. Das Mädchen bleibt in der Gesandtschaft, bis wir von Newcastle zurückkehren."

„Bist du sicher, dass wir wieder nach London zurückkommen? Es könnte doch sein, dass unser Weg uns zu völligen anderen Orten führt. Und dann, was wird dann aus dem Mädchen?"

„Das ist allerdings richtig", gab der Junker zu. „Nur, unsere Reise birgt sicher viele Gefahren …"

„Die dürften von einem, wie sagtest du, ‚Londoner Gewächs', problemlos zu meistern sein. Und was du von der Verfolgungsjagd erzählt hast – nun, das Mädchen scheint mir sehr unerschrocken zu sein."

„Das ist durchaus ein Argument …"

Eine gute Stunde später rollte ein breiter Landauer englischen Typs mit den beiden Männern und Mary durch die Londoner Straße in Richtung Norden. Oben saß neben dem Kutscher noch Neippergs Leibbursche Oskar, den er zur notwendigen Unterstützung aus Stuttgart mitgenommen hatte, obwohl der Mann außer der breiten

Mundart seiner Heimat keine andere Sprache zu sprechen verstand.

Die Freunde unterhielten sich über ihre Erlebnisse der letzten Jahre und sprachen natürlich auch über die Gegenwart und die politischen Veränderungen, die sich in Europa abzuzeichnen begannen. Mary sah aus dem Fenster und schien ganz in der Betrachtung des bunten Straßentreibens vertieft.

„Ich bin gespannt", sagte soeben Neipperg, „ob Kaiser Franz wieder die Reichskrone ergreift und Deutschland endlich eint."

„Das scheint mir utopisch", entgegnete Carl. „Welche Länder sollen denn zum Reich gehören? Die ungarischen Gebiete der Habsburger, die östlichen Territorien Preußens, Schleswig-Holstein?"

„Nun, zumindest wieder das Elsass, Luxemburg und die österreichischen Niederlande. Und Preußen könnte mit Österreich zusammen das Land führen."

„Das soll gelingen? Nein, das halte ich für unwahrscheinlich, der Dualismus wird sich nicht überwinden lassen. Die Allianz gegen Frankreich war nur ein Zweckbündnis, wir werden in Zukunft mit einem geteilten Deutschland zu rechnen haben. Ein nördliches am Meer, in dem Berlin regiert. Und der Süden, bis weit in den Balkan hinein, den Wien beherrscht. Vielleicht sind beide Teile noch irgendwie verbunden, jedenfalls habe ich auf dem Kongress dergleichen munkeln hören. All das wird natürlich maßgeblich dadurch beeinflusst, welche Rolle Frankreich künftig spielen wird – mit und ohne Napoleon."

„Reisen wir deshalb nach Newcastle?"

Carl zuckte die Schultern.

„Ich glaube nicht, dass unser Auftreten dort großen Einfluss auf die europäische Geschichte haben dürfte. Nur habe ich mit Karl Ludwig Schulmeister noch eine Rechnung offen. Du weißt, das tote Fräulein Luisa in Wien, von dem ich vorhin berichtete. Ich habe mein Wort gegeben, den Täter zur Rechenschaft zu ziehen. Und ich werde mein Wort halten."

„Daran zweifle ich nicht. Aber wir dürften, selbst mit guten Pferden, mindestens acht Tage unterwegs sein."

Der Landauer hatte inzwischen den Rand der riesigen Stadt erreicht und das offene Land zeigte sich.

„So viele Bäume", brach Mary ihr Schweigen. „Seht nur die großen, weiten Felder."

„Du warst nie auf dem Land außerhalb Londons?", fragte Carl.

„Nein, Herr, ich habe die Stadt nie verlassen, glaube ich wenigstens. An vieles, was in meiner Kindheit gewesen ist, kann ich mich nicht erinnern."

„Das geht auch anderen Menschen so", suchte Neipperg sie zu beruhigen. „Aber du weißt sicher, wer deine Eltern sind."

„Nein, Herr", sagte das Mädchen leise und Tränen traten ihr in die Augen. „Das erste, was ich weiß, dass mir die Frau, mit der der Herr", sie blickte zu Carl, „mich getroffen hat, klebrigen Brei vorsetzte. Ich musste später immer putzen und kochen und auf der Straße allerlei Tand verkaufen. Oft musste ich hungern und ich wurde geschlagen, allerdings nie schwer und nicht ins Gesicht. In letzter Zeit kamen immer wieder Männer, auch Herren, die Mutter Plumpet Geld für mich boten, wenn sie mich ihnen überließe. Sie lehnte aber ab und sagte, sie könne noch warten, bis die Äpfel richtig gereift seien. Doch gestern schimpfte sie mich ein undankbares Balg und sagte, nun sei die Zeit gekommen, und sie wolle mich endlich mit Gewinn versteigern. John und sie schleppten mich in die Branntweinschänke. Überall standen die widerlichsten Kerle um mich herum und betasteten mich. Ich hatte große Angst, zum Glück kamt Ihr, Herr, und rettete mich!"

Joseph holte tief Luft, als er die Worte hörte. Mary sah zu ihm hin, errötete und verstummte.

„Du brauchst dir keine Sorgen mehr zu machen", sagte Neipperg. „Dich wird keiner mehr anrühren, kaufen oder irgendetwas anderes gegen deinen Willen tun. Darauf gebe ich dir mein Wort!"

„So wie Herr von Schack sein Wort gegeben hat, den Mörder des Mädchens Luisa zu finden?"

„Woher weißt du das?", fragte Carl erstaunt. „Wir haben deutsch gesprochen, verstehst du unsere Sprache?"

„Ich habe fast alles verstanden, was Ihr sagtet, Herr", antwortete Mary auf Englisch. „Die Wörter kamen mir vertraut vor, nur selbst sprechen, das geht nicht."

„Erstaunlich", meinte Neipperg. „Ich glaube fast, du bist oder zu dir gehört ein großes Geheimnis."

„Das wir jetzt nicht lösen können", sagte Carl mit Nachdruck. „Kannst du auch lesen und schreiben?", wandte er sich wieder an das Mädchen.

„Der alte Joe, der in seinem Laden Tinte und Federn verkauft, hat mir das Lesen und ein wenig schreiben beigebracht."

„Das ist gut, Bücher erklären die Welt", meinte Neipperg. „Hier", er griff in seinen Mantel und zog ein schmales Bändchen hervor. „Das sind Gedichte von Friedrich Rückert. Er ist Redakteur beim Stuttgarter Morgenblatt. Sie werden dir gewiss gefallen."

Und er rezitierte mit klangvoller Stimme:

„Freiheit zu finden, weil es bricht die Bande;
Es muß verbrennen in dem Läutrungsbrande,
Das reine Licht wird erst den Enkeln leuchten."

„Das klingt schön", sagte Mary, „auch wenn ich nicht ganz begreife, was mit den Worten gemeint ist."

„Ich kann dir alles erklären", rief Joseph von Neipperg enthusiastisch.

„Später, nicht jetzt", schaltete sich Carl ein. „Lass Mary selbst lesen und dann kannst du heute Abend oder besser morgen ihre Fragen, wenn sie welche hat, ausführlich beantworten."

Das Mädchen nahm das Buch und begann in ihm zu blättern. Ab und zu hielt sie inne und formte mit den Lippen einzelne Wörter. Carl, der sie kurz beobachtet hatte, warf einen Blick auf den Freund.

Dieser schien regelrecht an ihren Lippen zu hängen. Oberst Joseph von Neipperg, ein altgedienter Soldat und Mann von Stand von 57 Jahren, schien von einem sechzehnjährigen Londoner Mädchen von ungewisser Herkunft völlig fasziniert zu sein. Dem Freund war eindeutig sein jugendliches, schwärmerisches Gemüt erhalten geblieben!

„Das verstehe ich nicht", sagte soeben Mary. „Die Worte ergeben keinen Sinn."

„Natürlich, daran hätte ich denken müssen. Die geschriebene Sprache entspricht nicht der gesprochenen. Schade, aber ich habe Ersatz. Hier", Neipperg griff wieder in den Mantel und zog ein zweites Büchlein hervor. „Shakespeares Sonette. Auf Englisch. Du wirst sie sicher verstehen."

Während Mary las, unterhielten sich die beiden Männer leise weiter. Ihr Gespräch wandte sich den Ereignissen im Ländle zu.

„Die Lage ist ernst", berichtete Neipperg. „Nach der langen Kriegszeit liegt vor allem die Landwirtschaft am Boden. Und nach dem hohen Blutzoll, den die Beteiligung des Landes an Napoleons Feldzügen gekostet hat, ist der König bei der Bevölkerung geradezu verhasst."

„In Wien wurde er gleichfalls wenig geschätzt", sagte Carl lachend. „Die Damen fanden seine Figur und sein Auftreten einfach degoutant."

„Und wie gefiel dir die Damenwelt? Man erzählt überall, dass sich der Kongress hauptsächlich mit Empfängen, Bällen, Jagdausflügen und anderen Amüsements beschäftigt hat und erst in zweiter oder dritter Linie mit dem Schicksal Europas."

„Da ist sicher etwas dran", bestätigte Carl. „Und zu deiner ersten Frage. Die sich in den Sälen zeigenden Vertreterinnen des weiblichen Geschlechts waren wahrlich eine duftige Augenweide und im Gespräch allemal faszinierender als das Gros der gekrönten Häupter und Gesandten."

„Das klingt ganz so, als hättest du dich prächtig amüsiert."

„Ich denke, am meisten ist Geoffroy auf seine Kosten gekommen", erwiderte Carl lachend und erzählte dem Freund von den Wiener Abenteuern, wobei er Marielle von Korff und ihr munteres nächtliches Treiben nicht zu erwähnen vergaß.

Unter diesen und ähnlichen Gesprächen verging der Reisetag.

Am Abend machten sie in einem Flecken namens Letchworth Halt. Am zweiten Tag rasteten sie in Nottingham und erreichten über Sheffield und York am sechsten Tag ihrer Reise, es war der 2. April, gegen Abend endlich Darlington. Dort wollten sie George Stephenson aufsuchen, den bekannten „Maschinendoktor" und Erfinder. Er war Direktor der Kohlenwerke von Lord Ravensworth und hatte im letzten Jahr für die dort angelegte Eisenbahn eine neuartige Dampflokomotive gebaut. Carl war gespannt, was für ein Mensch der Mann sein würde, dessen Erfindung angeblich die Welt verändern sollte. Hauptsächlich galt es jedoch, Charles Masters' alias Karl Ludwig Schulmeister habhaft zu werden, der sich nach den Aussagen Mr. Wards in der Gegend befinden sollte.

Unterkunft fanden sie im Hause des Wollhändlers Pease, der Carl vom Gesandten als moderner Geist empfohlen worden war, der sich insbesondere für den Bau von Lokomotiven interessierte. Es zeigte sich, dass damit der Sohn des Hauses gemeint war, Edward Pease. Dieser war ein Mann von nicht ganz fünfzig Jahren von stattlicher Figur und gerader Haltung. Er zeigte sich hoch erfreut, dass Reisende aus Deutschland den weiten Weg nicht gescheut hatten, um George Stephenson kennenzulernen und ordnete an, für den Besuch die besten Zimmer vorzubereiten. Carl ließ ihn bei seinem Glauben und gab beim Abendessen, zu dem sie geladen waren, bereitwillig Auskunft über die Lage in den deutschen Landen. Das Gespräch ging dabei hauptsächlich um die Wirtschaft und welche Pläne es gäbe, die Folgen der langen Kriegszeit und der Kontinentalsperre zu überwinden.

„Herr von Schack, Sie waren beim Kongress in Wien. Wurden dort nicht auch wirtschaftliche Fragen erörtert?"

„Es gab viele Kommissionen, eine verhandlungstechnische Neuheit. Aber Wirtschaftsprobleme ...", Carl überlegte.

„Ich weiß von einem Ausschuss für die Flussschifffahrt und einem für den Sklavenhandel."

„Sklavenhandel!", Pease schnaubte verächtlich. „Ich gehöre der Religious Society of Friends an und lehne diese verächtliche Art, mit menschlichen Wesen umzugehen, aus tiefster Seele ab. Hier in England gibt es zum Glück Männer wie William Wilberforce, der vor acht Jahren im Parlament das Gesetz gegen den Sklavenhandel durchgebracht hat. Im britischen Weltreich ist der Sklavenhandel endlich verboten, Sklavenhändler werden wie Piraten behandelt und gejagt!"

„Nun, Mr. Pease, wenn es Sie beruhigt: Lord Castlereagh hat die Sklavenfrage auf dem Kongress ebenfalls zur Sprache gebracht. Auch Frankreich, Spanien und Portugal verpflichten sich nun zum Verbot des Sklavenhandels."

„Das ist gut", sagte ihr Gastgeber, „jetzt muss nur noch die Sklaverei als solches aufgehoben werden, dann sind wir alle einen tüchtigen Schritt weiter auf den Weg zur wahren Zivilisation."

„Sklaverei, was ist das?", fragte Mary, die die ganze Zeit über still am Tisch gesessen war und den Reden der Männer aufmerksam gelauscht hatte.

„Das liebe Kind", sagte Pease. „So ahnungslos. Ich habe das Mädchen für Ihre Tochter oder Nichte gehalten", wandte er sich an Carl. „Doch von der Sprache her scheint mir London als Herkunftsort eher wahrscheinlich. Wie kommt die Kleine in Ihre Gesellschaft, wenn es erlaubt ist zu fragen?"

„Lassen wir doch Mary selbst berichten, was sie erlebt hat", erwiderte dieser. „Willst du?"

Das Mädchen nickte.

„Ja, Herr, das will ich gerne tun“ und erzählte in einfachen, aber klaren Worten ihre kleine Geschichte bis zu ihrer Begegnung mit Carl und was sie beide gemeinsam erlebt hatten.

„Das liebe Kind“, wiederholte Pease, als Mary endete und wischte sich verstohlen eine Träne aus den Augenwinkeln. „Was du in deinem jungen Alter alles an Prüfungen erleben musstest. Zum Glück hat der Herr über dich gewacht und Herrn von Schack dir zum Retter werden lassen. Allein, was soll nun aus Mary werden? Dass ein junges Mädchen allein mit zwei Herren reist, das schickt sich nicht.“

Pease blickte seine Gäste fragend an.

Carl hatte über diesen Punkt bislang nicht nachgedacht. Die Reisesituation bereitete ihm keine Probleme, doch ein gläubiger Mensch wie Edward Pease sah die Dinge naturgemäß anders.

Zu seiner Überraschung meldete sich Neipperg zu Wort.

„Sie haben natürlich völlig recht, Herr Pease. Eine derartige Begleitung schickt sich nicht, obwohl wir Herren von Stand sind und wissen, was sich gehört. Aber welche Lösung sehen Sie? Wir würden Mary ungern zurücklassen.“

„Nun …“, Pease lehnte sich in seinem Stuhl zurück und dachte nach.

„Sie werden einige Tage in der Gegend bleiben?“, fragte er dann.

Carl bestätigte dies.

„Und haben dann die Absicht, nach London zurückkehren?“

„Das ist unser Plan.“

„Dann schlage ich vor, dass Mary, während Sie Ihren hiesigen Aktivitäten nachgehen, im Hause meiner Schwester Ruth bleibt. Sie ist Witwe und freut sich immer über junges Blut. Im Anschluss kann Ruth Sie nach London begleiten. Sie wollte schon lange ihre Großnichte Abigail besuchen, die dort mit einem Pfarrer verheiratet ist.“

Die Pläne ihres Gastgebers schienen Carl sehr weit gefasst zu sein, zumal er nicht absehen konnte, wie sich die Situation entwickeln würde. Dennoch bedankte er sich bei Pease und stimmte dessen Vorschlägen zu. Joseph von Neippergs Gesicht dagegen strafte seine vorherige Zustimmung zu Peases Gedanken Lügen. Er war ganz und gar nicht mit der vorgeschlagenen Begleitung durch besagte Ruth einverstanden, enthielt sich aber, nachdem ihm Carl einen warnenden Blick zugeworfen hatte, jeder Äußerung. Damit schien die Frage geklärt und das Gespräch wandte sich anderen Themen zu.

## 4. Kapitel

# UNTER DAMPF

Am nächsten Vormittag brachen Carl und Joseph zu einem Besuch Mr. George Stephensons auf. Oskar ließen sie bei Mary zurück. Die Sonne schien, die Vögel zwitscherten in den Bäumen, kurz, es war ein herrlicher Aprilmorgen.

Unterwegs fragte Neipperg Carl, was die Religious Society of Friends eigentlich sei, zu der sich Pease bekannt habe.

„Eine strenggläubige christliche Gruppe, die meist als Quäker bezeichnet wird. Sie sind überzeugt, dass jeder Mensch einen einzigartigen Wert habe und vor Erniedrigung und Diskriminierung zu schützen sei. Die Bibel legen sie wörtlich aus und predigen umfassenden Gehorsam gegenüber dem Willen Gottes."

„Eine Art von Pietisten, wie wir sie aus dem Schwabenlande kennen?"

„So ungefähr. Zeitweise gab es zwischen beiden Gruppierungen enge Verbindungen. Als zum Beispiel der bekannte Quäker William Penn vom englischen König ein Stück Land in der neuen Welt geschenkt bekam, reiste er auf der Suche nach Siedlern und Finanziers in die freie Reichsstadt Frankfurt am Main. Dort traf er auf die Pietisten Johann Jacob Schütz und Franz Daniel Pastorius, die eigens eine Land-Kompagnie gründeten, um in dem von Penn gegründeten Staat Pennsylvania Land zu kaufen. Mit dreizehn Krefelder Familien segelte besagter Pastorius dann in die neue Welt."

„Was du alles weißt, Carl!"

„Nun, vergiss nicht, dass ich jahrelang den geheimen Dienst des seligen Herzogs Karl Eugen geleitet habe. Wenig ist in Süddeutschland passiert, von dem ich nichts wusste", erwiderte der Angesprochene lachend.

Sie erreichten das Wohnhaus der Familie Stephenson. Es lag an der Straße zwischen West Moor und Killingworth. Insgesamt besaß das Haus lediglich vier kleine Zimmer. Diese waren vollgestopft mit Modellen, Maschinen und den neuesten technischen Geräten. Neben dem Ingenieur trafen sie einen weiteren Mann an. Beide standen vor einem Tisch, auf dem sich verschiedene Pläne und Skizzen von Maschinen, vor allem von Lokomotiven befanden.

Stephenson, ein schlanker, ernst blickender Mann, begrüßte sie freundlich.

„George Stephenson mein Name und das ist mein Nachbar und Freund John Wigham. Womit kann ich den Herren dienen?"

„Carl von Schack und Joseph von Neipperg. Wir kommen aus Deutschland und haben in London erfahren, dass Sie eine völlig neue Fortbewegungstechnik erfunden haben."

„Und da sind Sie extra zu uns nach Darlington gereist? Das nenne ich ein wahres Interesse! Nicht wahr, John?", wandte er sich an Wigham.

Der Freund nickte bedächtig.

„Was wissen die Herren denn über die neuen Lokomotiven?", fragte er dann.

„Eigentlich wenig oder ehrlich gesagt, gar nichts", antwortete Carl.

„Es dampft, qualmt und zischt", fügte Neipperg hinzu.

„Da berühren Sie wahrhaftig ein Kernproblem“, meinte Stephenson. „Bei den Lokomotiven von Blenkinsop entwich der Dampf mit lautem Zischen aus den Zylindern. Dies verstörte das Vieh und wurde von den Leuten als Belästigung empfunden. Meinem Bergwerk wurden für den Betrieb der Bahn sogar Strafen angedroht.“

„Dann kam George auf die Idee, den Abdampf über ein kleines Rohr in den Schornstein zu führen“, erklärte nun Wigham.

„Genau. So wurde zusätzlich Luft angesaugt und der Luftzug in der Feuerung verstärkt. Die Verbesserung der Verbrennung durch Einsatz eines Blasrohrs führt zu einer Verdopplung der Antriebsleistung bei unserer Lokomotive. Hier“ Stephenson ergriff einen Plan und hielt ihn in die Höhe, „hier sind die technischen Daten: Der Kessel ist aus Schmiedeeisen. Zwei vertikal angeordnete Zylinder mit acht Zoll Durchmesser und einem Kolbenhub von zwei Fuß stehen im Kessel. Es gibt zwei Treibachsen, die Kraftübertragung auf die Achsen erfolgt durch Zahnräder. So kann die Lokomotive gute dreißig Tonnen Last mit vier Meilen pro Stunde ziehen. Aber“, er zog einen anderen Plan unter den Papieren hervor und hielt ihn ebenfalls in die Höhe, „es kommt noch besser. Seit Februar haben wir die ‚Killingworth‘. Bei dieser Lok wird die Kraft von den beiden stehenden Zylindern über Pleuelstangen direkt – ohne Zahnräder – auf die Treibräder übertragen. Die Treibräder sind durch eine Kette miteinander gekuppelt. Ralph Dodds und ich haben die Erfindung gleich patentieren lassen. Damit werden wir die Zukunft gestalten, und zwar von weit vorne!“

„Aber wegen diesen Informationen sind Sie nicht gekommen“, sagte jetzt Wigham, der die Besucher die ganze Zeit misstrauisch beobachtet hatte.

„Nein“, erwiderte Carl, „Sie haben völlig recht, Mr. Wigham, obwohl ich zugeben muss, dass ich die Materie spannend finde, wiewohl ich von dieser mit Dampf angetriebenen Maschine nichts verstehe. Nein, es geht um etwas anderes. Wir haben die Information erhalten, dass ein gewisser Charles Masters mit der Postkutsche von London nach Durham unterwegs und wahrscheinlich längst eingetroffen ist. Dieser Charles Masters ist niemand anderes als der französische Meisterspion Karl Ludwig Schulmeister. Ein gefährlicher Mann, der vor Gewalt und Mord nicht zurückschreckt. Es ist zu befürchten, dass er hier oben aktiv wird."

„Sie meinen, er will unsere Technik stehlen?"

„Ich denke eher an Sabotage."

„Der saubere Monsieur soll nur kommen", rief Wigham. „Wir haben hier genügend handfeste Burschen, um mit solchen Schuften fertig zu werden. Auch ohne die Hilfe adliger Herren."

„Nun, nun", meinte Stephenson beschwichtigend, dem Wighams Worte peinlich waren. „Herr von Schack und Herr von Neipperg haben uns lediglich gewarnt, wofür wir natürlich dankbar sind. Sollte sich etwas ereignen, werde ich Sie unverzüglich informieren. Ansonsten teile ich Johns Meinung. Wir sind in der Tat in der Lage, mit einem Franzosen, und sei er noch so durchtrieben, selbst fertigzuwerden."

„Ganz wie Sie meinen, Mr. Stephenson", erwiderte Carl. „Wir logieren im Hause von Mr. Pease, wenn sich etwas ereignen sollte."

„Das werde ich", sagte Stephenson. „Vielleicht kann ich Sie vorher zu einer Fahrt mit unserer neuesten Lokomotive einladen?"

„Ich danke Ihnen für Ihr freundliches Angebot. Wenn es die Zeit ermöglicht, kommen wir auf Ihre Einladung gern zurück."

Carl deutete eine Verbeugung an und verließ, gefolgt von Neipperg, der lediglich kurz den Hut berührte, das Haus.

Joseph schüttelte den Kopf.

„Dieser Bauernbursche Wigham war wirklich zu impertinent. So etwas hätte es früher nicht gegeben. Und mit diesem Dampfross fahre ich ganz sicher nicht."

„Die Welt ändert sich, Joseph. Unsere Zeit der Pferde und Degen neigt sich dem Ende zu."

„Nein", widersprach der Freund heftig. „Nach wie vor werden Schlachten durch die tapferen Attacken der Kavallerie entschieden. Nicht durch qualmende Eisenungeheuer, ganz gleich wie viele Tonnen sie wiegen mögen. Und der Herr von Stand weiß noch immer seine Ehre mit dem Degen oder der Pistole zu verteidigen. Aber still, da kommt Mary", unterbrach er sich selbst und blieb stehen. „Was für ein bezaubernder Anblick!"

In der Tat zeigte sich den beiden Männern ein reizvolles Bild. Das helle, mit bunten Bändern geschmückte Kleid, welches das junge Mädchen trug, saß, trotz des höchst einfachen Schnittes, wie angegossen. Das blonde Haar hatte es zu einem dicken Zopf geflochten, den Kopf bedeckte ein kleiner Hut.

Carl betrachtete aus den Augenwinkeln den Freund. Joseph schien auf seine Nimue gestoßen zu sein, dem verklärten Blick nach, mit dem er die frische Erscheinung betrachtete. Das Mädchen trat zuerst auf Carl zu, was Neipperg mit einem Stirnrunzeln kommentierte.

„Guten Morgen, Herr", begrüßte es ihn. „Welch ein schöner Tag!"

Dann wandte sich Mary unbefangen an Joseph.

„Euch auch einen schönen Tag, Herr."

„Wohin willst du, Mary?", fragte Joseph.

„Oh, ich möchte hinunter zum Bach und dort am Wasser ein wenig sitzen und lesen. Das Buch, das Ihr mir gabt, Herr, enthält so viele schöne Worte und Sätze."

Joseph lächelte und eine feine Röte überzog sein Gesicht.

„Lies nur tüchtig weiter. Und wenn du Fragen hast, komm ohne Scheu zu mir."

„Das werde ich tun, Herr", antwortete Mary ernsthaft. „Wenn Ihr erlaubt ..."

„Geh nur, Mary!", nickte Carl ihr zu.

Flink wie ein Reh sprang sie davon.

Neipperg blickte ihr verträumt nach.

„Noch einmal so herrlich jung sein“, seufzte er. „Die Sehnsucht nach der verlorenen Zeit …“

„Komm, alter Freund“, sagte Carl lachend. „Lass die Jugend Jugend sein, wir haben anderes zu tun, als den hellen Strahlen junger Mädchenblüte zu folgen.“

Joseph wandte sich ab und beide Männer setzten ihren Weg fort.

„Wohin gehen wir eigentlich?“, fragte Neipperg.

„In die Town Hall. Ich will nachfragen, ob hier in den letzten Tagen Fremde eingetroffen sind.“

Ihr Gang war vergeblich. Außer ihnen hatte es in der vergangenen Woche keine Reisenden in den kleinen Ort verschlagen.

„Lass uns den Gasthof dort drüben aufsuchen“, schlug Neipperg vor. „‚The Kings Crown‘ klingt respektabel und es ist an der Zeit, etwas zu essen.“

„Was ist mit Mary? Wir sollten erst das Mädchen holen“, wandte Carl lächelnd ein. Josephs Magen schien für den Augenblick das Herz zu verdrängen.

„Natürlich speisen wir nicht ohne Mary. Eine Tafel ohne Blumen ist nicht wert, besucht zu werden. Gehen wir!“

Die beiden Freunde liefen zurück bis zum Ortsrand. Die Straße war nahezu menschenleer, auf ihrem Weg begegnete ihnen lediglich ein altes Weib, das vor sich hinmurmelte. Sie erreichten schließlich eine blühende Wiese, über die ein Pfad hinunter zu einem schmalen Bach führte, zu dem sich Mary begeben hatte. Die Männer folgten dem Pfad. Das Bachufer selbst war von Weiden bestanden, sodass nicht gleich zu erkennen war, wo sich das Mädchen niedergelassen hatte. Carl und Joseph stiegen hinunter ans Wasser und blickten sich suchend um. Hier befand sich Mary offenbar nicht.

„Wo ist das Mädchen nur?“

„Da drüben sehe ich etwas Weißes“, sagte Neipperg und zeigte nach links auf eine etwas weiter entfernt stehende Buschgruppe.

„Mary! Hier sind wir!“

Es kam keine Antwort.

„Seltsam, das ist Marys Kleid und sie bewegt sich oder sehe ich nicht richtig?"

Carl sagte nichts, sondern drängte sich hastig an den Bäumen vorbei in Richtung der Büsche. Ein weißer Stoff blähte sich vor ihm auf. Er schien zerrissen und in Teilen waren dunkle Flecken zu erkennen. Blut! Dann sah Carl links am Boden einen hellen Arm aus dem Grün herausragen. Eisige Kälte breitete sich in ihm aus.

„Was ist los?"

Joseph trat neben ihn. Dann sah auch er den Arm.

„Nein!", schrie er. „Nein!"

„Ruhig, Joseph. Wir wissen noch gar nichts!"

Carl kniete sich auf den feuchten Boden nieder und schob vorsichtig das Blattwerk zur Seite. Jetzt gab es keinen Zweifel mehr: Direkt vor ihm lag der tote Körper Marys. Sie trug nur noch ein vielfach zerrissenes, blutiges Unterkleid. Das Gesicht des Mädchens war kaum zu erkennen. Eine hässliche, klaffende Wunde zog sich von der rechten Schläfe quer über die Nase und Wange bis zum Hals hinab.

„Was ist mit Mary?", rief Neipperg, dessen Sicht durch Carl verdeckt wurde.

Carl richtete sich langsam auf und wandte sich um.

„Mary ist tot. Sie wurde ermordet!"

Der Freund stand wie erstarrt.

„Tot", wiederholte er. „Du sagst, sie sei ermordet worden. Von wem?"

„Das werden wir herausfinden."

„Und den Mörder zur Rechenschaft ziehen."

„Das werden wir", bestätigte Carl. „Jetzt lass uns erst einmal, so schwer es auch fallen mag, den Bereich auf Spuren und Hinweise untersuchen."

Es zeigte sich anhand von Schleifspuren, dass die Tote offenbar von dem eigentlichen Tatort fort und hin zu dem Versteck unter die Büsche gezerrt worden war.

„Warum hat der Mörder sich die Mühe gemacht? Zumal er nicht auf den Kleiderstoff im Gebüsch geachtet hat."

Neipperg zuckte mit den Schultern. Er blickte in die Ferne und schwieg. Einige Zeit stand er so da, schien dem eintönig rauschenden Wasser zu lauschen und blieb tief in Gedanken versunken. Carl hütete sich, den Freund zu stören und konzentrierte sich auf seine Untersuchung. Viel ließ sich nicht entdecken. Gerade wollte er die Schleifspuren zurückverfolgen, da sah er, wie sich Josephs Starre löste und dieser sich dem Ufer zuwandte. Langsam schritt er, den Blick auf den Boden gerichtet, am Bachlauf entlang. Carl folgte ihm unwillkürlich. Plötzlich blieb der Freund stehen.

„Hier liegt das Buch, dass ich Mary gegeben habe, Shakespeares Sonette!"

Carl kam an seine Seite und sah sich forschend um.

Unter den Weiden zeigte sich eine schmale Lichtung, auf der eine hölzerne Bank aufgestellt worden war. Neipperg stand davor und wies mit der Hand auf das schmale Bändchen, das unter der Sitzfläche im Gras lag. Es war aufgeschlagen, jemand hatte mit großer Gewalt Seiten herausgerissen und diese teils als Knäuel, teils zerfetzt auf dem Platz verteilt. Rechts hingen gebrochene Zweige zu Boden. Und an ihnen – Carl trat hinzu und beugte sich vor, um genauer sehen zu können. Kein Zweifel, an den Zweigen waren blonde Haare zu erkennen. Das Gras darunter zeigte Spuren von Tritten.

„Mary hat hier gesessen und gelesen, als der Mörder sie angriff. Sie hat noch versucht zu fliehen."

„Es ist ihr aber nicht gelungen ...", sagte Neipperg düster. „Folgen wir den Spuren." Nur wenige Meter weiter endeten diese. Eine Blutlache bedeckte den Boden.

„Hier ist die Tat geschehen. Der Mörder hat Mary getötet und anschließend den Leichnam durch das Gestrüpp bis zum Fundort geschleift. Aber warum?"

„Warum?“, rief Neipperg. „Warum tötet jemand ein junges Mädchen, das sein Leben noch vor sich hat?“

Carl bückte sich. Er hob etwas auf und streckte seinen Fund Joseph entgegen.

„Sieh, eine Münze.“

„Die gibt keine Antwort auf unsere Fragen.“

„Schau genau hin!“

Der Freund nahm das Geldstück entgegen und betrachtete es.

„Napoleons Konterfei. Das ist ein französischer Franc! Verdammt, das war dieser Spion, den du suchst.“

„Charles Masters alias Karl Ludwig Schulmeister. Der Schuft tötet aus reiner Mordlust.“

„Er kann nicht weit gekommen sein. Los, wir müssen den Kerl erwischen und zur Rechenschaft ziehen!“

„Er kann überall sein. Und ich bin überzeugt, Masters bleibt in der Gegend. Er wollte durch den Mord deutlich machen, dass er sich durch unsere Anwesenheit von nichts abhalten lässt.“

„Das bedeutet, weil Mary uns begleitete, wurde sie zum Opfer dieses Franzosen?“, rief Neipperg. „Wir sind demnach schuld, dass …“

„Nein!“, unterbrach Carl den Freund. „Masters hat bestialische Freude am Töten. Das hat er bereits in Wien gezeigt, als er das Mädchen Luisa brutal ermordete.“

„Wenn wir den Kerl jetzt nicht jagen, dann entkommt er ungestraft.“

„Das sicher nicht. Wir werden den sauberen Herrn schon zu fassen wissen. Nun sollten wir uns um Mary kümmern. Das sind wir dem Kind schuldig.“

Die restlichen Stunden des Tages wurden den Männern zur schweren Last. Pease und vor allem seine Schwester Ruth waren entsetzt, als sie erfuhren, was geschehen war. Sie schickten Bedienstete zum Fundort des ermordeten Mädchens. Mary wurde auf eine Bahre gehoben und zum Haus des Gastgebers getragen. Dort nahmen sich die Frauen der Familie der Toten an. Carl und Joseph meldeten den Mord der örtlichen Obrigkeit, die auf ihre Anzeige hilflos reagierte. Mit Tötungsdelikten hatte der Magistrat seit gut einem halben Jahrhundert nichts mehr zu tun gehabt. Pease, der gute Kontakte zum Bürgermeister pflegte, regte an, den Herren von Schack und von Neipperg die weitere Untersuchung zu übertragen. Die Idee wurde dankbar angenommen. Nun begannen die Freunde mit Hilfe einiger Männer der Stadtwache die Bewohner der Häuser, vor allem an der Straße, die Mary zum Bach hin gegangen war, nach Auffälligkeiten zu befragen.

Das ganze Verfahren schien ohne Ergebnis zu bleiben. Keiner der Befragten wollte etwas gesehen haben oder machte Angaben, die nicht weiterhalfen. Joseph von Neipperg, der mit Oskar auf der anderen Straßenseite unterwegs war, ging es ähnlich. Schließlich kamen Carl und seine Begleiter zu einer ziemlich heruntergekommenen Kate, die von einer älteren Frau bewohnt wurde.

„Das ist die alte Liz“, erklärte einer der Wächter. „Die ist nicht ganz richtig im Kopf.“

„Spricht mit Tieren und sieht Geister“, meinte der zweite. „Lohnt sich nicht, mit ihr zu sprechen. Ist nur wirres Zeug, was Liz erzählt.“

„Ist eine echte Hexe, die Alte“, fügte der erste hinzu.

Carl dachte an das Erlebnis mit der Kräuterfrau in dem Dorf nahe Lunéville und schüttelte den Kopf.

„Ich werde auf die Befragung nicht verzichten, brauche euch aber nicht dabei. Ihr könnt gehen.“

Die Wächter salutierten und traten ab. Carl wandte sich zum Eingang und pochte an die Tür. Nichts geschah. Er wartete eine gute Minute, dann klopfte er erneut.

„Kommt nur herein, Herr“, ließ sich jetzt eine feste Stimme vernehmen. „Es ist offen.“

Carl folgte der Einladung, stieß die Tür auf und trat in das Haus.

Innen herrschte ein dämmriges Halbdunkel, das nur durch den Schein eines qualmenden Feuers erhellt wurde. Auf diesem stand ein alter Kessel, in dem eine duftende Brühe kochte. Von der Decke hingen Kräuterbündel herab, die einen würzigen Geruch verbreiteten. Der Boden des Raumes war bedeckt mit Lederstücken, die Wände waren mit Fellen verkleidet. Das Ganze erinnerte Carl an die eine oder andere Armenbehausung, die er im Laufe seiner Abenteuer zu Gesicht bekommen hatte. In dieser jedoch herrschte eine ganz eigene Atmosphäre des Friedens und der Ruhe. Jetzt wurde Carl auch der alten Liz ansichtig, die sich von einem Schemel erhob und auf ihn zuging. Ihre Kleidung bestand aus unterschiedlichen Tüchern und Fellen und wirkte auf den ersten Blick sehr befremdlich und wirr. Doch das runde, von Runzeln durchzogene Gesicht strahlte Weisheit und Güte aus und zeigte nichts, was auf Wahnsinn oder Verwirrtheit hätte schließen lassen. Ihre Worte bestätigten den Eindruck.

„Ihr kommt wegen des getöteten Mädchens, Herr. Oh, das ist eine böse Geschichte."

Sie schwieg, zog ein großes kariertes Tuch hervor und schnäuzte sich. Dann faltete sie dieses wieder sorgfältig zusammen und ließ es in den Falten ihrer Gewandung verschwinden.

„Ich habe das junge Ding gesehen. Ein hübsches Mädchen und so munter."

„Wo hast du Mary gesehen?"

„Mary hieß sie, ein schöner Name …"

Wieder holte die Alte ihr Tuch hervor und gebrauchte es ausgiebig. Carl wappnete sich mit Geduld, alles andere wäre wenig hilfreich gewesen.

„Am Bach habe ich sie gesehen. Sie saß auf der Bank und las in einem Buch."

Liz verstummte.

Carl wartete. Das Feuer knisterte, im Kessel brodelte die Suppe, irgendwo raschelte es – und die Alte schwieg beharrlich.

„Weißt du etwas, Liz, das helfen kann, den Mörder zu fassen?", konnte sich er schließlich nicht enthalten zu fragen.

„Nicht so hastig, Herr, ich will Euch gerne helfen. Aber es sind so viele Bilder in meinem Kopf, so viel Bilder, die muss ich erst ordnen. Wasser, der Löwenzahn, weißes Kleid", murmelte sie. Und fuhr dann lauter fort:

„Ich weiß, ich war am Bach, um Kräuter zu sammeln. Nach dem Winter sind meine Vorräte erschöpft. Da saß das Mädchen, Mary, sagtet Ihr, Herr, hieß es. Auf der Bank. Dann hörte ich Stimmen, seitlich im Gebüsch."

„Stimmen? Also waren dort mehrere Personen?"

„Zwei Männer, Herr. Sie sprachen von einem Bergwerk und Maschinen. Mehr weiß ich nicht, ich ging dann weiter den Bach entlang."

„Und hast du sonst nichts gehört? Keinen Hilferuf, keinen Schrei?"

„Nein, Herr. Wo ich war, ist ein kleiner Wasserfall. Das Wasser strömt rasch dahin und es ist laut, da hört man nichts anderes."

„Und dann?"

„Ich bin hoch zur Straße, wo ich Euch und den anderen Herrn gesehen habe."

Die alte Frau auf der Straße; es war also Liz gewesen, die sie vor dem schrecklichen Fund auf dem Weg gesehen hatten.

„Sonst ist dir niemand begegnet?"

„Nein, Herr."

„Ist dir an den Männern etwas aufgefallen, ich meine die, die du in den Büschen sprechen hörtest? Denk gut nach, die beiden müssen die Mörder Marys gewesen sein."

„Der eine sprach merkwürdig", sagte die Alte nach längerem Überlegen. „Als ob er nicht von hier wäre."

„Mit einem Akzent also?"

„Ich kenne den Begriff nicht, seine Worte klangen einfach anders."

„Gut. Ich danke dir, Frau. Du hast mir sehr geholfen."

Carl zog einen Sixpence hervor und drückte die Münze dem Kräuterweib in die Hand. Dann verließ er die Kate.

Draußen traf er auf Joseph, der seine Befragungen ebenfalls beendet hatte.

„Gehen wir zu Pease. Es ist sicher gut, mit unserem Gastgeber das weitere Vorgehen zu besprechen."

Sie wurden im Hause der Familie Pease bereits erwartet. Ein Bediensteter führte die Herren in den Salon, wo ihr Gastgeber sie freundlich begrüßte.

„Nehmen Sie bitte Platz, meine Herren. Auguste wird uns gleich den Tee servieren."

Die Haushälterin kam, brachte den Tee nebst einigen Butterbroten und goss ihnen ein. Nun informierte Edward Pease seine Gäste, dass die Beerdigung des Mädchens am nächsten Vormittag stattfinden könne.

„Schreiner Hoxley verspricht, den Sarg bis heute Abend anzufertigen. Zudem habe ich mit unserem Pfarrer Thomas Fell gesprochen. Fell ist sehr bestürzt über die Untat und wird alles dafür tun, dass Mary ein würdiger Abschied zuteilwerden wird."

„Nach Quäkerritual?", fragte Neipperg.

„Wir sprechen lieber von der Religious Society of Friends, nicht von Quäkern", entgegnete Pease würdevoll. „Wir sind vor allem Christen, und Pfarrer Fell wird Mary christlich beerdigen."

„Wir sind Ihnen für Ihre großzügige Hilfe und Unterstützung in dieser traurigen Angelegenheit sehr verbunden", dankte Carl Mr. Pease.

„Zu helfen ist meine Pflicht als Christenmensch", wehrte der Quäker bescheiden ab. „Darf ich Sie fragen, ob Sie mit Ihren Nachforschungen hinsichtlich des Mörders weitergekommen sind?"

„Wir haben eine Zeugin, die in der Nähe des Tatorts zwei Männer gehört haben will, von denen der eine mit fremdem Akzent gesprochen haben soll."

„Eigentümlich …" sagte Pease. „Das erinnert mich an etwas. Augenblick …"

Er überlegte.

„Jetzt weiß ich es wieder. Mein Freund und Glaubensbruder Richter Hawkins hat mir gestern von zwei Herren erzählt, die ihn wegen einer Kaufbeurkundung aufsuchten. Das ist nicht weiter ungewöhnlich. Nur hatte Hawkins den Eindruck, es ginge seinen Besucher gar nicht um eine Beurkundung."

Pease hielt inne. Er trank einen Schluck Tee, nahm eines der Brote und biss hinein. „Vorzüglich, greifen Sie zu, Augustes Brote sind unnachahmlich."

„Danke", sagte Carl und fuhr fort:

„Um was ging es bei dem Besuch der Fremden bei Richter Hawkins, sagten Sie?"

„Nun, John hatte den Eindruck, die Herren, sie stellten sich als Lakley und Barton vor, waren vor allem an Informationen über den hiesigen Bergbau interessiert. Insbesondere das Killingworther Kohlenwerk von Lord Ravensworth schien es ihnen angetan zu haben. Und Barton sprach mit einem sonderbaren Akzent."

„Das Killingworther Kohlenwerk, ist dort nicht Mr. Stephenson beschäftigt?"

„Das ist richtig. Meinen Sie, es ging den angeblichen Herren Lakley und Barton um Stephensons Dampflokomotive?"

„Zunächst glaube ich, dass Lakley und Barton dieselben sind, die die alte Liz belauscht hat und die wahrscheinlich die Ermordung Marys zu verantworten haben."

„Oh, das ist wahrhaftig schändlich, der Herr wird dieses Tun nicht ungestraft lassen."

„So wird es sein", kommentierte Neipperg leise. Religiöse

Schwärmerei war ihm ein Graus. Carl warf ihm einen tadelnden Blick zu.

„Sind Sie mit Ihrer Vermutung sicher?", fragte Pease nach, der Neippergs Einwurf nicht gehört zu haben schien.

„Nun, Lakley und Barton sind die einzigen Fremden, die in Darlington gesichtet wurden. Mindesten einer der beiden stammt, seiner Aussprache nach, nicht aus dem Land. Sie zeigten sich primär am Killingworther Kohlenwerk interessiert. Wir wissen ferner, dass der französische Spion Schulmeister alias Masters nach Darlington unterwegs war, um wahrscheinlich Sabotageakte zu begehen. Und zwei Männer waren am Bach, einer hatte einen Akzent. Sie sprachen nach unserer Zeugin von einem Bergwerk und Maschinen. Wahrscheinlich entdeckten sie Mary, glaubten sich belauscht und brachten das Mädchen kurzerhand um."

„Das klingt leider erschreckend plausibel", bestätigte Pease. „Was wollen Sie nun unternehmen?"

„Wir sollten heute noch einmal zu Mr. Stephenson gehen, um ihm von der aktuellen Situation und dem Mord zu berichten. Vielleicht nehmen er und sein Freund die Gefahr ernster, als sie es heute Morgen getan haben."

„Sie meinen John Wigham?", fragte Pease. „Die beiden sind wie Pech und Schwefel und fürchten in der Tat nichts auf der Welt."

„Wir werden es dennoch versuchen."

Eine Stunde später klopfte Carl wie am Morgen an die Tür des kleinen Hauses. Nichts rührte sich. Carl klopfte erneut.

„Mr. Stephenson ist nicht zu Hause", rief eine helle Stimme.

Sie kam von einem jungen Mädchen, das gerade aus einem seitlichen Schuppen hervortrat. Es hatte eine schlichte Schürze angelegt und um den Kopf ein buntes Tuch geschlungen. In der Hand hielt das Mädchen eine breite Milchkanne, es war offenbar die Magd des Hauses.

„Wer bist du?", fragte Carl.

„Ich bin Greta, die Magd“, erwiderte die Befragte stolz.

„Gut, Greta. Wo finden wir deinen Herrn?“

Greta stellte die Kanne ab und überlegte. Schließlich schüttelte sie den Kopf:

„Weiß nicht, wo der Herr hin ist.“

„Vielleicht ist er zum Kohlebergwerk?“, hakte Neipperg nach.

Ein Strahlen ging über ihr rundes, einfältiges Gesicht.

„Das stimmt, Herr. Mr. Stephenson und die anderen Herren sind mit einer Kutsche zum Bergwerk gefahren.“

„Was ist hier los?“

Seitlich trat ein Mann durch ein Gartentor, John Wigham.

„Sie schon wieder“, rief er zornig, als er den Besuch wiedererkannte. „Was wollen Sie von Greta? Lassen Sie das arme Ding in Ruhe!“

„Hör mal, du Bauer!“, polterte Neipperg los und griff zum Degen.

„Immer mit der Ruhe“, hielt ihn Carl zurück. „Das gilt auch für Sie, Mr. Wigham! Wir sind nicht ohne Grund hier …“

In raschen Worten erzählte er Wigham, was geschehen war und was sie befürchteten.

„Warum haben Sie das nicht gleich gesagt?“, meinte Wigham, als Carl endete. „Nichts für ungut, Herr von Neipperg“, wandte er sich an Joseph. „Aber ständig sind hier Neugierige, die etwas über Georges Wunderlok erfahren wollen. Und wenn sie auf Greta treffen, verulken sie häufig das arme Ding. Sie ist etwas einfältig, wissen Sie. Was meinten Sie mit ‚Bauer‘, Herr? Ich bin Bauer und stolz darauf – und was sind Sie?“

„Langsam, meine Herren“, schaltete sich Carl ein, der sah, wie die Hand des Freundes erneut zum Degen fuhr. „Über das Berufliche können wir uns später unterhalten. Jetzt ist eher Zeit zum Handeln. Wir sollten sofort zum Bergwerk, Sie kennen sicher den Weg, Mr. Wigham.“

„John, sagen Sie John“, erwiderter Wigham, dem Carls ruhige Vorgehensweise imponierte. „Natürlich kenne ich den Weg. Nehmen wir meinen Einspänner, dann sind wir schneller dort. Bin gerade aus der Stadt gekommen und mein alter Rufus steht noch zwischen den Deichseln."

Eine gute halbe Stunde später erreichten die drei die Kohlenmine.

Die Mine und das dazu gehörende Gelände waren von einer sechs Fuß hohen und anderthalb Fuß breiten Steinmauer umgeben. Ins Innere führte ein hohes Tor, welches von zwei uniformierten Wächtern gesichert wurde.

Wigham stoppte den Wagen. Er schien den beiden gut bekannt, denn sie grüßten ihn freundlich.

„Ist Mr. Stephenson heute schon hier gewesen?"

„Er ist vor etwa einer Stunde in Begleitung von zwei Gentlemen angekommen und mit ihnen in Richtung Hauptschacht gefahren", gab der eine, ein bulliger Kerl von über sechs Fuß Größe, bereitwillig Auskunft.

„Gebt Alarm", befahl Carl, „Mr. Stephenson ist in höchster Gefahr!"

Der Mann blickte zweifelnd auf John Wigham. Der nickte bestätigend.

„Tut, was der Gentleman sagt, es könnte sonst Schlimmes passieren. Und jetzt lasst uns durch, wir müssen zum Schacht."

Im höchsten Tempo fuhren sie zum Haupteinstieg der Bergwerkanlage. Links und rechts des Weges ragten riesige schwarze Kohlehalden auf. Daneben gab es zahlreiche Schmiedeanlagen und andere Werkstätten. Überall dampfte und rauchte es, wurde gehämmert und gelärmt. Es herrschte ein schier unbeschreibliches Getöse. Dann begannen auch noch die Alarmglocken zu schrillen.

Beim großen Förderkorb hielt Wigham schließlich das Fuhrwerk an. Er sprang hinaus, Carl und Joseph folgten ihm. Ein Steiger trat ihnen entgegen.

„Was ist los, John?", schrie er, um im Lärm Gehör zu finden. „Der Alarm ist angegangen."

„Mr. Stephenson ist in Gefahr, Jack“, brüllte Wigham zurück. Im gleichen Augenblick verstummten die Glocken. „Hast du ihn gesehen?“, fuhr er in normaler Lautstärke fort.

„Mr. Stephenson ist in Gefahr?“

„Das sagte ich eben!“

„Aber er ist vorhin erst mit zwei anderen Herren und Freddy Quilt in die Grube eingefahren.“

„Dann sollten wir hinterher“, mischte sich Carl ein, dem das Gerede zu lange dauerte.

„Gut“, stimmte Wigham zu und trat zum Förderkorb. Jack folgte.

„Jeder nimmt sich eine Grubenlampe“, sagte er und wies auf einen Tisch mit einem Dutzend Lampen.

Die drei Männer und der Steiger nahmen die Lampen, entzündeten die Kerzen und stiegen in den Korb.

„Los, Paine, lass uns runter“, befahl Jack einem zweiten Bergmann, der unbeachtet an der Seite gestanden hatte.

„Allright!“

Der Korb senkte sich in die Tiefe, die Fahrt begann, ging vorbei an riesigen Kolben von Pumpen, die Wasser aus dem Sumpf des Schachtes ansogen und oben in mannesdickem Strahl auswarfen, weiter und weiter hinab in die dunkle Nacht. Carl kamen die Minuten wie Stunden vor. Im unruhigen Licht der Lampen sah er Neippergs bleiches Gesicht, dem es ähnlich zu gehen schien. Starr blickte er nach vorn, die Hände fest um eine Stange geklammert. Wand um Wand schoss an ihnen vorbei, schneller und schneller; es war, als ob sie ohne Halt nach unten stürzten.

Mit einem harten Ruck hielt der Korb endlich an. Jack schwang sich über den Rand.

„Kommen Sie, meine Herren. Wir sind auf der ersten Ebene, dort, wo Herr Stephenson ebenfalls hinwollte.“

John sprang hinterher, Carl und Joseph folgten mit etwas größerer Mühe. Vom Hauptschacht zweigten links und rechts Seitenstollen ab. Der Steiger wandte sich zum linken.

„Es ist ein alter Gang“, erläuterte er, „der seit einigen Jahren nicht mehr genutzt wird. Vor Ort testet Direktor Stephenson neue Verfahren und Maschinen. Hierhin führt er des Öfteren Besucher.“

„Dann hinein!“, befahl Carl.

Nicht weit vom Einstieg gab es eine starke, eiserne Tür. Sie war geöffnet, das große Vorlegeschloss lag am Boden. Der Gang hinter dem Zugang war niedrig und eng. Sie durchliefen diesen und kam nach einiger Zeit an eine Stelle, wo der Stollen erweitert worden war. Vor kurzem musste jemand hier gewesen sein, denn an der Decke hing eine Öllampe, deren Zylinder noch Wärme abstrahlte. Auf dem Boden zeigten sich Gleise, die für eine Stollenbahn angelegt worden waren. Die Teststrecke, wie John erläuterte. Oben an der Decke liefen dicke Rohre entlang. Der Gang selbst führte in schnurgerader Richtung unter der Erde fort. Es war warm, überall tropfte es und das Gurgeln der Solenleitung und das Rauschen der Schadwasser in den Rohren begleiteten ihren Weg. Schließlich kamen die vier an einem schmalen Schacht vorbei, der senkrecht nach unten führte. Aus der Tiefe schimmerte mattes Licht und klingendes Gehämmere ertönte.

„Das ist ein Notschacht“, erklärte ihr Führer.

Die Männer liefen weiter, bis sie eine Stelle erreichten, an der der Gang sich verzweigte. Auch der Schienenstrang teilte sich.

„Und nun?“, fragte der Steiger.

„Wohin führt der neue Stollen?“

„Der rechte reicht etwa eine halbe Meile in das Innere, bis er an einem alten Flöz endet. Der andere steigt an …“

Er wurde durch ein Grollen unterbrochen, das sich aus dem linken Gang näherte.

„Eine Lore kommt, da wird es eng. Schnell nach rechts!“

Das Rumpeln wurde immer lauter und lauter. Dann schoss mit hoher Geschwindigkeit eine Lore aus dem Stollen hervor. Das Gefährt passierte halb die Kreuzung, sprang plötzlich aus den Schienen und kippte mit lautem Krachen zur Seite. Die Männer sprangen hinzu, um Hilfe zu leisten. Auf dem Boden, halb von der Lore bedeckt, lag ein gefesselter Mensch.

„Mr. Stephenson!", rief Carl, der die zusammengekrümmte Gestalt als erster erkannte. „Schnell!"

Gemeinsam hoben sie die Lore an und zogen den Ingenieur vorsichtig hervor.

„Jetzt löst seine Fesseln!"

Wigham zog ein Messer und durchtrennte die Stricke, mit dem die Hände und Füße gebunden worden waren. Carl und Joseph halfen Stephenson auf die Beine. Er tastete vorsichtig den Brustkorb ab und atmete dann tief durch.

„Es schmerzt ein wenig beim Atmen. Ansonsten scheint, bis auf ein paar Prellungen, alles in Ordnung zu sein. Danke, meine Herren!"

„Was ist passiert?", fragte Neipperg.

„Das kann uns Mr. Stephenson später berichten", sagte Carl, der sah, dass der Ingenieur trotz seiner Beteuerung, ihm fehle nichts, sehr blass war und kaum stehen konnte.

„Herr von Schack hat recht", sekundierte ihm Wigham. „Wir sollten dich erst einmal nach oben bringen, George, dann ist genug Zeit, um zu erzählen."

Mit gemeinsamer Anstrengung hoben die Männer die Lore zurück auf die Gleise. Stephenson wurde mehr oder minder genötigt, sich in diese zu setzen und Wigham und der Steiger schoben das Gefährt vorsichtig zurück zum Hauptschacht. Dort fuhr die Gruppe mit dem Korb wieder in die lichte Höhe.

Oben wurde sofort eine Fahndung nach Stephensons Begleitern eingeleitet, die der Steiger Jack persönlich leitete. Die einsetzende Dunkelheit erzwang jedoch bald den Abbruch der Suche. Auch musste man davon ausgehen, dass die Gesuchten durch einen der anderen Gruppenschächte das Bergwerk bereits verlassen hatten. Stephenson ordnete an, die Lokomotive und die Werkstätten in der

Nacht besonders zu bewachen, dann verließ er mit seinen Begleitern das Werk.

Eine Stunde später saßen Carl und Joseph zusammen mit dem Ingenieur und seinem Freund Wigham im Speiseraum des Bergwerksdirektors bei einem englischen Abendbrot mit Hammelkeule, Salzkartoffeln, Blumenkohl und einem leichten Bier. Stephenson, dem es deutlich besser ging, berichtete nun, was genau vorgefallen war.

„Heute Nachmittag erschienen bei mir zwei gut gekleidete Herren, die sich als die Anwälte Lakley und Barton vorstellten und mir ein Schreiben Lord Ravensworths vorlegten, der mir beide empfahl und mich bat, ihnen das Bergwerk und unsere Lokomotiven zu zeigen. Die Unterschrift und das Siegel schienen mir korrekt."

„Haben Sie das Schreiben noch?", unterbrach ihn Carl.

„Nein, Mr. Lakley ließ sich den Brief zurückgeben, da noch andere Adressaten aufgeführt waren, denen der Lord sie empfohlen hatte."

„Sehr schlau eingefädelt."

„Ich jedenfalls hielt alles für echt und nahm mich der Herren an. Wir fuhren alsbald zum Bergwerk. Dort wollten die beiden sofort zum Lokschuppen, was aus betriebstechnischen Gründen nicht möglich war. Sie schienen mir verärgert, deswegen schlug ich eine Schachtfahrt und einen kleinen Rundgang zum Silberstollen vor. Das ist ein alter Kohlegang, in dem nichts mehr abgebaut wird. Aufgrund gewisser chemischer Prozesse schimmern die Stollenwände im Licht der Lampen silbern, was Besucher immer wieder anspricht."

„Aber nicht diese Besucher", meinte Wigham.

„Sehr richtig, John. Wir fuhren in den Schacht ein und machten uns dann auf den Weg in den Silberstollen. Dort befindet sich, wie Sie wissen müssen", wandte Stephenson sich an Carl und Neipperg, „ein kleineres Lokmodell, auf das ich die Herren hinwies. Dies schien ihre Bereitschaft, unter Tage zu gehen, sehr zu erhöhen. Jedenfalls plauderten sie angeregt miteinander, wobei sie sich der deutschen Sprache bedienten. Das kam mir merkwürdig vor und obwohl ich ein paar Brocken Deutsch verstehe, tat ich so, als sei mir völlig unklar, worüber sie sprachen."

„Und, konnten Sie dem Gespräch folgen?"

„Wenig. Ich verstand nur so viel, dass sie vorhatten, nach Edinburgh zu reisen. Dann war von einem Mädchen die Rede. Irgendetwas war mit ihm, es war krank oder verletzt oder …"

„Tot", stieß Joseph von Neipperg zornig hervor. „Die Schurken haben Mary umgebracht!"

„Oh, das wusste ich nicht", sagte Stephenson. „Das tut mir leid. Ich habe nur gemerkt, dass die beiden sich darüber freuten und wurde vorsichtig. Als wir zur Kreuzung kamen, bog ich absichtlich in den falschen Gang ein."

„Das war gefährlich", sagte Wigham. „du musstest davon ausgehen, dass deine ‚Gäste' nicht besonders amüsiert sein würden, wenn sie deinen ‚Irrtum' entdeckten."

„Nun, ich konnte nicht ahnen, wie sie reagieren würden, wusste aber, dass sich am Ende des toten Stollens ein Notfallschacht befand, durch den ich mich bei Gefahr zurückziehen konnte."

„Das ist Ihnen offenbar nicht gelungen."

Stephenson nickte.

„Wir kamen zum Ende des Ganges und dort stand die Lore direkt an der Stelle, wo sich der Schacht befindet. Barton erkannte die Situation und ging sofort auf mich los. Um es kurz zu machen, die beiden überwältigten mich, warfen mich in die Lore und – das Weitere wissen Sie."

„Danke für Ihre ausführliche Information", sagte Carl und gab seinerseits einen kurzen Abriss der Ereignisse des Tages.

„Das ist entsetzlich", rief Stephenson, als er endete. „Ich war die ganze Zeit mit zwei Mädchenmördern zusammen. Hätte ich das nur ahnen können …"

„Das konntest du nicht, George", versuchte Wigham, ihn zu beruhigen.

„Gut, meine Herren“, Carl erhob sich, Neipperg folgte „Für heute können wir nichts mehr unternehmen. Morgen Vormittag ist die Beerdigung…“

„Zu der wir natürlich auch kommen!“

„Da ist sehr freundlich, Herr Stephenson. Vielleicht hätten Sie im Anschluss noch Zeit? Ich würde zu gern die Maschine sehen, die so viel Aufmerksamkeit auf sich zieht.“

„Das wird selbstverständlich möglich sein“, versprach Stephenson. Er geleitete beide an die Tür und sie verabschiedeten sich. Draußen war inzwischen die Nacht aufgezogen.

„Ganz schön dunkel“, murrte Neipperg. „In diesem Ort gibt es offenbar keine Laternen.“

„Wir werden uns schon nicht verlaufen. Oder fürchtet sich der Herr Oberst etwa im Dunkeln?“, neckte ihn Carl.

„Ich bewundere immer wieder deinen Humor, teurer Freund.“

Nebel zog auf, die Umgebung wurde immer schlechter zu erkennen und die Sicht reichte nur noch wenige Meter weit.

„Wir sind sicher auf dem falschen Weg“, meinte Neipperg. „Die graue Suppe ist widerlich.“

„Wir befinden uns in England, Joseph. Das ist das übliche Wetter.“

„Gefällt mir trotzdem nicht.“

Eine Weile stapften sie schweigend weiter. Plötzlich blieb Carl stehen.

„Was ist? Sind wir in die Irre gegangen? Ich habe es gleich gesagt!“

„Still!“

Nun hielt auch Neipperg inne und lauschte schweigend in die Nacht. Kurz war ein Geräusch zu hören, das umgehend verstummte.

„Jemand verfolgt uns“, sagte er dann leise.

„Und wir sind ohne Waffen“, stellte Carl ebenso leise fest.

„Wir haben unsere Fäuste.“

„Vergiss nicht unser Alter. Gehen wir lieber weiter. Vorne müssten bald Häuser kommen."

Die Freunde schritten rascher aus und jetzt wurden die Geräusche hinter ihnen deutlicher. Der oder die Verfolger gaben sich ersichtlich keine Mühe mehr, verborgen zu bleiben. Die Schritte wurden lauter, sie holten deutlich auf. Jetzt schienen sie nur wenige Meter entfernt zu sein. Und es handelte sich um mindesten zwei Personen. Die Männer blieben stehen und wandten sich um. Sie wollten denkbaren Angreifern direkt ins Auge sehen. Da erklang unerwartet ein neues Geräusch in der Nacht an ihr Ohr: das Traben von Pferdehufen!

Der unsichtbare Gegner musste das gleiche gehört haben, denn die Schritte entfernten sich hastig hinein in den schwarzgrauen Nebel. Wenig später zeigten sich Reiter und Ross. Es war John Wigham, der aus der Nacht auftauchte und sein Pferd vor ihnen zügelte.

„Gentlemen, ich hoffe, Ihnen geht es gut. George meinte, bei dem Nebel könnten sich Ortsunkundige leicht verlaufen und schickte mich hinterher. Nun, Sie sind tatsächlich vom Weg abgekommen, aber nicht so viel. Kommen Sie, ich bringe Sie wohlbehalten zu Mr. Peases Haus."

Wigham sprang vom Pferd und wandte sich nach links.

„Folgen Sie mir bitte! Und nicht den Anschluss verlieren."

„Sagen Sie, Mr. Wigham", fragte Carl, als sie vorwärtsschritten. „Als Sie eben zu uns kamen, haben Sie da jemanden gesehen?"

„Komisch, dass Sie mich das fragen, Sir. Ich hatte tatsächlich den Eindruck, da wären Gestalten gewesen. Dachte erst, Sie wären es. Aber dann waren die plötzlich weg und kurz darauf bin ich auf Sie gestoßen."

„Konnten Sie Näheres erkennen?"

„Nein, nur undeutliche Schemen. Könnten auch Bäume gewesen sein."

„Bäume, die sich bewegen?"

„Oder Tiere, bin mir jedenfalls nicht sicher."

Unter diesen Reden erreichten sie die ersten Häuser. Hier lichtete sich der Nebel und aus den Fenstern fiel genügend Licht, um den Weg bis zum Hause Pease sicher zurücklegen zu können. Wigham verabschiedete sich, die beiden Freunde dankten ihm fürs Geleit und der Engländer ritt zu seinem Hof zurück.

Am Morgen des 3. April 1815 wurde Mary Smith zu Grabe getragen. Zur Trauerfeier waren sämtliche Kirchenmitglieder erschienen. Der kleine Kirchhof konnte die Menge kaum fassen. Auch Stephenson war gekommen, wie er es versprochen hatte. Ein leichter Nieselregen fiel, eine Bläserkapelle spielte. Joseph von Neipperg stand neben Carl und kämpfte mit den Tränen. Pastor Fell hielt eine Rede, in der er sich breit über die Vergänglichkeit des Seins und das Glück der Tugend ausließ. Marys Glück war kurz gewesen, kurz wie ihr kleines Leben. Wer wohl ihre Eltern gewesen waren? Das Geheimnis ihrer Herkunft nahm sie mit ins Grab … Carls Gedanken wanderten ab. Vergangene Zeiten wurden wach, alte, zum Teil verloren geglaubte Bilder und Erinnerungen zeigten sich. Maximilian von Woellwarth fiel ihm ein, der Freund, der im Elsass im Kampf gegen die Wolfsräuber gestorben war. Und die Beerdigung August von Erlenburgs vor zwei Jahren …

„Lasst uns beten", riss ihn die Stimme des Geistlichen aus seiner dunklen Melancholie.

Im Anschluss an dieses traurige Ereignis fuhren Stephenson, Carl und Joseph mit der von Pease geliehenen Kutsche zum Bergwerk. Der Regen hatte aufgehört und eine warme Aprilsonne schien. Sie erreichten schneller als am letzten Tag die Kohlengrube. Stephenson ließ den Wagen direkt dort halten, wo sich die Gleise für den Lokomotivenbetrieb befanden.

Dort stand auf vier Rädern eine unförmige, bauchige Maschine, aus deren großem Schornstein weißgrauer Dampf aufstieg. Auf einem Trittbrett befand sich ein Mann, der über und über mit Ruß beschmiert war. Er war mittelgroß, sehr muskulös und kräftig. Das breite Gesicht wirkte offen und ehrlich.

„Mein Chefmechaniker John Thirlwall", stellte ihn Stephenson seinen Gästen vor. „Er hat mit mir zusammen in zehn Monate langer Arbeit in Grubenwerkstätten von West Moor die My Lord gebaut."

„Sie werden sagen, sie sehe ähnlich aus wie die Lokomotiven von Blenkinsop", ließ sich Thirlwall hören. „Irrtum, Gentlemen, es gibt nämlich einen wesentlichen Unterschied: Die Treibräder übertragen die Antriebskraft durch Reibung auf die Schienen!"

„Ah", sagte Neipperg, „das wusste ich nicht."

„Bei der Killingworth dagegen wird die Kraft direkt von den beiden Zylindern über Pleuelstangen auf die Treibräder übertragen. Die Treibräder sind durch eine Kette miteinander gekuppelt. Und …"

„Ich denke, Gentlemen", unterbrach Stephenson die technischen Ausführungen seines Chefmechanikers, „wir schauen die Maschine einmal in der Praxis an. Folgen Sie mir bitte, wir machen eine kleine Fahrt mit der Killingworth."

Stephenson führte seine Gäste an den Gleisen entlang zu einem flachen Backsteingebäude.

„Der eigentliche Lokschuppen."

Das hohe Tor des Schuppens stand offen und die Gleise führten ins Innere.

„Die Killingworth ist unsere neueste Entwicklung, deswegen steht sie in einem eigenen Areal und somit sicher vor Regen und Sturm und neugierigen Augen unter Dach und Fach", erklärte Stephenson. „Dort sehen Sie unser Meisterstück!"

Carl und Neipperg betrachteten Stephensons neuestes Werk. Auf den ersten Blick unterschied sich die Lokomotive kaum vom Vorgängermodell. Sie wirkte ebenfalls riesig und unförmig, bestand primär aus dem bauchigen, mit Holz verkleideten Kessel und dem großen Schornstein. Dazwischen verlief ein Rohr. Zusätzlich waren drei Anhänger an die Lok angekoppelt, ein Kohlewagen und zwei flache, mit einer Art Geländer umgebene Karren, unter denen Eisenräder montiert worden waren. Männer beschäftigten sich damit, das Feuer kräftig anzuheizen, um das im Kessel befindliche Wasser auf die richtige Temperatur zu bringen.

„Sie haben die freie Wahl, Gentlemen“, sagte Stephenson. „Sie stellen sich auf einen der Waggons, halten sich gut fest, werden etwas durchgerüttelt und genießen die Tour und den freien Blick.“

„Oder?“

„Oder Sie fahren vorn bei mir auf der Lok mit, werden rußig, dreckig und schwarz und erleben die wahre Geschwindigkeit.“

„Wie schnell werden wir sein?“, fragte Neipperg vorsichtig.

„Wenn Sie vorne auf der Lok mitfahren, koppeln wir die Anhänger ab. Billy hat selbst gut sechs Tonnen Gewicht. Ohne Anhänger könnten wir auf gut acht bis neun Meilen in der Stunde kommen.“

„Acht bis neun Meilen“, wiederholte Carl. „Ein gutes Pferd trabt zehn Meilen die Stunde.“

„Und zieht dabei 70 Tonnen Gewicht?“

„Nein, sicher nicht. Aber wie lange bräuchte Ihre Lokomotive nach London?“

„London …“, überlegte Stephenson. „Die Entfernung dorthin beträgt gute 240 englische Meilen. Wenn es einen Schienenweg gäbe, bräuchte die Killingworth Billy etwa dreißig Stunden. Mit Wassertanken und Kohlefassen sagen wir dreiunddreißig.“

„Und ein Pferd wäre rund 24 Stunden unterwegs“, wandte Neipperg ein. „Zu Pferde ist man eindeutig schneller und es qualmt nicht.“

„Welches Pferd läuft 24 Stunden am Stück im Trab?“, erwiderte Stephenson lachend, dem die Diskussion sichtlich Freude machte, „und zieht besagte Tonnage?“

„Gib es auf, Joseph“, rief Carl. „Die Zukunft, möcht ich meinen, gehört dem Dampfross. Es hat mehr Ausdauer, kann viel mehr transportieren und es ist in Sachen Futter offenbar äußerst anspruchslos, lebt nur von Kohle und Wasser. Auf, Freund, besteigen wir die Lok und erleben die neue Zeit!“

Stephenson winkte einem der Männer zu.

„Wie sieht es aus, Pit? Ist die Billy startbereit?“

„Alles klar, Mr. Stephenson. Die Temperatur liegt bei 390 Fahrenheit, Sie können losdampfen!“

„Gut, koppelt die Wagen ab. Ich fahre mit den Gentlemen eine Solorunde.“

„Jawohl, Sir!“

Die Arbeiter lösten die Kupplung und schoben mit Hilfe von Eisenstangen die Anhänger ein Stück von der Lok zurück.

„Meine Herren, steigen wir an Bord“, Stephenson wies mit der Hand auf das seitlich angebrachte Trittbrett Billys. Alle drei kletterten hinauf. Stephenson legte einen Hebel um und zog an einem Regler. Es zischte laut und dampfte, dann setzte sich die Maschine mit einem tiefen Ächzen langsam in Bewegung. Sie verließen im Schritttempo die Halle, nun betätigte Stephenson einen weiteren Regler. Die Maschine nahm jetzt Fahrt auf. Immer schneller bewegten sich die Kolben und Räder; dabei schnaufte und stöhnte die Killingworth Billy wie ein altes Walross.

Schon waren die Reisenden in Dampf und Rauch eingehüllt und sahen wenig von der Außenwelt, bis endlich der Fahrtwind den grauschwarzen Nebel beiseiteschob. Links und rechts sauste die Landschaft vorüber, zumindest wenn man nahe der Schienen das Gelände betrachtete. So gesehen war das Tempo wirklich atemberaubend. Carl warf einen Blick zu Neipperg und lachte laut auf. Der Freund war im Gesicht schwarz wie ein Mohr. Joseph schaute ihn irritiert an.

„Was ist dir, Carl?“

„Ich bewundere deine afrikanische Gesichtsfarbe, werter Freund.“

„Wenn diese so dunkel ist wie deine eigene, können wir beide getrost lachen“, erwiderte Joseph und stimmte in Carls Gelächter ein.

„Nur“, sagte er dann und blickte auf Stephenson, „ich wundere mich, wie Sie es schaffen, äußerlich so hell zu bleiben.“

„Ich kenne mich ein wenig aus in der Materie“, entgegnete der Angesprochene, „und häufig gelingt es mir, in die richtige Richtung zu schauen, um weniger Ruß einzufangen. Aber ich kann Sie beruhigen. Vielfach misslingt mir der rechte Blick und ich beende die Fahrt wie ein echter Einwohner des dunklen Kontinents.“

Sie hatten jetzt den äußersten Punkt ihrer Rundreise erreicht, eine ausgedehnte Kohlenhalde, an deren Rand die Gleise in einer Art Drehkreuz endeten.

Stephenson ließ die Lok auslaufen und stoppte exakt in der Mitte des aus dicken Eichenbohlen bestehenden Kreuzes.

„So, meine Herren. Jetzt heißt es ein wenig arbeiten. Wir müssen unsere Lok drehen.“

„Sechs Tonnen?“, rief Neipperg. „Wie soll das gehen?“

„Die Gesetze der Mechanik helfen uns“, sagte Stephenson. „Hebeltechnik, mehr braucht es nicht. Kommen Sie!“

Die Männer verließen die Lok und folgten dem Ingenieur zu einer Stelle am Rande der Drehscheibe, an der mehrere Hebel aus einem im Holz befindlichen Schacht ragten.

„So, wir ziehen alle kräftig an einem der Hebel. Eine eigens konstruierte Zahnradfolge überträgt unsere Kraft um ein Vielfaches verstärkt auf den Antriebsmechanismus der Drehscheibe, sodass es uns auch zu dritt gelingt, die Lokomotive, trotz ihres Gewichtes, um 180 Grad zu wenden. Auf mein Kommando!“

Carl und Joseph traten jeweils an einen der Metallhebel und packten diesen mit beiden Händen, auch Stephenson griff zu.

„Acht…“, ein lauter Knall unterbrach ihn und etwas klatschte direkt neben Carl in das Holz.

„In Deckung“, schrie Carl und warf sich zu Boden. „Jemand schießt!“

Er rollte zur Seite, keinen Augenblick zu früh, denn eine weitere

Kugel bohrte sich ins Holz, genau in die Stelle, wo er gerade gelegen hatte. Erneut knallte es.

„Hinter die Lokomotive“, rief Stephenson. „Die gute Billy bietet uns eisernen Schutz!“

Er sprang hinter den Kessel, Carl und Joseph folgten und erreichten ebenfalls die sichere Deckung, ohne dass ein weiterer Schuss fiel. Sie warteten eine Weile, doch nichts geschah. Alles blieb still, nur das ferne Dröhnen der Bergwerkspumpen war zu hören.

„Es scheint, als ob sich unser Schütze zurückgezogen hätte“, meinte Carl schließlich und erhob sich langsam.

„Runter!“, Joseph riss ihn nach unten, gleichzeitig krachte ein weiterer Schuss. Mit einem scharfen Klirren streifte die Kugel über das obere Rohr der Lokomotive.

„Das ist unerhört!“, empörte sich Stephenson. „Auf Billy zu schießen, jetzt ist es genug!“

Er stieß mit Hilfe der Finger einen lauten Pfiff aus und wartete. Nach kurzer Pause wurde das Signal vielfach erwidert.

„So, jetzt werden sich meine Männer der Sache annehmen“, sagte der Ingenieur zufrieden.

„Aber der Schütze ist bewaffnet und Ihre Leute sicher nicht.“

„So ein Meuchelmörder wird es nicht wagen, gegen zwei Dutzend handfester Bergmänner offen die Waffe zu heben. Der kann nur aus dem Hinterhalt agieren.“

Ein wenig später kamen von allen Seiten mit Haken und Stemmeisen bewaffnete Grubenarbeiter. Kein Schuss fiel mehr, Stephensons Prophezeiung schien sich zu bewahrheiten. Er klärte die Männer kurz auf, was geschehen war und wies sie an, in Trupps zu viert oder fünft das Waldstück, aus dem die Schüsse gefallen war, zu durchkämmen. Die Suche blieb jedoch erfolglos, der Attentäter hatte offenbar das Weite gesucht.

Nun wurde die Lok in die Rückfahrtrichtung gedreht und Carl und Neipperg dampften mit ihrem Gastgeber wieder zum steinernen

Lokhaus. Unterwegs sprachen sie über das Erlebte und waren sich einig, dass einzig die sauberen Herren Lakley und Barton für den Anschlag verantwortlich sein konnten.

„Ich frage mich nur", sagte Stephenson. „ob die Schüsse Ihnen oder mir galten?"

„Wenn man Sie hätte töten wollen, hätte das bereits im Schacht geschehen können. Nein, ich kann Sie beruhigen, der Angriff galt einzig Herrn von Neipperg und mir."

Der Ingenieur setzte zu einer Antwort an – und hielt plötzlich inne.

„Da stimmt etwas nicht!"

Er deutete auf ein am Kessel befindliches Glas, das Carl für eine Art von Thermometer hielt. „Der Druck steigt, wir verlieren offenbar Wasser und der Dampf überhitzt sich. Das könnte kritisch werden."

Stephenson drosselte die Fahrt und hielt an.

„Schnell, steigen Sie ab!"

Die drei verließen rasch die Lokomotive und suchten in sicherer Entfernung hinter Bäumen Deckung. Immer mehr Dampf stieg auf und hüllte die Lokomotive in einen grauen Schleier. Es zischte immer lauter und plötzlich knallte es und irgendwas flog durch die Luft. Dann wurde das Zischen leiser, ging in ein Gurgeln über und verstummte schließlich. Der Dampf lichtete sich allmählich und die auf den ersten Blick intakte Lok wurde sichtbar.

Stephenson trat vor, bückte sich und hob etwas Schwarzes auf. Er hielt das Teil in die Höhe. Es schien eine Art Röhre gewesen zu sein. Jetzt war diese völlig verbogen und an den Seiten aufgerissen.

„Glück gehabt, Gentlemen. Der Druck hat lediglich dieses Ventil herausgetrieben. Ich befürchtete schon, uns würde die komplette Billy um die Ohren fliegen."

„Passiert so etwas öfter?", fragte Neipperg, der trotz seiner Gesichtsschwärze sehr blass aussah.

„Ab und zu explodierte ein Kessel. Meistens weil der Druck zu hoch war. Doch es gab selten Verletzte. Ein paar Brandwunden, nichts Gefährliches. Schlimmeres ist bislang nicht passiert."

„Eine wahre Beruhigung", sagte Joseph. „Ich bin jedenfalls froh, den Rest der Strecke unversehrt zu Fuß zurücklegen zu können."

„Wenn Sie sich einen Augenblick geduldeten, Herr von Neipperg. Ich möchte kurz den Kessel überprüfen, um zu klären, was das Leck verursacht hat."

„Es besteht keine Explosionsgefahr?"

„Nein, ganz sicher nicht."

Carl musste insgeheim lächeln. Der Freund, der sich in unzähligen Abenteuern bewährt und mutig jeder Gefahr ins Auge geschaut hatte war, schien der modernen Technik nur mit größter Vorsicht und Respekt gegenüberzutreten.

Neipperg bemerkte das Amüsement.

„Lach du nur, du falscher Mohr", sagte er verärgert. „Ich jedenfalls werde keinen Fuß mehr auf oder in ein solches Teufelsgefährt setzen!"

„Ich habe die Ursache für die Störung gefunden", rief Stephenson, der in der Zwischenzeit begonnen hatte, den Kessel zu untersuchen. „Sehen Sie selbst!"

Carl ging zum ihm. Der Ingenieur deutete auf eine Stelle am oberen Kesselrand. Dort war eine kleine, kreisrunde Öffnung zu sehen, aus der Dampf austrat.

„Das ist ein Einschussloch", stellte Carl fest. „Ein Zufallstreffer."

„Sie vermuten keine Absicht dahinter? Oder bewusste Sabotage?"

„Nein, dann hätte der Angreifer sicher mehrfach auf die Maschine geschossen."

„Das ist stimmig. Jedenfalls haben wir Glück gehabt, bei einem tieferen Einschlag hätte die Kugel weitaus mehr Schaden verursachen können. Bis hin zu einer direkten Kesselexplosion."

Carl schüttelte sich innerlich. Neippergs Befürchtungen waren wohl nicht gänzlich von der Hand zu weisen.

Die Männer kehrten zum Lokschuppen zurück. Sie verabschiedeten sich von Stephenson, der darum bat, ihn unbedingt über das

Ergebnis ihrer Fahndung nach Lakley und Barton zu informieren. Carl versprach, Nachricht zu geben und stieg mit Joseph in die wartende Kutsche.

Im Hause Pease erzählten sie ihrem Gastgeber vom neuesten Anschlag. Edward Pease zeigte sich über das Geschehen sehr beunruhigt.

„Wie ist es möglich, dass zwei Spione und Mörder unsere friedliche Gegend unsicher machen können? Sie kommen und gehen, wann sie wollen, ganz als ob sie sich in ihrem Land befänden. Ich verstehe es nicht!", rief er zornig.

„Sie haben völlig recht, Mr. Pease", sagte Carl. „Das ist nur erklärlich, wenn Lakley und Barton, wie sie sich nennen, Unterstützer haben."

„Welcher Schuft würde diesen Mädchenmördern Hilfe gewähren?"

„Für Geld tun manche Menschen nahezu alles."

Pease schüttelte energisch den Kopf.

„Nicht bei uns in Darlington."

„Sind alle, die im Bergwerk arbeiten, Hiesige?", fragte Neipperg.

„Die meisten, soviel ich weiß. Aber einige …" Pease hielt überlegend inne.

„Das wäre eine Möglichkeit", sagte er dann langsam. „Einige Iren sind darunter, üble Raufburschen und im Hinblick auf ihre Loyalität zur Krone schwer einzuschätzen."

„Da hätten Sie eine denkbare Erklärung."

Es klopfte und ein Diener trat ein.

„Was gibt es, William?"

„Draußen ist ein altes Weib."

„Ein Weib? Kennst du die Alte?"

„Es ist Liz, die Kräuterfrau. Sie sagt, sie müsse dringend mit dem ausländischen Herrn sprechen."

Pease sah Carl und Joseph fragend an. Carl nickte zustimmend.

„Lassen Sie die Frau hereinkommen. Sie hat mir schon einmal wertvolle Hinweise gegeben. Hören wir, was sie heute zu sagen hat."

„Sehr wohl", sagte William und ging hinaus, um die alte Liz zu holen.

Wenig später führte er die Kräuterfrau in dem Salon.

„Du wolltest mich sprechen?", sprach Carl sie an.

Die Alte, die bei ihrem Eintritt den Salon mit seinen dunklen Eichenholzmöbeln, den Landschaftsbildern an den Wänden und den schweren Teppichen am Boden aufmerksam gemustert hatte, dessen Pracht sie jedoch nicht zu beindrucken schien, wandte ihm ihren Blick zu.

„Das ist richtig, Herr. Es geht um die beiden Männer, die ich gestern zufällig belauschte und die, wie ich hörte, die Mörder des armen Mädchens sind."

„Was ist mit den Männern?"

„Ich habe sie vorhin beim Kräutersuchen wiedergesehen. Es war drüben im kleinen Wäldchen. Ich stand gebückt hinter einem Busch. Einer der Grubenarbeiter war bei ihnen. Er schien verärgert zu sein. Irgendwie ging es um etwas, das im Bergwerk geschehen war. Und um Geld."

„Hast du noch mehr von der Unterhaltung verstanden?"

„Das war keine Unterhaltung, Herr, sondern ein handfester Streit. Als dieser immer heftiger wurde, habe ich mich davongeschlichen. Irgendwas knallte, da bin ich losgelaufen."

„Verständlich", meinte Carl. „Du sagst, es knallte?"

Liz nickte.

„Das sollten wir überprüfen", meinte Neipperg. „Vielleicht wurde geschossen."

„Durchaus denkbar", stimmte Carl zu. Er wandte sich wieder an die Alte.

„Führe uns am besten gleich zu der Stelle, an der du die drei gesehen hast."

„Wie Ihr wünscht, Herr."

Edward Pease schloss sich Carl und Joseph an. Diese schnallten ihre Degen um, und zur Sicherheit begleitete sie noch ein eine Pike tragender Knecht sowie Neippergs Oskar, der mit einer Pistole bewaffnet war.

Eine Viertelstunde später erreichte die Gruppe unter der Führung der Alten das kleine Wäldchen und den Platz, wo diese den Streit beobachtet hatte. Vorsichtig prüften sie die Lage. Aber niemand schien mehr vor Ort zu sein. Das Gras war zertreten, Blätter und Äste lagen am Boden. Es sah alles so aus, als ob ein Kampf stattgefunden hätte.

„Da ist einer im Buschwerk", rief Neipperg, der ein Stück weitergegangen war. „Er scheint tot zu sein."

Die anderen kamen hinzu. Am Boden lag ein rothaariger, breitschultriger Mann. In seiner Stirn befand sich ein schwarzes Loch, aus dem Blut geflossen war. Eindeutig, die Herren Lakley und Barton hatten sich ihres Mitwissers und Helfers entledigt. Neipperg deutete auf die roten Haare.

„Sie lagen mit Ihrer Vermutung richtig, Mr. Pease. Ein Irländer hat die Kerle bei ihrem Tun unterstützt."

„Das ist O'Brian", bestätigte Pease. „Nicht sehr helle, aber ein kräftiger, fleißiger Bursche. Hat bei uns ein paar Mal ausgeholfen. Eigentlich ein guter Mann. Stammte aus Cork. Musste drüben zehn Mäuler stopfen. Ja, das Geld verdirbt die Menschen …"

„Zu Geld fällt mir noch etwas ein", ließ sich jetzt die alte Liz hören, auf die niemand weiter geachtet hatte.

„O'Brian sagte, er brauche das Geld, denn er wolle nach Dublin und die sagten, ich erinnere mich genau, dass sie nach Edinburgh müssten. Er solle sie begleiten, dann erhielte er das Geld."

„Das er nicht bekam, dafür eine tödliche Kugel", meinte Neipperg.

„Was wollen die Verbrecher in Edinburgh?", überlegte Carl.

„Dort gibt es Banken und einen Hafen", sagte Pease.

„Schiffsverkehr; Edinburgh bietet die ideale Fluchtmöglichkeit.

Wir müssen ihnen folgen!“

„Es dunkelt bereits. Vor morgen früh würde ich Ihnen die Abreise nicht empfehlen.“

„Gut, morgen früh dann“, entschied Carl. „Gleich um sechs Uhr geht es los!“

„Soll Oskar uns begleiten?“

„Nein, wir nehmen die Pferde und er ist kein großer Reiter. Und ehrlich gesagt, seine Anwesenheit war uns bislang keine große Hilfe.“

„Dann schicke ich ihn mit der Post und unserem Gepäck zurück nach London.“

## 5. Kapitel

# STURMHÖHEN - WUTHERING HEIGHTS

Am Mittag des 5. April 1815 erreichten Carl von Schack und Joseph von Neipperg nach einem Eilritt die alte schottische Hauptstadt Edinburgh.

Hoch über der Stadt erhob sich eine große Burg, der Castle Rock. Der Hafen selbst befand sich außerhalb im gut zwei Meilen entfernten Leith. Eine Kutsche brachte sie dorthin. Im Hafen lagen nur wenige Schiffe. Die meisten Segler der Royal Navy kreuzten im Kanal und zum Teil noch vor der amerikanischen Küste, obwohl der Krieg mit den Vereinigten Staaten mit der Schlacht von Orleans im Januar geendet hatte. Ein Schwede, die Visborg, und ein Hamburger Handelsschiff waren zu sehen. Seitens der Navy ankerte lediglich ein ehemaliger, von den Briten aufgebrachter amerikanischer Schoner namens Zebra am Kai. Ein Halbdutzend Männer schleppte Tuchballen an Bord des Hamburgers, ansonsten wirkte der Hafen wie ausgestorben.

„Nichts los hier“, meinte Neipperg sich umblickend. „Da müssten Fremde aufgefallen sein. Besonders, wenn sie vorhaben, eine Schiffspassage zu buchen.“

„Du hast recht“, stimmte Carl ihm zu. „Ich denke, wir befragen zuerst den Hafenmeister. Der wird über etwaige Passagiere und die Schiffsbewegungen sicher Auskunft geben können.“

Der Hafenmeister war ein wettergegerbter ehemaliger Seebär namens McAlister, der auf seine alten Tage hier den Dienst verrichtete. Er trug über dem blauen Hemd eine rotkarierte Weste, den Kopf bedeckte eine schottische Mütze in den gleichen Farben und die verwaschenen und an den Knien mit Lederflecken versehenen Hosen steckten in großen Stulpstiefeln. Das Gesicht schien nur aus Runzeln und Falten zu bestehen. Die Nase war verdächtig rot. Mit den kleinen, listigen Augen auf Carl gerichtet hörte der Schotte sich ruhig an, was dieser sagte. Dann, nach einer längeren Denkpause, antwortete McAlister, indem er den Kopf schüttelte:

„Nein“, sagte er und spuckte seinen Priem ins Hafenbecken. „Von Reisenden weiß ich nichts. Erst morgen früh legt die Zebra ab. Kurz danach soll die Golden Kreuz aus Hamburg auslaufen. Die Zebra hat übrigens eine merkwürdige Geschichte. Sie wurde vor zwei Jahren auf der Reise von Bordeaux nach New York von der HMS Pyramus gekapert, zusammen mit einer Ladung Brandy sowie mit sieben Passagieren und dem Reeder an Bord. Der Brandy war zur Hälfte verschwunden, als das Schiff in Brighton anlegte. Einfach ‚verdampft‘!“

McAlister lachte.

„Jedenfalls steht der Schoner seitdem im Dienst der Royal Navy. Will damit sagen, die Zebra nimmt auch Reisende mit. Regierungsbeamte, Militärs, Geistliche und solche Leute.“

„Keine zivilen Passagiere?“

„Doch, sicher, vor allem, wenn sie gut zahlen.“

„Sind welche an Bord gegangen?“

McAlister kramte umständlich in seinen Taschen, zog ein riesiges, geblümtes Tuch hervor, in das er sich kräftig schnäuzte.

„Da sind heute Vormittag zwei Herren angekommen. Geschniegelte Burschen, nicht mein Fall. Die fragten das Gleiche, ob es möglich sei, eine Passage auf der Zebra zu buchen. Habe sie zum Zahlmeister geschickt."

„Zum Zahlmeister?"

„Jack Brown, der ist Zahlmeister der Zebra. Ist aber nicht hier. Ist mit dem Steuermann Wilkins und Kapitän Hawkins in die Stadt gefahren."

„Kapitän Hawkins?", fragte Carl. „Wir sind einmal einem Kapitän Hawkins begegnet. Aber das ist lange her. Haben die Fremden mit Mr. Brown gesprochen?"

„Möglich", erwiderte McAlister und räusperte sich mehrmals. „Bekomme immer eine verdammt trockene Kehle, wenn ich so viel erzähle …"

„Verstehe …", sagte Carl. „Hier gibt es doch sicher ein Gasthaus, Mr. McAli-ster oder?"

Ein wenig später saßen die drei im King's Wark, einem Lokal, das, wie der Alte stolz beim zweiten Pint erzählte, auf James VI. zurückging. Der Wirt John Chisholm, der sich neugierig zu ihnen gesellte, gab weitere geschichtliche Auskünfte.

„Jakob Stuart war als Sohn Maria Stuarts zunächst König von Schottland. Als Ururenkel von Heinrich VII. und wegen der Kinderlosigkeit der Konkurrentin seiner Mutter Elisabeth I. wurde er als James I. später auch König von England."

Chisholm leerte sein Glas.

„Über 400 Jahre alt ist das Gebäude", sagte er noch, dann ging er zurück zur Theke, wo einige Matrosen laut nach Bier verlangten.

„Wie war das nun mit den Fremden, die eine Passage suchten?", lenkte Carl das Gespräch zurück zum eigentlichen Thema. „Haben sie mit dem Zahlmeister gesprochen?"

„Nein, das sagte ich doch. Der ist mit dem Kapitän und den Steuermann in der Stadt."

„Das hätten Sie uns eher verraten können", meinte Neipperg verärgert.

„Das ging nicht“, erwiderte McAlister seelenruhig. „Meine Stimme, Sie wissen, meine trockene Kehle …“

Carl lachte auf.

„Sie müssen nicht lachen, Herr“, sagte der Hafenmeister beleidigt. „Ich hab es eben mit der Stimme. Das raue Klima an der Küste und so. Da fällt mir etwas ein. Die Fremden wollten sich noch nach einer anderen Passage umsehen, sagten sie.“

„Sie meinen, mit einem anderen Schiff?“

„Das mag wohl angehen.“

Der Alte leerte sein Glas und räusperte sich demonstrativ.

„Einen könnt ich noch vertragen.“

„Später“, sagte Carl energisch. „Erst sagen Sie uns, um welches Schiff es sich handelt.“

„Die Herren begaben sich zum Golden Stern aus Hamburg.“

„Gut“, Carl warf eine Münze auf den Tisch. „Sie bekommen Ihren Drink.“

Er wandte sich dem Freund zu,

„Komm, Joseph, wir statten dem Hanseschiff einen kleinen Besuch ab.“

„Nur keine Hast“, sagte McAlister. „Es hat wirklich keine Eile.“

Er zeigte zum Fenster, von wo man einen Blick auf den Hafen werfen konnte. „Sehen Sie den Zweimaster? Die Golden Stern sticht soeben in See!“

„Sollte das Schiff nicht erst morgen auslaufen?“

„Eigentlich schon.“

„Und Sie als Hafenmeister wurden nicht informiert?“

„Tja, sieht wohl ganz so aus“, sagte der Hafenmeister und leerte in aller Ruhe sein Glas.

„Alter Saufbold!“, schimpfte Neipperg, dann lief er Carl hinterher, der aufgesprungen und bereits hinausgeeilt war.

Am Kai konnten sie nur noch die Silhouette des Hamburgers sehen, wie das Schiff ruhig in den Abend hinaussegelte. Nur der

Schwede und der Schoner der Royal Navy lagen noch vor Anker.

„N‘ Abend, Gentlemen“, sprach sie eine Stimme von hinten an. „Schiff verpasst?“

Carl und Joseph drehten sich zu dem Sprecher um. Es handelte sich bei ihm um einen Mann in der dunkelblauen Uniform eines Marineoffiziers, um einen Kapitän der Royal Navy. Er war ein großer Mann mit rötlichblondem Vollbart und hellem, krausem Haupthaar, das an den Schläfen in Grau überging. Carl stutzte, denn er ähnelte stark jenem Kapitän Hawkins, der sie vor Jahrzehnten in Konstantinopel bei der Befreiung der Prinzessin Anastasija aus dem Harem des Beys Gazi Osman Ağa unterstützt hatte. Nur, Kapitän Hawkins war damals um die fünfzig gewesen und wie ein über Achtzigjähriger sah sein Spiegelbild wirklich nicht aus.

„Hat es Ihnen die Sprache verschlagen oder verstehen Sie kein Englisch?“, polterte der Offizier los, dem das Schweigen zu lange dauerte.

„Sie entschuldigen“, sagte Carl. „Sie sehen uns erstaunt, da Sie einem alten Bekannten Kapitän Hawkins sehr gleichen. Wir haben ihn im Orient kennengelernt, aber das ist ein halbes Menschenalter her.“

„Dann muss das mein Onkel Harald gewesen sein“, rief der Seemann. „Alle sagen, ich sehe aus wie er. Orient – Sie meinen die Befreiung aus dem Serail. Und Sie, sind Sie der Junker aus Schwaben?“

Carl nickte bestätigend.

„Mein Onkel hat oft von dem wilden Abenteuer erzählt. Besonders Ihre schöne Begleiterin, die Baronesse, hat ihm gut gefallen. Letztes Jahr ist der alte Seebär verstorben. Was führt Sie nach Edinburgh? Ein neues Abenteuer?“

„Das kann man so sagen.“

„Oh, das erzählen Sie am besten bei mir auf dem Schiff. Ihr Begleiter ist natürlich auch herzlich eingeladen.“

„Gestatten, Oberst von Neipperg“, stellte sich Joseph vor.

„Ihren Namen nannte der Onkel auch", rief der Kapitän erfreut. „Das wird ein spannender Abend."

„Der unter Umständen aufregend werden könnte. Sind Sie in der Lage, sofort in See zu stechen, Kapitän Hawkins?"

„Selbstverständlich, doch dazu bedarf es einer guten Begründung!"

„Nun, die kann ich Ihnen geben, Kapitän. Es gilt, zwei französische Spione und mehrfache Mörder dingfest zu machen, die auf der Golden Stern gerade davonsegeln."

„Das klingt wahrlich nach einem echten Abenteuer. Rasch an Bord! Dort können Sie mir die genauen Einzelheiten berichten, Herr von Schack."

Hawkins wandte sich zwei Männern zu, die im Hintergrund gewartet hatten.

„Mr. Wilkins und Mr. Brown, los, lassen Sie die Leinen lösen, wir legen unverzüglich ab. Alarmstart!"

Auf einen lauten Pfiff hin kam vom Schiff eine Jolle und brachte die Männer an Bord. Kommandos ertönten und keine Viertelstunde später nahm die Zebra mit geblähten Segeln Kurs auf das offene Meer.

Das Schiff war ein Dreimaster. Es führte als Hauptsegel an zwei Masten Schratsegel, der vorderste Mast war niedriger als die anderen beiden. An ihm war ein Gaffelsegel aufgezogen. Die Bewaffnung bestand aus zehn Kanonen, die Mannschaftsstärke betrug sechsunddreißig Mann.

„Wir haben Glück", sagte Kapitän Hawkins, der mit seinen beiden Gästen und dem Steuermann auf der Kommandobrücke stand und mit dem Glas am Auge den Horizont absuchte. „Der Wind ist gut und wenn mich nicht alles täuscht, habe ich die Golden Stern gerade gesichtet."

Er reichte Carl das Rohr. Dieser setzte es an und bemühte sich, im dämmrigen Licht des Abends und dem steten Auf und Ab in der

Weite des Meeres etwas zu erkennen. Endlich meinte er, einen Strich wahrzunehmen und dann ein kurzes Blinken.

„Jetzt sehe ich es auch“, bestätigte er.

„In spätestens einer Stunde haben wir den Hamburger eingeholt“, erwiderte Hawkins. „Nutzen wir die Zeit, gehen wir in meine Kajüte, trinken ein Glas und Sie erzählen, was passiert ist.“

Das taten sie. Die Kajüte bot den dreien gerade genug Platz zum Sitzen. Der Kapitän öffnete eine Flasche Rum und goss jedem ein reichliches Quantum ein. Carl gab nun einen knappen Abriss über das Geschehen der letzten Tage, wobei er auch die wahre Existenz des Herrn Masters enthüllte. Während er sprach, klopfte es und ein Matrose trat ein, seinem Abzeichen nach ein Maat.

„Was gibt es?“

„Herr Kapitän, der erste Offizier Steuermann Wilkins ersucht Sie dringend, auf die Brücke zu kommen!“

Hawkins erhob sich.

„Sie entschuldigen mich meine Herren – oder kommen Sie am besten mit!“

Die drei Männer eilten hoch zum Kommandostand.

An Deck herrschte eine nahezu völlige Finsternis. Große Dunstgebilde rasten mit einer schier riesigen Geschwindigkeit über den Nachthimmel dahin. Dick, schwer und schwarz; grobe, wildbewegten Massen. Der Wind heulte und das Schiff schwankte immer stärker hin und her. Immer neue Massen wälzten sich heran, verspritzten heftige Regenschauer und verdichteten sich wieder zu einer schwarzen Wand.

„Die Segel einholen!“, kommandierte Hawkins im Laufen mit lauter Stimme. „Tempo, Männer! Sturmsegel setzen!“

Unter der Führung der Obermaate wurde der Befehl unverzüglich ausgeführt und die Segel fielen und die Sturmsegel fuhren in die Höhe.

Das Meer schien nun eine einzige gewaltige Woge zu bilden, sprang das Schiff an und wirbelte und hüpfte wie ein Rudel gieriger Wölfe, die sich in wilder Wut auf ihre Beute stürzen. Plötzlich tauchte der Bug des Schoners tief in die tobende See und ein Schwall von Gischt und Wasser ergoss sich über das Deck. Carl fand gerade noch am Relingsseil Halt. Neipperg dagegen wurde zur Seite gespült und wäre unweigerlich über Bord gegangen, wenn ihn Hawkins nicht rechtzeitig am Arm gepackt und hochgerissen hätte.

Er zog ihn und Carl mit sich hinauf zur Kommandobrücke.

„Nicht von schlechten Eltern, das Windchen", meinte Hawkins, als alle in der schmalen Kajüte waren und er die Tür geschlossen hatte.

„Ein Windchen, sagen Sie?", erwiderte der tropfnasse Neipperg. „Das nenne ich einen ausgewachsenen Sturm."

„Ein bisschen frische Luft kann euch Landratten nicht schaden", gab der Kapitän lachend zurück. „Mehr als eine steife Brise ist das Ganze nicht. Ein richtiger Sturm ist in diesen Breiten und in dieser Jahreszeit selten."

Ungeachtet seiner Worte wurde das Brausen immer lauter und das Schwanken des Schiffes stärker. Neippergs ohnehin schon bleiche Gesichtsfarbe verlor noch mehr an Farbe und auch Carl merkte, dass seine Seefestigkeit an ihre Grenzen stieß. Grelles Licht durchzog plötzlich das Dunkel und wie ein Kanonenschuss krachte der Donner. Joseph riss die Kajütentür auf, packte das Geländer des Aufgangs und gab seinem Magen nach. Eine Weile hing er in den Seilen und würgte. Dann kämpfte er sich mühsam zurück ins Innere.

„Das Steuer reagiert nicht mehr, Kapitän", meldete eben Wilkins.

„Gefällt mir nicht", erwiderte Hawkins, „gefällt mir ganz und gar nicht!"

Da ließ ein gewaltiger Schlag das gesamte Schiff erzittern. Kurz herrschte Stille. Nun folgte ein zweiter Schlag und der Schoner legte sich um fast 30 Grad über nach Backbord. Die Tür wurde aufgerissen und ein verängstigter Matrose zeigte sich.

„Kapitän“, rief er voller Panik. „Einer der Masten ist vom Blitz getroffen worden und auf Deck gestürzt. Das Schiff neigt sich.“

„Sofort kappen und über Bord mit dem Mast!“, schrie Hawkins. „Los, Mann!“

Er wandte sich an Carl und Joseph.

„Sie bleiben, das draußen ist nichts für Sie. Wilkins, halten Sie die Stellung!“

Damit verließ er hastig die Brücke und verschwand im peitschenden Sturm.

„Von wegen ‚kleine Brise‘“, murmelte Neipperg erschöpft.

Carl nickte nur. Er kämpfte noch immer krampfhaft gegen seine eigene Übelkeit und merkte, dass er dieser kaum noch lange werde Widerstand leisten können. Auch schien ihm die Schräge stetig zuzunehmen, und es war wohl eine Frage der Zeit, dass der Schoner kentern und mit Mann und Maus in der rauen See untergehen würde. Er hielt sich seitlich an einem Holmen fest und versuchte, nicht an seinen Magen und dergleichen Dinge zu denken. Dafür begann er, sich in seiner Fantasie die wildesten Schreckens- und Untergangsbilder auszumalen. An einen Balken geklammert, sah er riesige Wellen auf sich zukommen und ihn zerschmettern. Dann wieder stießen aus der dunklen Tiefe des Meeres schleimige Tentakel nach oben und umschlossen seine Beine. Ein grünlicher Leichnam tauchte neben ihm auf und starrte ihn aus leeren Augenhöhlen an. Kurz bevor Carl sich völlig in seinen finsteren Angstwelten verlor, merkte er, wie das krängende Schiff sich langsam aufrichtete. Plötzlich verstummte das Geheul des Sturmes und Stille trat ein. Carl zog sich auf die Beine, öffnete mit letzter Kraft die Tür, taumelte nach draußen, tat es Joseph nach und erbrach sich heftig. Es dauerte eine Weile, bis er sich wieder erholt hatte.

Carl richtete sich auf. Der Regen hatte geendet. Der Himmel über ihm war wolkenlos, helles Mondlicht übergoss Schiff und See. Das Meer wirkte spiegelglatt und klar. Seine Augen wandten sich wieder dem Schiff zu. Der Schoner zeigte überall deutliche Spuren des erlebten Geschehens. Taue lagen auf dem Deck umher, zersplitterte Holzteile und zerrissenes Segeltuch, dazwischen andere Bruchstücke, die für den nautischen Laien nicht sogleich zu identifizieren waren.

Kapitän Hawkins kehrte zurück und trat neben Carl.

„Sehen Sie, alles ist schon vorbei. Wie ich sagte, nur eine steife Brise!“

„Die Sie einen Mast gekostet hat.“

„Was tut's, der musste ohnehin bald ausgetauscht werden. Sind jedenfalls gut bei dem ganzen Geblase weggekommen. Im Gegensatz zu unserem Hamburger.“

Hawkins zeigte nach rechts.

„Schauen Sie einmal in Richtung Steuerbord.“

Carls Blick folgte dem ausgestreckten Arm. Ungefähr vier Schiffslängen von ihnen entfernt lag im Wasser eine schwarze Masse, die gekenterte Golden Stern. Boote nahmen gerade Kurs auf das kieloben schwimmende Wrack, um nach Überlebenden zu suchen. Eine Stunde später kehrten die Matrosen zurück. Lediglich drei Männer der fremden Besatzung waren gefunden worden, die Herren Lakley und Barton waren nicht darunter. Eine höhere Macht hatte ihre Untaten gerächt, nur leider auch auf Kosten vieler Unschuldiger.

„Damit ist die Jagd wohl beendet“, meinte Kapitän Hawkins später. „Da wir nun schon auf See sind, können wir weiter zu unserem Ziel segeln. Der Wind kommt langsam wieder auf. Wenn es so bleibt, machen wir gut vier bis fünf Knoten die Stunde.“

„Wohin soll denn Ihre Reise gehen?“, forschte Carl.

„In das seit Ende 1813 von der Fremdherrschaft befreite Bremen. Wir haben Waffen und Ausrüstung für die dortige Landwehr geladen. Ein Major von Weddig soll der Koalitionsarmee gegen Napoleon 3.000 Mann zuführen.“

Carl nickte. Er hatte Senator Johann Smidt in Wien kennengelernt, der die Hansestadt dort auf dem Kongress vertrat. Dieser hatte ihm von den turbulenten Wochen im Herbst 1813 erzählt, als die Stadt von dem russischen General von Tettenborn gleich zweimal von Franzosen erobert worden war.

„Bremen ist ein passendes Ziel", sagte er an Hawkins gewandt.

„Für mich noch mehr", bestätigte Neipperg. „Dort ist ein Informant, den ich aufzusuchen habe. Eine rasche Angelegenheit, aber sie muss erledigt werden."

„Gut", meinte Carl. „Je nachdem, wie schnell du deine Geschäfte erledigst und nach militärischer Lage können wir von dort rasch in Richtung Belgien weiterreisen. Soviel ich weiß, sammelt sich die preußische Armee in Lüttich."

„Das schaffen wir von Bremen aus mit ausgeruhten Pferden in acht bis zehn Tagen", meinte Neipperg. „Wie lange wird Ihr Schiff bis Bremen unterwegs sein, Kapitän?"

„Wenn der Wind hält, in gut sieben Tagen."

„Das ist dann der 12. April", rechnete Carl. „Somit wären wir um den 22. April in Lüttich."

„Well, Gentlemen. Dann sind Sie dabei. Nochmals willkommen an Bord. Viel Luxus kann ich Ihnen nicht bieten, aber eine Kajüte für beide Herren ist vorhanden. Eine gemeinsame, versteht sich. Wenn Sie ein wenig ruhen wollen, bitte!"

Carl und Joseph verstanden den Wink und zogen sich zurück. Ein Maat führte beide zu einer winzigen Kajüte, in der die Männer nur mit Mühe Platz und zum Schlaf fanden.

Die folgende Woche wurde für Joseph zu einem wahren Martyrium. Mehr als drei, vier Stunden am Stück zu schlafen war nicht möglich. Bretter knarrten, Segel knallten, dazwischen tönten laute Rufe und die scharfen Kommandos der Maate. Die See zeigte sich zudem sehr rau und bewegt. Die Hälfte des Tages hing Neipperg über der Reling und erbrach sich.

Kapitän Hawkins war dagegen sichtlich gut gelaunt und verzehrte bei ihren gemeinsamen Mahlzeiten mit großem Appetit die vom Smutje zubereiteten Speisen, während der erschöpfte Joseph mit großem Widerwillen an einem harten Schiffzwieback kaute. Carl hingegen ging es blendend, was den Freund fast erzürnte.

Schiffsbegegnungen gab es kaum, die Folgen der Kontinentalsperre und die aktuelle Unsicherheit wegen der Lage auf dem Festland hatten den Seeverkehr nahezu einschlafen lassen.

„Besteht die Möglichkeit, dass wir auf einen Franzosen stoßen?", fragte Carl am dritten Tag Hawkins.

„Das halte ich für höchst unwahrscheinlich. Der Feind wagt sich aufgrund der drückenden Übermacht unserer Navy kaum mehr aus seinen Häfen. Und wenn, dann segeln die Froschfresser nur im Süden umher."

„Im Mittelmeer?"

„Genau, unmittelbar im Schutzbereich ihrer Küstenbatterien. Ab und zu versucht auch ein Handelsschiff aus Le Havre oder Antwerpen durch unsere Linien zu schlüpfen."

„Kommt das häufig vor?"

„Häufiger als man denkt. Die Händler sind mutiger als die Matrosen der französischen Flotte."

„Schiff in Sicht", meldete in diesem Augenblick der Ausguck. „Aus Südsüdwest!"

„Ist zu erkennen, ob es ein Händler ist?", rief der Kapitän zurück. „Das könnte ein Franzose sein", sagte er zu Carl. „Eine gute Prise werde ich nicht entkommen lassen."

„Ein Dreimaster. Führt die Trikolore", kam es von oben.

„Verdammt, das könnte doch ein größeres Kriegsschiff sein."

Hawkins griff zum Glas und steckte dieses in den Gürtel.

„Das muss ich mir selbst anschauen."

Er eilte zum Mittelmast und kletterte flink wie ein Wiesel an den Seilen nach oben.

„Alle Wetter", meinte Neipperg. „Das könnte ich nicht mehr."

Carl schwieg, stimmte ihm aber innerlich zu. Als Romeo würde er heute eine klägliche Figur abgeben.

Kurze Zeit später kehrte der Kapitän zurück. Ohne ein Wort eilte er zum Ruder und warf dieses um 90 Grad herum. Dann kam sein Kommando, scharf und klar:

„Alle Mann auf Gefechtsstation, Feind in Sicht!"

„Was ist los, Kapitän?", fragte Carl. „Wir sichten den Feind und drehen ab?"

„Dort hinten segelt ein Schiff der Océan-Klasse mit mindesten achtzig, wenn nicht gar hundert Kanonen und an die tausend Mann Besatzung. Gegen dieses Monstrum haben wir keine Chance. Wenn wir Glück haben, gelingt uns die Flucht!"

Zunächst sah es ganz danach aus, als ob der Schoner dem übermächtigen Gegner entrinnen könne. Der Abstand schien der gleiche zu bleiben, mehr als der Bug und der Aufbau des Franzosen war nicht zu erkennen. Eine gute Stunde blieb dies so. Carl, der mit seinem eigenen Glas das fremde Schiff im Auge behalten hatte, glaubte schon, die Gefahr wäre gebannt, da veränderte sich die Lage. Das feindliche Kriegsschiff wurde größer und größer und näherte sich der Zebra mit stetig wachsender Geschwindigkeit.

„Zum Teufel auch!", fluchte Hawkins. „Das ist die Comte d'Artois, vormals Marengo, die führt hundertzwanzig Kanonen und ist aus mehreren Seegefechten als Sieger hervorgegangen. Die schießen uns in Grund und Boden, ehe wir nur einen Treffer landen können."

Er wandte sich an den ersten Offizier.

„Mr. Wilkens, wir müssen schneller werden. Lassen Sie alles überflüssige Gewicht von Bord werfen."

„Auch unsere Ladung, Sir?"

„Damit beginnen wir!"

„Ay, Ay, Sir!"

Unter dem Kommando des Obermaats begann eine Gruppe von Matrosen, Bündel mit Waffen, Pulverfässer und Behältnisse mit Bleikugeln aus dem Schiffsinnern an Deck zu holen. Dort schleppte eine zweite Einheit die Ladung nach achtern und warf alles über Bord.

Die Taktik schien zunächst aufzugehen: das Schiff gewann an Tempo und der Abstand zum Verfolger nahm wieder deutlich zu.

„Sieht so aus, als ob wir entkommen, Kapitän“, meinte Neipperg.

Hawkins sagte nichts, sondern richtete erneut das Glas auf den rückwärtigen Horizont.

„Mr. Wilkens“, rief er dann. „Der Froschfresser holt wieder auf. Weiteren Ballast von Bord.“

„Ay, Ay, Sir. Aber wir haben keine Fracht mehr, nur unsere eigenen Vorräte an Nahrung und Munition.“

Es krachte.

„Die schießen“, kommentierte Hawkins. „Abstand noch gut eine halbe Meile. Eine reine Machtdemonstration. Mr. Wilkens, bis auf das Wasser, Vorräte über Bord!“

Der Befehl wurde unverzüglich ausgeführt. Kurz gewann die Schaluppe an Tempo. Doch bald näherte sich die Comte d'Artois erneut und ihre Geschwindigkeit schien weiter gewachsen zu sein.

Wieder donnerte ein Schuss und dann noch einer. Diesmal schlugen die Geschosse im Abstand von knapp einer Kabellänge zum Schiff in einer hohen Fontäne auf dem Wasser ein.

„Aufgepasst!“, rief der Kapitän, der den Gegner ständig im Auge behielt. „Die ziehen backbords vorbei. Der Franzmann will uns mit seiner Breitseite erledigen.“

„Hart Steuerbord!“, kommandierte er und Wilkins schlug das Ruder rechtwinklig ein. Die Schaluppe legte sich derart in die Schräge, dass es Carl schien, als werde sie im nächsten Augenblick kentern. Fast berührten die Segel die Meeresoberfläche, alles rutschte und ging, soweit nicht befestigt und ohne Halt, über Bord, da richtete sich die Zebra mit einem Ruck wieder auf. Gleichzeitig ertönte ein ungeheurer Lärm und mit einem Brüllen, das einer Herde von Löwen glich, entlud sich vom Gegner her die Feuerkraft von knapp sechzig Kanonen.

Der größte Teil der Kugeln fuhr knapp am Bug des Schiffes vorbei ins Meer. Einige der Geschosse allerdings fanden ihr Ziel und hinterließen eine breite Spur des Verderbens.

Wieder zog die Comte d'Artois an der Schaluppe vorbei.

„Verdammt, jetzt haben sie uns“, fluchte der Kapitän. „Das geht ins Auge!“

Doch zu ihrer Überraschung drehte der Franzose plötzlich ab.

„Wir bekommen Verstärkung“, meinte Carl, der weiterhin den Horizont beobachtet hatte. „Wenn ich mich nicht irre, zähle ich sechs Schiffe.“

„Das müssen die Unsrigen sein“, bestätigte Hawkins. „Sonst würde der Gegner nicht plötzlich Fersengeld geben.“

Zehn Minuten später hatte die kleine Flotte die Zebra erreicht. Hawkins hatte die Schiffe inzwischen identifiziert.

„Das sind die Briseis unter Commander Jackson, die Cadmus unter John Gedge, die Redpole unter Commander Denman“, erklärte er. „Dazu die Calliope, die Cordella sowie die Hope. Es handelt sich um Schiffe der Cherokee-Sloops Klasse, die oft auch als Brigsloops bezeichnet werden.“

„Scheinen mir kleinere Schiffe zu sein“, meinte Neipperg.

„Wie man's nimmt. Die Cherokees haben bei einem Gewicht von 235 Tonnen eine Länge von knapp 95 Fuß und eine Breite von 31 Fuß. Die Besatzung beträgt um die hundert Mann, darunter auch eine Abteilung Seesoldaten. Bewaffnet sind die Schiffe mit zwei langen Sechspfünder-Kanonen, die auch als Jagdgeschütze dienen, sowie mit acht Achtzehnpfünder-Karronaden.“

„Das heißt aber“, sagte Carl, „unser Franzose hat eine größere Besatzung und besitzt eine stärkere Feuerkraft als die all unserer Schiffe zusammen. Und dennoch zog der Kommandant es vor, abzudrehen.“

„Wir hätten uns wie die Jagdhunde auf den Eber gestürzt“, antwortete Hawkins. „Gegen sechs wendige Cherokees hätte die Comte d'Artois kaum Chancen gehabt und jedenfalls mit größeren Blessuren rechnen müssen.“

„Signal von der Redpole, Sir“, meldete der Fahnengast. „Commander Denman grüßt und lädt den Kapitän der Zebra zum Dinner.“

„Signal zurück. Kapitän Hawkins dankt für die Einladung und die Hilfe und kommt mit zwei Gästen! Das ist Ihnen doch recht, Gentlemen, dass ich derart über Sie verfüge?“, wandte sich Hawkins an Carl und Neipperg.

„Es ist uns eine Ehre, Sie zum Dinner zu begleiten“, erwiderte Carl mit einer Verbeugung. „Können Sie uns etwas über die Vita der Redpole berichten?“

„Sie ist bewegt, wie fast bei allen Schiffen der Royal Navy. Unter ihrem Kommandanten Colin MacDonald brachte die Redpole den an Besatzung ihr weitaus überlegenen französischen Lugger Grand Rodeur auf. Ein Jahr später schaffte es die Redpole, gemeinsam mit der Rinaldo, der Castillian und dem Kutter Viper, die Fregatte Naiad bei einem Angriff von sieben französischen Prähmen, zehn Briggs, einem Mörserschiff und einer Reihe kleinerer Kanonenbooten siegreich zu unterstützen. Vor den Augen Napoleons, der die Invasionsflotte in Boulogne besuchte, gelang es, die mit je zwölf Vierundzwanzigpfünder-Karronaden bewaffneten und über 100 Mann Besatzung ausgestatteten Prähme zu zerstreuen und eines der Boote wegzunehmen.“

„Das erklärt natürlich die Flucht unseres Angreifers.“

„Wissen Sie auch etwas über Einsätze unter dem neuem Commander?“

„Sicher, aber befragen Sie ihn selbst. Denman hat etliche Spezialeinsätze hinter sich gebracht und kann über diese gewiss am besten berichten.“

Inzwischen hatte die kleine Flotte Anker geworfen und die jeweiligen Besatzungen nutzten die Zeit, um die Schiffe zu säubern und auch sonst zu überholen. Besonders auf dem Schoner war in dieser Hinsicht nach der Kanonade vom Mittag einiges zu tun. Auch die über Bord gegangenen Vorräte wurden mit Hilfe der anderen Schiffe aufgefrischt.

Schlag fünf Glasen der zweiten Nachmittagswache legte ein Boot mit dem Kapitän, Carl und Neipperg an der Redpole an und die Männer kletterten hoch zur Reling und an Bord. Dort begrüßte sie der erste Offizier Williams und führte sie in die Kapitänkajüte. Diese schien kaum größer zu sein als die der Zebra. Dennoch war es gelungen, in dem kleinen Raum einen Tisch für vier Personen mit weißem Porzellan und Kristallgläsern festlich zu decken, ganz so, als befände man sich im besten Adels- oder Bürgersalon.

Der Commander erhob sich von seinem Stuhl. Er war von mittlerer Größe, trug einen Vollbart, dessen Dunkelblond, im Gegensatz zum Haupthaar, leicht ins Rötliche ging und mochte Ende dreißig sein. Die kräftige Gestalt und das sonnengebräunte Gesicht zeigten den erfahrenen Seemann, der sein Handwerk von der Pike auf gelernt hatte.

„Gentlemen, ich bin erfreut, Sie hier in meinem kleinen Reich empfangen zu dürfen“, sagte er und reichte Hawkins die Hand.

„Commander Edmund Denman“, stellte er sich anschließend Carl und Joseph vor. „Mit wem habe ich die Ehre?“

„General von Schack und Oberst von Neipperg. Unterwegs in diplomatischer Mission“, erwiderte Carl. „Es ist uns eine Freude, an Bord der Redpole eingeladen zu sein.“

„Ganz meinerseits“, entgegnete Denman. „Ein General und ein Oberst in besonderer Mission. Das gibt es gewiss viel zu erzählen. Doch nehmen wir erst einmal Platz und widmen uns den Speisen. Zu Tisch spricht es sich leichter.“

Das Dinner war vorzüglich, vor allem die Seebarben mundeten

trefflich. Carl äußerte seine Überraschung über die Kochkünste des Smutjes.

„Ich hatte die Ehre, im letzten Jahr den Prinzen von Oranien, den Kronprinzen von Bayern, die Prinzen Karl und Wilhelm von Braunschweig, den Prinzen Paul vom Württemberg und den eigentlichem Herrscher Frankreichs, den Herzog von Orleans aus dem englischem Exil auf den Kontinent zu bringen. Natürlich mussten die hohen Herrschaften entsprechend verpflegt und bekocht werden und mir gelang es, den Maître de Cuisine für einen längeren Aufenthalt an Bord zu gewinnen."

Die Herren hoben das Glas auf den Meister. Man trank, man erzählte. Carl gab einen Abriss ihrer englischen Erlebnisse und der Commander ließ Anekdoten aus seinem Marineleben einfließen, die Hawkins mit Seemannsgarn umwickelte.

Denman, erfuhren die Gäste, war schon als Junge von gerade zwölf Jahren zur Royal Navy gekommen.

„Es war am 1. April 1790, vor fünfundzwanzig Jahren", berichtete der Commander. „Das erste Schiff, auf dem ich Dienst tat, war die Royal George. Eine einzige Schinderei, tags und nachts. Die Wanten hoch und runter, Sie kennen das selbst zur Genüge, Mr. Hawkins. Es folgten die Cambridge, die Perseus, die Royal Sovereign, das Flagg-Schiff von Vizeadmiral Graves und – na ja, ich will Sie nicht mit der Aufzählung von Schiffslisten langweilen. Im Mai 1808 wurde ich endlich First-Lieutenant und erlebte im Jahr darauf einen höchst eigenartigen Einsatz; das Abenteuer, von dem ich berichten werde, ereignete sich in der Karibik im Herbst 1809. Ich tat in dieser Zeit unter Kapitän George Miller als Ersatz Dienst auf der Thetis. Wir hatten etliche Stürme hinter uns gebracht und endlich zusammen mit der Pultusk, der Achat, der Attentative und dem Kutter Bacchus unser Einsatzgebiet vor der französischen Insel Guadeloupe erreicht. Bislang war uns jedoch noch kein Franzose vor die Kanonen gekommen, die Sonne brannte vom Himmel.

Das Holz schwitzte den Teer aus, wir warteten und warteten und die Männer begannen sich zu langweilen, was auf See nie gut ist. Da endlich entdeckte der Ausguck im Hafen von La Hayes die französische Brigg Nisus, eine gute Prise, die allerdings durch die Batterien des dortigen Forts geschützt war. Von See aus war den Franzosen nicht beizukommen. Die Kapitäne berieten sich und Miller kam auf die Idee, aus dem Ganzen ein Landeunternehmen zu machen. Er beauftragte mich damit, einen Plan zu entwerfen, wie die Batterie am besten auszuschalten und das Schiff zu entern und aus dem Hafen zu holen wäre. Am ehesten schien mir dies zur nächtlichen Stunde möglich. Mit einem Trupp von Seesoldaten wollte ich direkt durch den Urwald der Insel marschieren und mich mit ihnen über einen rückwärtigen Hügel hinweg von hinten an das Fort heranarbeiten. Von der Seeseite sollte zur Ablenkung kräftig gefeuert werden. Miller stimmte dem Plan zu und befahl mir, ein Landekommando zusammenzustellen, es bestand aus insgesamt achtzig Seeleuten und einigen Seesoldaten. Während die Brigg Attentative, mit wenig Tiefgang ausgestattet, sich im toten Winkel an die Batterie heranarbeitete und diese unter Feuer nahm, gingen wir weiter oben an Land. Das Unterholz war hier sehr dicht und wir hatten zunächst große Mühe, durch das Buschwerk vorwärtszukommen. Auch war mit Schlangen zu rechnen. Wir bahnten uns schließlich mit den Entermessern einen Weg, Obermaat Wilson und ich bildeten die Avantgarde. Allmählich wurde der Urwald lichter und leichter zu passieren, da trug mir der Wind Geräusche zu, die ich für menschliche Stimmen halten musste. Sofort ließ ich halten. Wilson und ich schlichen in gebückter Form weiter, um zu rekognoszieren. Nach einigen hundert Fuß roch ich den Rauch eines Holzfeuers, dann war in der Dunkelheit eine hellere Stelle zu sehen, möglichweise ein feindlicher Feldposten. Wilson ging zurück und gab den Befehl weiter, zu meiner Position aufzuschließen und dann in einem Bogen den Posten zu umfassen. Dies geschah und wir bewegten uns mit äußerster Vorsicht auf diesen zu. Bald konnte man ein gewaltiges Feuer durch die Bäume schimmern sehen. Geräuschlos schlich ich mich näher und sah, dass sich sechs französische Soldaten um das Feuer auf den Boden gelagert hatten. Einer erzählte etwas und sie lauschten ihm gebannt, ohne weiter auf die Umgebung zu achten. Eine Wache gab es nicht. Ihre Waffen, gute neue Gewehre, hingen etwas entfernt an den Ästen eines großen Baumes. Wir mussten also schnell sein, um jede Gegenwehr und vor allem die Alarmierung des Forts zu verhindern. Auf einen Pfiff hin sprangen meine Leute vor und ergriffen die völlig Überraschten, banden, knebelten und durchsuchten sie. Wir rückten zum Fort vor, wo wir die Eingangspforte mithilfe der Schlüssel, die wir bei dem Anführer der Feldwache gefunden hatten, öffneten. Im gleichen Augenblick begann von See her die Kanonade und wir stürmten mit großem Geschrei ins Innere. Unser Angriff überraschte die schlaftrunkene Besatzung derart, dass die Männer kaum an Gegenwehr dachten, sondern die Waffen streckten oder ins Innere der Insel flohen. Die nunmehr schutzlose Nisus wurde von der Pultusk energisch angegriffen, was wir mit den Geschützen des Forts unterstützten. Sie strich bald die Flagge und Kapitän und Mannschaft ergaben sich. Die Prise war mit Kaffee für das französische Mutterland beladen und stellte deswegen eine reiche Beute dar. Das Fort selbst wurde geschleift, die Geschütze unbrauchbar gemacht. Die Nisus wurde später als Sloop mit Namen Guadeloupe in die Royal Navy übernommen. Zwei Jahre später kommandierte ich als Capitain mein eigenes Schiff …“

„Eine spannende Geschichte, Commander“, meinte Neipperg. „Da sag einer noch, die Navy könne nur auf dem Meer kämpfen.“

„Ich glaube“, fügte Carl hinzu, „dass es in Zukunft verstärkt zu amphibischen Unternehmungen kommen wird. Eine frühe Landung von Truppen in Holstein hätte Napoleon möglicherweise eher in die Knie gezwungen.“

„Vielleicht könnte man auch die Luft mit einbeziehen", sagte Neipperg. „So wie Melchior, Ferdinand und du damals Geoffroy mit dem Ballon aus der Gefangenschaft auf der Île d'If befreit habt."

„Sie sind mit einem Ballon geflogen?", fragte Denman überrascht. „Erzählen Sie, wie es gewesen ist. Die Freiheit zwischen den Wolken muss grenzenlos sein."

„Ja, erzählt!", rief auch Hawkins. „Zu fliegen, das scheint mir wahrlich ein großartiges Abenteuer zu sein."

„Es war der 2. September des Jahres 1792, als wir gegen zehn Uhr abends aufstiegen", begann Carl seine Geschichte. „Der Ballon hing rund und prall über uns und schoss steil. Es war ein herrliches Gefühl, zu fliegen. Frei wie ein Vogel zu sein und sich gleichsam schwerelos über allem zu erheben. Unten waren nur wenige Lichter zu sehen, schwarz lag das Land da, nur das Meer glitzerte geheimnisvoll. Der Landwind wehte nach Süden und auf seiner Strömung glitt die schwarze Ballonkugel, mitsamt unserem Korb, lautlos über die Küste aufs Meer und direkt auf die Île d'If zu …"

Ausführlich berichtete er, wie Ferdinand von Montmartin, Melchior von Talheim und er mithilfe des Physikers Lenormand die Befreiung ihres Freundes Geoffroy bewerkstelligt und was sie dabei erlebt hatten.

Die Marineoffiziere interessierten sich vor allem für die technischen Details und stellten hinsichtlich des Betriebes der Montgolfiere viele Fragen.

„Genug, die Herren", rief Carl schließlich. „Ich war letztlich Passagier und nicht der leitende Ingenieur an Bord. Befragt euren Landsmann Sir George Cayley, der sich, wie ich hörte, mit der Aeronautik bestens auskennt."

„Sie haben recht", sagte Hawkins. „Sie haben genug geredet. Ich will Sie ablösen und selbst ein wenig Seemannsgarn spinnen."

Hawkins begann und er erzählte gern, allerdings wenig Reales. In seinen Geschichten wimmelte es vielmehr von Meerjungfrauen, Seeschlangen, Kraken und anderen Ungeheuern:

„Ich gehörte als junger Fähnrich einige Zeit der Handelsmarine an und das Schiff, auf dem ich anfangs fuhr, segelte auf der Skandinavien-Route. Wir befanden uns nahe der nördlichen Küste von Norwegen. Nach Tagen des Sturms und der rauen See herrschte gerade eine große Windstille auf dem Meer und unser Schiff dümpelte vor sich hin. Auf einmal hob sich das Wasser und ein gewaltiges Beben durchlief die See. Für einige Minuten schwankte alles, um sich dann ebenso schnell wieder zu beruhigen. Plötzlich zeigte sich eine gewaltige Menge von Tümmlern, die wie auf der Flucht vor einer unbekannten Gefahr an unserem Schiff vorbeiströmten. Wir verwunderten uns, bis wir sahen, was die panische Flucht bewirkt hatte. Denn direkt an der Backbordseite stiegen Blasen auf und ein gewaltiger Wasserstrudel fuhr aus der Tiefe. Phosphoreszierender Schein zeigte sich und dann tauchte ein riesiger Krake aus dem aufgewühlten Meer auf. Ein Fangarm des Polypen, dick wie ein Baum und mehr als dreißig Fuß lang, schnellte mit blitzschnellem Griff nach oben und umschlang das Bein eines unserer Matrosen. Ein zweiter Arm packte ihn um die Hüfte, ein dritter wand sich um die Reling. Verzweifelt begannen wir mit Äxten und Enterhaken auf das Ungeheuer loszuschlagen. Doch es schien, als ob die in Regenbogenfarben flimmernde Haut des Kraken mit Eisen gepanzert sei. Mit jedem Hieb wurde die atemraubende Umklammerung enger. Doch plötzlich ließ das Seeungeheuer die Reling los und stürzte sich, den entsetzlich um Hilfe Schreienden mit sich reißend, zurück in die wild schäumende See. Der Matrose ward nie mehr gesehen."

Mit diesem bewegenden Schlusssatz beendete Hawkins seine Erzählung, griff zum Glas und leerte es.

„Eine dramatische Geschichte", meinte Neipperg, „gibt es noch mehr von solchen riesigen Meeresungeheuern?"

Der Commander lachte. „Manche sagen so, andere so. Ich halte den Kraken für genauso real wie seine Gefährtin, die berühmte Seeschlange. Ein Fabelwesen, mehr nicht."

„Lacht nur, denkt aber an Loch Ness“, erwiderte Hawkins ernsthaft. „Oben im Schottischen, genauer bei Inverness, wird seit Jahrhunderten immer wieder ein riesiges Wesen mit Schlangenhals beobachtet. Unter anderem ist der Heilige Columban ein Zeuge dieser Erscheinung.“

„Ein Heiliger sieht vieles“, kommentierte Neipperg skeptisch, der in diesen Dingen sehr weltlich dachte.

„Nun“, sagte Carl, „wir werden heute die Ungeheuerfrage nicht mehr lösen können. Darf ich fragen, Commander, wie Ihr nächster Auftrag lautet, oder ist das geheim?“

„Nicht geheimer als Ihre Aktivitäten, Herr von Schack. Wir kurven wie die anderen Schiffe der Cherokee-Klasse vor der holländischen Küste, in der Schelde und im Kanal, um den Franzosen und insbesondere Bonaparte den Krieg möglichst ungemütlich zu machen. Erst kürzlich haben wir Truppen nach Ostende transportiert, die von dort gegen Napoleon marschierten. Fast ein amphibisches Unternehmen“, fügte er lachend hinzu.

„Es heißt, dass die Entscheidung, ob der Usurpator sich länger zu halten vermag, in Flandern fallen wird“, sagte Kapitän Hawkins. „Was glauben Sie, meine Herren, wie stehen Napoleons Chancen?“

Neipperg zeigte sich gut informiert, er kannte die aktuellen Heeresstärken.

„Derzeit verfügt der Imperator aufgrund seiner konstitutionellen Zugeständnisse an das Volk nur über knapp 150.000 Mann. Das ganze Volk zu den Waffen zu rufen, wie es in der Revolution geschah, wird ihm nicht gelingen. Die Mehrzahl der Franzosen ist kriegsmüde.“

„Zusammen mit den Preußen kann Wellington Napoleon sicher Paroli bieten“, sagte der Commander.

„Zumal die Preußen von Blücher geführt werden“, fügte Carl hinzu.

„Blücher?“, sagte Hawkins. „Nun, nichts gegen Ihren ‚Marschall Vorwärts‘, aber ist er nicht im dreiundsiebzigsten Lebensjahr? Ich setze eher auf unseren Herzog von Wellington, den Feldmarschall Arthur Wellesly. Wie er die Franzosen in Portugal geschlagen und aus Spanien vertrieben hat, das macht ihm keiner nach. Für mich kommt er gleich nach Lord Nelson, der Herr sei seiner Seele gnädig. Er wird dem Usurpator Beine machen."

„Nur mit Hilfe der Deutschen", entgegnete Neipperg. „Wenn der deutsche Michel die Ketten seiner Kleinstaaterei abwirft, wird er zum Koloss werden."

„Von Politik verstehe ich nicht viel", meldete sich der Commander zu Wort. „Ich habe nur aus den Gesprächen mit den gekrönten Häuptern die Erkenntnis mitgenommen, dass diese einen Heidenrespekt vor Napoleons Feldherrnkunst haben, zumal fähige Köpfe an seiner Seite sind. Da wäre zum Beispiel der Marschall Ney, der Sieger von Ulm, Eylau, Friedland und Smolensk."

„Der Kerl ist ein Schuft", rief Neipperg hitzig. „Erst hat er sich den Bourbonen angedient und sich von Ludwig XVIII. zum Pair von Frankreich machen lassen. Dann ist er, statt Napoleon festzusetzen, mit seinem kompletten Regiment zu ihm übergelaufen!"

„Wir werden sehen, was wird", schaltete sich Carl ein, der den Freund und dessen Temperament kannte. „Ich bin jedenfalls überzeugt, dass es Engländern und Preußen gemeinsam gelingen wird, den Imperator in seine Schranken zu verweisen. Und jetzt schlage ich vor, dass wir uns zurückziehen, Kapitän Hawkins. Es ist spät und wir haben noch etliche Seemeilen bis Bremen vor uns."

Die Gesellschaft stimmte zu. Die Männer bedankten sich beim Commander für die Einladung und kehrten auf den Schoner zurück. Im Morgengrauen des nächsten Tages hievte die kleine Flotte die Anker und segelte in die ihnen zugedachten Einsatzgebiete. Die Zebra nahm Kurs auf Bremen. Die Freunde standen auf der Kommandobrücke und betrachteten die Segelmanöver.

„Was für ein seltsamer Abend", sagte Carl zu Joseph von Neipperg. „Wir werden in seemännische Biografien eingeweiht, bekommen den neuesten Seemannssnack über Seeungeheuer serviert und landen bei Prognosen zum militärischen Geschehen der nächsten Zukunft. Oder was meinst du, Joseph?"

„Mir brummt der Schädel", stöhnte der Freund. „Der viele Rum!"

Es stimmte, während ihrer Gespräche hatte der Commander kräftig ausgeschenkt. Rum, Wein, französischen Beutekognak. Carl hatte vorsichtig getrunken, meist nur genippt, er kannte die Wirkung von alkoholischen Mixturen nur zu gut. Joseph dagegen hatte unbekümmert Becher um Becher geleert und nun die Folgen zu tragen. Allerdings schien er die Seekrankheit überwunden zu haben.

Die nächsten Tage verliefen ziemlich eintönig. Segel wurden nicht gesichtet, das Wetter blieb konstant ungemütlich und regnerisch. Erst nachdem die ostfriesischen Inseln passiert waren, füllte sich sozusagen die See mit Schiffen und auch die Wolken verzogen sich.

Am 13. April mittags erreichte das Schiff den Bremer Hafen.

Die Stadt Bremen erstreckte sich weit über die Weser hinaus. Jenseits lag die Neustadt, die mit den älteren Teilen durch eine Brücke verbunden war. Der Hafen der Stadt wurde Vegesack genannt und lag an dem Ort, wo die Wumma sich in die Weser ergießt. Große Lastschiffe konnten Bremen nicht anfahren und mussten dort entladen werden.

Am Kai lag zu ihrer Überraschung die Visborg, der Schwede, den sie im Edinburgher Hafen gesehen hatten.

„Das Schiff ist doch nach uns ausgelaufen", verwunderte sich Joseph.

„Wir haben durch den Sturm und den Kampf mit dem Franzosen einen Tag verloren", sagte Carl. „Ein schneller Segler kann das nutzen."

Ein kleineres Boot brachte sie direkt zum inneren Stadthafen.

Bremen selbst hatte schöne weite Gassen, an deren Seiten sich schmucke Bürgerhäuser reihten. Im Zentrum lag der große Markt, in dessen Mitte der Roland, das bloße Schwert in der Hand haltend, zu sehen war. Auf der einen Seite erhob sich die Domkirche, auf der anderen stand der große Bau des Rathauses, welcher ein angenehmes Fundament, nämlich den öffentlichen Weinkeller hatte. Die Freunde bezogen Quartier in einem Haus im Schnorr, in dem ein Zigarrenmacher wohnte, da die Gasthöfe mit Militärpersonen voll belegt waren und Neipperg zunächst unerkannt bleiben wollte. Nachdem sie alles versorgt hatten, lenkten Carl und Joseph ihre Schritte zum Rathaus, um den berühmten Weinkeller näher in Augenschein zu nehmen und sich umzuhören, wie die Kriegslage sei. Neipperg hoffte auch, dort seinem Informanten zu begegnen, jedenfalls war ihm der Ort als möglicher Treffpunkt bezeichnet und der Ratskellermeister August Ambrosius als Kontakt genannt worden.

Die Uhr schlug sechs, als die Freunde die breiten Stufen des Ratskellers hinabstiegen. Hinab zu den weiten, hochgewölbten Kellerräumen mit ihren dicken Mauern und Pfeilern. Gänge führten kreuz und quer, seitlich lagen verschiedene Stuben, die zum Zechen einluden und deren grauen Steinwände, kaum beleuchtet, in einem feuchten, kühlen Glanz schimmerten. Es war ein Donnerstag und trotz des Werktags war der Keller gut besucht. Neben Händlern und Kauffahrern saßen an den Tischen auch einige Offiziere. Die Herren debattierten lautstark über die rauen Zeiten, wobei sie dem Wein reichlich zusprachen.

„Krieg und nichts als Krieg ist die Losung“, rief soeben ein älterer Leutnant. „Fordert die junge Mannschaft auf, dass sie sich eiligst rüste, um unter Wellingtons Führung der Schlange Napoleon endgültig den Kopf zu zertreten. Wenn wir nicht alle Kräfte anstrengen, werden wir die französischen Hunde bald wieder hier sehen!“

„Richtig, Wilhelm“, stimmte ihm ein anderer zu, ein großer, feister Mann, mit rotem Gesicht und einer fast purpurnen Nase. „Wir müssen so rasch es geht ein Corps freiwilliger Hanseaten zu Pferde errichten. In das sollte jeder gehen, der nicht zur Infanterie will.“

„Und der auf Frauenlob und Frauengunst Anspruch zu erheben gedenkt, meinst du wohl", kommentierte sein Nachbar, ein hagerer Kerl, der eine altmodische, große schwarze Lockenperücke und einen dunkelroten Rock trug.

Neipperg, der sich nach seinem Informanten umschaute, schüttelte bei seinem Anblick den Kopf.

„Wer trägt heute noch Perücke?"

„Ältere Herrschaften", meinte Carl. „Doch hier gibt es schon seltsame Gestalten. Sieh, Joseph, da drüben am Tisch, der kleine, alte Mann mit dem grauen Haar und dem Riesenschädel. Dazu sein Weib. Sie wird in ihrer fernen Jugend gewiss recht schön gewesen sein. Doch nun passt das Rot auf ihren Wangen und die Farbenfreude der Kleidung wahrhaftig nicht mehr zum Alter."

Die Frau war in der Tat eine sehr eigene, überaus bunte Persönlichkeit. Auf dem Kopf trug sie eine grüne Samtmütze, die eng an der Schläfe anlag. Dazu hatte sie ein Wams von feinem schwarzem Tuch an, unter dem ein Mieder von rotem Samt hervorschaute, ganz mit goldenen Haken und Ketten geschnürt. Ein blauer, faltenreicher Rock fiel um ihre wohlbeleibte Gestalt, über diesem hatte sie eine gelbe Schürze angelegt.

„Schlagt Lärm, ihr Frauen!", rief die Bunte soeben. „Es ist Krieg! Krieg gegen Napoleon und seine Räuberhorde! Die Bremer müssen diesmal die ersten im Felde sein unter den Hanseaten!"

„Ein wahres Flintenweib, wirklich köstlich."

Sie liefen weiter nach hinten. Dort befand sich ein mit einem Kreuzgewölbe überspannter Raum, der durch bis zur Decke reichende Zwischenwände in mehrere Gemächer aufgeteilt worden war. Am Zugang des ersten Raumes stand ein älterer Mann, der sich ihnen als der Ratskellermeister August Ambrosius vorstellte. Er begrüßte sie und bat die Gäste, auf einem der hölzernen Stühle, die in der Herrenstube für den Rat um einen breiten eichenen Tisch standen, Platz zu nehmen.

„Wenn die Herren mich für einen Augenblick entschuldigten. Ich habe noch eine Kleinigkeit nebenan in meiner Küferstube zu erledigen."

Carl und Joseph setzten sich und schauten sich neugierig um. Ringsherum standen Fässer in allen Größen, an denen eiserne Schilder ihren Inhalt und dessen Herkunft verkündeten: Rüdesheim, Bacharach, Bingen, St. Goarshausen und andere mehr. Die Tür zur Küferstube war geöffnet. Das war der Raum, in dem der Kellermeister mit seinen Büchern, Kerbhölzern und Proben hantierte und die Güte seiner Fässer stets aufs Neue schmeckte und probierte. Jetzt konnten die Freunde sehen, wie Ambrosius ein halb gefülltes Glas ergriff, es schwenkte, um die Farbe des Weines vor einem brennenden Licht zu prüfen. Er kostete behutsam den Trunk, tat einen kräftigen Schluck und nickte bestätigend. Anschließend füllte der Meister einen guten Zweiliterkrug aus einem großen Fass und trug diesen nebst Gläsern in die Ratsherrnstube.

„So, meine Herren, bevor wir über Profanes reden, probiert erst einmal einen guten Trunk aus diesen grünen Römergläsern: Seht, wie prächtig er sich eingießt, gleich dunkelrotem Golde blinkt es im Glase. Die Sonne zog ihn auf den Hügeln von St. Johannes auf. Nun hat ihn ein halbes Jahrhundert gefärbt. Riechen Sie die Würze, den lieblichen Duft der zarten Blume, der aus dem Römer aufsteigt? Das, meine Herren ist einer der edelsten Weine des Rheinlands, ein Niersteiner Rosenberg von 1765!"

Andächtig tranken die Männer.

„Wahrhaftig, Sie haben recht, Meister Ambrosius", rief Neipperg enthusiastisch und leerte seinen Römer, „das ist ein echter Göttertrank. Stimmst du mir zu, Carl?"

„Das tue ich, mein Freund", sagte Carl lachend, „doch wir sind sicher nicht nur zum Trinken gekommen", fügte er hinzu, als er sah, dass der Ratskellermeister die Gläser erneut füllte.

„Keine Sorge, ihr Herren", erwiderte Ambrosius, „ich werde das Berichten nicht vergessen. Also hören Sie. Seit gestern Abend, so sagt man, befinde sich ein Späher Napoleons in der Stadt. Ein Meisterspion, der ihm seit Jahren diene und nun die Aufgabe habe, sich inkognito in das Heerlager der Alliierten zu schleichen und Wellington oder Blücher oder beide Heerführer zu töten."

„Woher habe Sie diese Information?", fragte Neipperg überrascht. „Ist die Quelle zuverlässig?"

„Gerüchte, sind es, Herr, der eine in den Kontoren erzählt dies, ein anderer auf dem Markt jenes. Auch der Wein löst manchem die Zunge."

„Seit gestern Abend …", wiederholte Carl nachdenklich. „Wenn ich es nicht besser wüsste, glaubte ich, es könnte sich um Karl Ludwig Schulmeister handeln. Aber der Kerl ist mit seinem sauberen Kumpan im kalten Wasser der Nordsee ertrunken."

„Und wenn die Herren Lakley und Barton gar nicht an Bord des Hamburgers waren?", wandte Neipperg ein.

Carl schlug mit der Faust auf den Tisch.

„Du hast recht, Joseph", rief er. „Sie haben ein anderes Schiff genommen. Und zwar den Schweden!"

„Die Visborg!"

„Richtig, auf zum Hafen!"

Carl sprang auf und eilte davon.

„Meister Ambrosius, Sie haben uns sehr geholfen. Doch jetzt entschuldigen Sie uns."

„Und der gute Niersteiner?"

„Ein andermal, Meister, für heute adieu!"

Neipperg zog den Beutel und drückte dem braven Kellermeister einen silbernen bremischen Schwaren in die Hand. Dann folgte er dem Freund.

Sie besorgten sich Pferde und ritten nach Vegesack. Am Kai war der Schwede rasch gefunden. Mit Hilfe einiger Münzen gelang es ohne größere Mühen, die Bootswache zu überreden, sie an Bord der Visborg zu lassen. Ein anderer Matrose führte sie zum Proviantmeister. Magnus Sönderberg schien der gleiche Typus wie der Hafenmeister von Edinburgh McAlister zu sein. Wie dieser hatte er die Ruhe weg, auch seine Nase zeigte eine ähnliche, sehr gerötete Farbe. Nach einigem Hin und Her und dem Einsatz weiterer Münzen gab er schließlich preis, dass in der Tat zwei Passagiere von Edinburgh bis Bremen an Bord gewesen waren.

„Die Herren Smith & Smith, zwei ehrenwerte, höchst großzügige Gentlemen, wenn Sie wissen, was ich meine."

„Und wohin haben sich die Herren Smith & Smith begeben?", fragte Carl, wobei erneut einige Geldstücke den Besitzer wechselten.

„Zum Gasthof Schüttinger wollten sie."

Mehr war aus Sönderberg nicht herauszubekommen und die Freunde verließen wieder das Schiff.

„Und nun?", fragte Neipperg. „Reiten wir zum Gasthof?"

„Wir werden ihn aufsuchen, obwohl ich nicht glaube, dass das saubere Duo sich wirklich dorthin begeben hat."

Wie Carl vermutet hatte, brachte ihr Besuch bei Schüttinger kein brauchbares Resultat. Die Herren Smith & Smith oder Lakley und Barton waren dort nicht bekannt, wie die Wirtsfrau versicherte. Auch sonst schien keiner der Gäste mit den beiden Spionen identisch zu sein. Sie suchten weitere Gasthöfe auf, um dort nachzufragen, ohne Erfolg.

„Sieht nicht so aus, als ob wir die Kerle finden würden", ärgerte sich Neipperg. „Sie müssen Helfershelfer in der Stadt haben."

„Es gab in der Besatzungszeit einige Bremer, die mit den Franzosen kollaboriert haben, manche auch aus Zwang. Die Rolle Wilhelm Ernst Wichelhausens, der zeitweise den Bürgermeisterposten innehatte, war ziemlich umstritten."

„Du meinst, die Gesuchten könnten bei ihm Unterschlupf gefunden haben?"

„Das nicht, aber Wichelhausen kann uns womöglich einen Hinweis geben, wer als Unterstützer in Frage käme."

Es zeigte sich aber, dass der frühere Maire die Stadt vor ein paar Tagen verlassen hatte und die Freunde gaben, zumal es spät geworden war, ihre Nachforschungen auf.

Am nächsten Morgen suchten sie, ungeachtet ihres gestrigen Misserfolges, weiter nach den Spionen, erneut ohne Erfolg.

„Ich glaube, die Herren sind längst über alle Berge", meinte Joseph schließlich. „Wir sollten abbrechen und uns auf den Weg nach Lüttich machen."

Carl stimmte zu, und gerade wollten sie sich nach einer Mietkutsche umsehen, als ein ärmlich wirkender Alter auf sie zutrat. Ehrerbietig zog er seinen abgewetzten Hut.

„Ich hörte, die Herren suchen nach zwei Männern, die vorgestern mit dem Schweden aus Edinburgh im Hafen angekommen sind. Ich kann Euch vielleicht weiterhelfen."

„Das wäre in der Tat hilfreich", sagte Carl, „sprich, guter Mann, es soll dein Schaden nicht sein."

„Nun, viel ist es nicht. Ich hörte nur, dass sich einer der Fremden nach einer Passage nach Amsterdam erkundigte."

„Weißt du auch, wen er fragte?"

„Den Wilhelm Pitsch, der ist ein Handelsagent und vermittelt auch Schiffspassagen."

„Wo finden wir Herrn Pitsch?"

„Mittags sitzt er meist im Goldenen Anker und trinkt ein Bier."

„Der Goldene Anker ist wo?"

„Geht ein kleines Stück die Straße hinunter, Herr, auf der linken Seite", wies der Mann ihnen den Weg.

„Ich danke, mein Alter, du hast uns sehr geholfen."

Carl holte einige Münzen aus seinem Beutel und gab diese dem Mann, der sich tief verbeugte, dankte und davonging.

„Los, Joseph! Suchen wir diesen Wilhelm Pitsch auf und stören den Herrn Agenten bei seinem Mittagsbier!"

Sie liefen die Straße hinunter in die Richtung, die ihnen von dem Mann gezeigt worden war und erreichten nach wenigen Minuten den Goldenen Anker.

Der Backsteinbau hatte bereits bessere Tage gesehen, an den Fenstern hingen jedoch saubere Gardinen und die steinerne Eingangstreppe war kürzlich geschrubbt worden. Auch die Gaststube, in die sie eintraten, wirkte mit ihren blanken Tischen und Stühlen gepflegt und ordentlich. Die Freunde setzen sich an einen freien Tisch und sahen sich um. Das Wirtshaus war gut besucht, vor allem Seeleute und Hafenarbeiter schienen, dem Äußeren der Gäste nach, hier zu verkehren. Dafür sprachen auch die vielen Seebilder und die ausgedienten nautischen Instrumente, die die Wände schmückten. Hinter der Theke stand ein hübsches junges Mädchen mit roten Lippen und frischen Wangen und zapfte Bier.

Sie trug über dem dunklen Kleid eine weiße Spitzenschürze und auf dem Kopf ein Seidenkäppchen, unter dem blonde Locken hervorquollen. Die gefüllten Bierkrüge brachte die Frau zu einem Tisch mit drei Männern in blauen Uniformen, die gemächlich lange Pfeifen rauchten. Die drei waren in gesetztem Alter und trugen lange, zum Teil ergraute Bärte. Die Männer legten ihre Pfeifen zur Seite, griffen fast gleichzeitig beinahe wie im Takt zum Krug und tranken einen tiefen Zug. Dann stellten sie die Krüge ab und rauchten schweigend weiter. Das Mädchen kam nun zum Tisch der Freunde.

„Die Herren wünschen?“

„Zwei Krüge vom Fass“, bestellte Carl, „und eine Auskunft, wenn's recht ist, Jungfer.“

„Zweimal Bier und eine Auskunft. Zunächst das Bier“, antwortete sie keck, wobei der Schalk in ihren Augen blitzte.

„Gern!“

Sie knickste und eilte zurück zur Theke.

Neipperg sah mit Wohlgefallen der hübschen Dirne hinterher.

„Wie alt sie wohl ist? Siebzehn oder achtzehn Lenze?“, fragte er halb zu sich selbst.

„Also gut vierzig Jahre jünger als du Greis“, neckte ihn Carl, „und kein Mephisto ist da, um dir die Last der Jahre durch einen Zaubertrank zu nehmen.“

„Mag sein“ erwiderte Joseph würdevoll. „Doch das tut dem schönen Bild keinen Abbruch.“

Ein wenig später kehrte die Jungfer zurück und stellten vor jeden der Männer einen gut gefüllten Krug.

„Das wäre das Bier, wohl bekomm's! Was wollt Ihr nun wissen, Herr?“

„Wir suchen Wilhelm Pitsch, mein schönes Kind!“, sagte Neipperg.

„Ich bin nicht Euer Kind, mein Herr, und Wilhelm Pitsch ist nicht da!“, erwiderte sie schnippisch und wandte sich ab, um zu gehen.

„Warte, werte Jungfer“, rief Carl. „Vergib meinem Freund die falsche Ansprache, wenn er ein schönes Frauenzimmer sieht, verliert er leicht die Contenance.“

Zögernd blieb sie stehen, drehte sich dann doch um.

„Was meint Ihr mit Contenance?“

„Das will ich dir gern erklären, doch vielleicht verrätst du mir zuerst deinen Namen, damit ich dich richtig ansprechen kann, Jungfer!“

„Ich bin die Jungfer Klara und des Wirtes höchsteigene Tochter“, erklärte sie stolz. „Die Mutter ist tot und ich versorge allein den Haushalt und die Wirtschaft.“

„Und das akkurat, wie man sieht“, sagte Carl und machte eine Geste zur Wirtsstube hin.

„Der Vater ist in diesen Dingen sehr genau“, erwiderte die Jungfer.

„Klara“, tönte es im gleichen Augenblick von der Theke her. „Wo bleibst du?“

„Oh, der Vater!“, rief die Jungfer und eilte zum Ausschank.

„Scheint ein strenger Herr zu sein, der Alte“, meinte Neipperg und erhob sich halb. „Er soll sich ja nicht unterfangen …“

Ein Schrei erklang, der Freund sprang auf und rannte zur Theke.

Dort stand die Jungfer und starrte entsetzt auf den Boden.

„Der Vater röchelte und ist dann einfach umgefallen …“

Sie warf sich neben ihm nieder und schüttelte ihn.

„Vater, wach auf! Vater!“

Doch der Mann zeigte keine Reaktion. Neipperg schüttelte den Kopf. Da stimmte etwas nicht.

„Holt einen Medicus“, rief er laut, „nur ein Arzt kann helfen.“

„Der Vater ist tot“, schrie Klara und warf sich über ihn.

Andere Gäste kamen hinzu. Carl drängte sich durch die Menge. Er kniete nieder und zog das verzweifelte Mädchen sanft vom leblosen Körper weg. Dann untersuchte er den Wirt. Ein Puls war nicht zu fühlen, auch der Atem hatte ausgesetzt. Auffällig war die starke Röte im Gesicht. Das hatte er vor Jahren schon einmal gesehen.

„Hilf mir, Joseph!“

Der Freund kam zu ihm und mit Mühen drehten beide den schweren Mann zur Seite.

„Haltet ihn in der Lage!“, befahl er und begann dem Wirt kräftig auf den Rücken zu schlagen.

„Was macht Ihr, Herr?“, rief die Jungfer unter Tränen. „Lasst das!“

Doch Carl blieb bei seinem Tun und klopfte weiter. Plötzlich ging ein Zucken durch den Körper. Der Mann bäumte sich auf, würgte keuchend und spie mit einem grässlichen Stöhnlaut einen schmalen Knochen aus. Dann begann er wieder, wenn auch röchelnd, zu atmen. Carl richtete auf.

„Das war Matthäi am Letzten“, sagte Neipperg.

Einige Männer halfen dem Wirt auf die Beine. Dieser kämpfte noch immer mit seinem Atem, beruhigte sich aber langsam. Klara führte ihn zu einem Stuhl, wo er sich setzte. Die Gäste folgten, einige wollten wissen, was eigentlich passiert war, andere diskutierten laut über das eben Erlebte.

„Komm!", raunte Carl Joseph zu. „Gehen wir."

Er legte ein paar Münzen auf die Theke und wandte sich mit dem Freund zur Tür.

Doch die Jungfer hatte ihr Tun bemerkt. Sie sprang ihnen nach und holte die beiden Männer auf der Schwelle ein.

„Ihr könnt doch jetzt nicht so einfach gehen!", rief sie. „Ihr habt meinem Vater das Leben gerettet und wollt so einfach gänzlich ohne Dank davoneilen?"

„Werte Jungfer Klara", antwortete Carl. „Wir haben es in der Tat eilig, da wir eine Person finden müssen, weswegen ich dich auch nach besagtem Wilhelm Pitsch fragte."

„Den Wilhelm habe ich heute früh gesehen, das war er mit einem fremden Herrn auf dem Weg zum alten Hafen."

„Da müssen wir hinterher, verzeih, Jungfer."

„Ich verstehe", antwortete sie, „doch geht nicht ohne meinen Dank!"

Mit diesen Worten trat sie dicht an Carl, stellte sich auf die Zehenspitzen und küsste ihn herzhaft auf den Mund. Danach erhielt auch Joseph einen Kuss, jedoch auf die Wange.

„Lebt wohl! Wenn Ihr irgendwann mit Eurer Verfolgung fertig seid, kommt nach Bremen und kehrt in den Goldenen Anker ein, wo Ihr jederzeit als freie Gäste eingeladen seid!"

Mit diesen Worten wandte Klara sich ab und begab sich ins Haus zurück. Ohne ein weiteres Wort gingen die Freunde davon, wobei sie den Weg zum Hafen einschlugen. Eine Weile hing jeder seinen Gedanken nach.

„Ach", rief Joseph plötzlich. „Noch einmal jung sein und die Liebe schmecken, was gäbe ich nicht dafür. Ruhm, Reichtum und die Weisheit des Alters sind nichts dagegen."

Carl nickte nur. Er fühlte noch den frischen Geschmack des Kusses der Jungfer auf den Lippen und dazu die tiefe Melancholie der vielen Jahre, die zu ihm gehörten.

„Ich verstehe nicht“, unterbrach der Freund seine Gedanken, „dass ich nur auf die Wange geküsst wurde. Du hingegen …“

Carl lachte hell auf.

„Dass wir in diesen wilden Zeiten keine anderen Probleme haben als wer wie geküsst wurde, ist verrückt und wahrlich Altherrengerede.“

„Man ist so alt wie man sich fühlt“, erwiderte Joseph. „Aber sonst hast du natürlich recht“ – und er stimmte in Carls Lachen mit ein.

Währenddessen hatten sie den alten Hafen der Stadt erreicht. Hier schien Flaute zu herrschen. Außer ein paar Fischerbooten lagen keine Schiffe am Kai. Auch die üblichen Müßiggänger und Gaffer fehlten, alles wirkte verlassen und ausgestorben. Nur ein einsamer Angler saß auf einem Polter und hielt stoisch seine Rute ins Wasser. Neben ihm stand ein Eimer, in dem zwei oder drei Fische zappelten.

Carl trat zu ihm hin.

„Guten Morgen. Gutes Angelwetter heute.“

Der Angler brummte etwas und blickte weiter hinaus aufs Wasser.

Carl wartete einige Augenblicke, dann sprach er erneut.

„Der Fang scheint ordentlich.“

„Jo“, sagte der Angler.

Wieder schwiegen sie eine Weile.

„Hat heute ein Schiff abgelegt?“

„Das kann wohl so sein.“

„Welches Schiff?“

Der Angler, der einsah, dass der Frager nicht lockerlassen würde, zog die Angel ein und wandte den Kopf.

„Herr, wenn ich Euch sage, was ich weiß, geht Ihr dann endlich?“

„Das mag wohl so sein“, variierte Carl die Antwort des Mannes.

„Die Seute Deern hat vor einer Stunde in Richtung Amsterdam abgelegt. Sonst fragt den ollen Wilhelm. Steht dort drüben beim Fahnenmast.“

Carl dankte und überließ den Angler seinen Fischen. Zusammen mit Neipperg begab er sich hinüber zum Flaggenstand.

„Herr Pitsch?"

Der Angesprochene, ein wohlbeleibter älterer Mann in blauer, uniformartiger Kleidung, verbeugte sich:

„Wilhelm Pitsch, die Herren, zu Ihren Diensten!"

Pitsch, so zeigte es sich, war endlich der Mann, der ihnen Auskunft über die gesuchten Spione geben konnte. Die beiden Agenten waren tatsächlich auf der Seute Deern nach Amsterdam davongesegelt und damit erneut entkommen, denn an eine weitere Verfolgung war im Hinblick auf ihre Lütticher Verpflichtung nicht zu denken.

## 6. Kapitel

# LÜTTICH UND PARIS

Am 24. April erreichten Carl von Schack und Joseph von Neipperg endlich die Stadt Lüttich. Die Reise war durch starke Regengüsse und einen im Hinblick auf den Zustand der Wege fast zu erwartenden Radbruch verzögert worden. Zudem hatten marschierende Militärkolonnen die Straßen verstopft, sodass kaum ein Durchkommen möglich gewesen war. Häufig war es ihnen nur mit großer Mühe gelungen, in Konkurrenz zu den Soldaten, ein Nachtquartier und Speise zu erhalten.

Die Lage in der Stadt zeigte sich ähnlich angespannt, alle Gasthäuser und viele Privathäuser waren für Offiziere und Mannschaften zu Quartieren geworden. Bereits am 10. April hatte sich Blücher mit seinem Adjutanten Grafen Nostitz nach Lüttich begeben, um die Sammlung der ihm unterstellten vier Korps in der Gegend um Lüttich durchzuführen. Es war geplant, wie Carl später erfuhr, dass bis Ende des Monats die Korps des bayerischen Feldmarschalls Fürst Wrede und des Kronprinzen von Württemberg sich bei Mannheim am Rhein vereinigten. Die Bayern sollten die preußische Armee im Falle eines Angriffes durch Napoleon unterstützen. Derart unbesorgt um seine Flanke wollte Blücher nun seine komplette Armee nach den Niederlanden ziehen und die Deckung des Unterrheins Bayern und Württembergern überlassen.

Wie ganz Europa war auch Lüttich kräftig von den Stürmen der Zeit durchgeschüttelt worden. Im August 1789 kam es aus Protesten gegen das absolutistische Herrschaftssystem des Fürstbischofs zur Lütticher Revolution und eine neue Regierung bildete sich. Die Revolutionäre wurden Anfang 1791 von Truppen des Heiligen Römischen Reiches verjagt und die alte Herrschaft wiederhergestellt. Nach der Schlacht bei Fleurus im Juni 1794 besetzten die Franzosen nach längerem Bombardement die vielfach zerstörte Stadt erneut. Ein Jahr später wurde sie der französischen Republik einverleibt und die Lambertus-Kathedrale als Symbol der alten kirchlichen Macht niedergebrannt. Unter der französischen Herrschaft erhielt Lüttich den Status eines Regierungssitzes des Départements Ourthe. Eine besondere strategische Bedeutung erlangte die Stadt durch den Bau der Route Impériale Nr.3 von Paris nach Hamburg, die Lüttich miteinbezog.

Lüttich selbst machte zunächst einen finsteren Eindruck auf die Freunde. Durch das Regenwetter wirkten die engen, hohen Straßen ausgesprochen düster. Besser gefielen ihnen die grünen Ufer der Maas. Als am nächsten Tag die Sonne durchbrach, unternahmen sie eine Kahnfahrt bis nahe Namurs, ein nicht ungefährliches Unterfangen, da kleinere französische Trupps die Gegend durchstreiften.

Die Fahrt auf dem Fluss selbst war angenehm. Links und rechts lagen graue Felsenufer, mit üppigem Grün bekleidet, im hellen Sonnenlicht. Auf den Höhen erblickten sie zahlreiche Burgen und Schlösser, eine wahre Idylle, die an die Rheinlandschaft bei Bingen erinnerte. Auf französisches Militär trafen sie nicht. Nach ihrer Rückkehr schien sich auch Lüttich gewandelt zu haben und die Gassen und Plätze wirkten viel freundlicher. Eins fiel Carl besonders auf: Deutsch sprach in der alten Reichsstadt kaum jemand, aber auch mit dem Französischen gab es Probleme, denn viele hatten das Wallonische als Muttersprache und weigerten sich, ein anderes Idiom zu benutzen, schon gar nicht das der alten Besatzungsmacht.

Feldmarschall Blücher selbst rekognoszierte in höchsteigener Person das Terrain und schien ständig unterwegs zu sein. Erst am dritten Tag ihres Aufenthaltes gelang es Carl und Joseph, ihn in seinem Quartier anzutreffen. Beide trugen Uniform und wurden daher umgehend zu ihm geführt. Der greise Feldherr saß am Tisch und studierte verschiedene Karten, auf denen die Aufmarschrouten der an der Operation beteiligten Verbände skizziert waren.

„Exzellenz, General von Schack und Oberst von Neipperg. Melden uns aus England zurück."

„England, das ist gut. Nehmen Sie Platz, meine Herren. Habe gleich Zeit für Sie."

Blücher deutete auf zwei Stühle und widmete sich weiter den Karten. Die Freunde setzten sich und Carl nutzte die Gelegenheit, den alten Haudegen unauffällig zu mustern. Zuerst fiel ihm der Kopf Blüchers auf. Kantig und gradlinig war dieser, ein wahrer Spiegel seines Besitzers. Besonders die hohe Stirn und die stark gekrümmte Nase stachen hervor. Die Wangen waren dunkel gerötet, den Mund verdeckte ein dichter, weit herabhängender Schnurrbart. Zum kräftigen Kinn passten die von Wind und Wetter gegerbten Züge, kontrastiv schien die hellblaue Augenfarbe, die Sanftheit vorspiegelte, wobei der Blick, wie Carl wusste, auch die Fähigkeit besaß, je nach Lage scharf und stechend zu werden.

Der Marschall schob endlich die Papiere zur Seite und wandte sich seinen Besuchern zu.

„Nun, meine Herren. Aktuell unterstehen Sie nicht meinem Kommando. Was also ist der Anlass Ihres Kommens? Wollen Sie mir von England berichten?"

„Selbstverständlich, Exzellenz, wenn Sie es wünschen. Vorab aber erlauben Sie mir eine Warnung …"

Carl berichtete von Karl Ludwig Schulmeister und dessen Anschlagsplänen und gab im Anschluss einen gestrafften Überblick ihrer englischen Erlebnisse.

Er beendete schließlich seinen Abriss und Blücher, der dem Ganzen mit großer Aufmerksamkeit gelauscht hatte, nickte beifällig. Dann erhob er sich, trat auf Carl zu und klopfte sowohl ihm als auch Joseph auf die Schulter, wozu er in wohlwollendem Ton sagte:

„Gut erzählt und brav gemacht! Weiß Gott, dieser Lump aus dem Elsass muss Keile kriegen, und zwar ganz gewaltig. Aber dass dieser Schuft hier ein Attentat wagen wird, das glaub ich nicht. Meine braven Soldaten würden ihm etwas Tüchtiges über den Schnabel hauen!"

Carl wunderte sich nicht über die kräftige Sprache Blüchers. Er hatte von ihr bereits gehört. Seine Soldaten waren sie von ihm gewöhnt. Selbst hohe Stabsoffiziere redete er häufig mit „Du" an. Es war dies eine besondere Ehre für den Betreffenden.

Er antwortete in militärisch strammer Haltung:

„Exzellenz, wir wollen Sie jedenfalls gewarnt haben."

„Habe ich gehört; gibt es noch etwas, meine Herren?"

„Nun, wir führen aktuell kein Kommando und unterstehen, wie gesagt, auch keinem. Wenn Exzellenz Verwendung für uns hätten?"

Blücher überlegte einen Augenblick.

„Von Schack, sagten Sie, und von Neipperg?"

„Jawohl, Exzellenz!"

„Sind Sie der von Schack, der sich Anno 1780 vom Alten Fritz nicht ins Bockshorn jagen ließ? Friedrich hat mir übel mitgespielt, aber hab ihm verziehen. Und der gleiche Schack, der die Zarin Katharina in St. Petersburg aufgesucht hat und die Marie Antoinette in Versailles?"

„Jawohl!"

„Und saßen im letztem Jahr beim Übergang bei Kaub in einem der vordersten Boote, statt im Quartier auszuharren?"

„Das ist ebenfalls richtig, Exzellenz!“

„Ein wahrer Kundschafter und furchtloser Abenteurer – und Ihr Freund Neipperg war immer feste mit dabei?“

„Wenn Sie es so ausdrücken wollen, Exzellenz!“, sagte Joseph. „Es stimmt, ich war ‚immer feste‘ dabei.“

„Ihr kennt euch also aus mit den Franzosen“, stellte Blücher fest und wechselte die Anrede. „Versteht ihr das Kauderwelsch, das sie Sprache nennen?“

„In der Tat, Exzellenz, wir sprechen und verstehen Französisch“, bestätigte Carl, dem es allmählich dämmerte, worauf der Marschall hinauswollte.

„Dann seid ihr die Richtigen für die Aufgabe, an die ich denke. Ich brauche zwei tapfere, aber auch besonnene Männer, die das Militärhandwerk von der Pike auf beherrschen und verstehen, was im Feindesland vorgeht, damit sie für mich aufklären, was Napoleon plant. Und mich benachrichtigten, und zwar bevor er seine Vorhaben umsetzt.“

„Es wäre uns eine Ehre, Exzellenz.“

„Gut, dacht ich es mir, dass ihr nicht Nein sagt. Heute Abend sind meine Kommandeure zur großen Lage einberufen, und ich werde im Anschluss nach Ihnen schicken lassen, um Ihnen Ihren konkreten Auftrag mitzuteilen.“

Die Freunde sahen sich entlassen und begaben sich zurück in ihre Unterkunft.

„Was meinte Blücher mit seiner Aussage, Friedrich der Große habe ihm übel mitgespielt?“, fragte Joseph unterwegs.

„Blücher wurde 1772 vorgeworfen, er habe in Polen einen der Unterstützung von Aufständischen verdächtigten Priester zum Schein erschießen lassen. Daher überging man ihn bei der bevorstehenden Beförderung zum Major. Hitzig wie er war, verlangte Blücher umgehend seinen Abschied. Der König hielt ihn wider Erwarten nicht und meinte nur, der Rittmeister von Blücher könne sich zum Teufel scheren. Trotz wiederholter Gesuche und Eingaben verweigerte er später die Wiederaufnahme Blüchers in die Armee. Erst nach dem Tod Friedrichs stellte sein Nachfolger Friedrich Wilhelm ihn wieder in sein altes Regiment ein und beförderte ihn zum Major."

„Jedenfalls hat er dann eine steile Karriere hingelegt."

„Das kann man mit Fug und Recht behaupten. Seine Siege über Napoleon im letzten Jahr brachten Blücher sogar den Fürstentitel ein, obwohl er diesen selten führt."

Ihr Quartier befand sich am Rande der Stadt im Haus einer rundlichen Witwe. Ihr Mann war schon länger verstorben und den Sohn hatte 1812 die russische Weite verschlungen. Auf Napoleon und dessen erneute Machtergreifung war sie nicht gut zu sprechen. Mehr noch, Madame Blum hasste den Imperator aus tiefster Seele.

Ihre Gäste hingegen verwöhnte die freundliche Dame mit all den kulinarischen Möglichkeiten, die Küche und Keller hergaben. Ein nicht leichtes Unterfangen in diesen kargen Wochen, doch die Witwe schien in guten Zeiten vorgesorgt und gewaltige Mengen an Obst und Gemüse eingemacht sowie Fleisch und Fisch geräuchert und gepökelt zu haben. Dazu hatte der selige Herr Blum einen respektablen Weinkeller besessen, der neben etlichen Franzosen vor allem Weine von Rhein und Mosel aufwies. Darunter einen trefflichen Niersteiner, wie ihn die Freunde in Bremen bereits gekostet hatten.

An diesem späten Nachmittag saßen sie nun im Salon von Madame, den diese ihnen für ein kleines Entgelt neben den Schlafkammern zur Verfügung gestellt hatte, und warteten darauf, zu Blücher geholt zu werden.

Da klopfte es an der Tür. Auf ihr „Herein" wurde geöffnet und der Rittmeister der Kavallerie Geoffroy Carl von Schack trat ein. Er trug die blaue Uniform der Mecklenburgischen Husaren, denen er sich nach seinen Kämpfen im Freikorps angeschlossen hatte.

„Geoffroy!", rief Carl und sprang auf, um den Sohn zu umarmen. „Wo kommst du denn her?"

„Ich habe mich zum Dienst zurückgemeldet und wurde dem Regiment Nassau-Oranien zugeordnet. Dort begleite ich den Kommandeur Oberst Karl Bernhard von Sachsen-Weimar-Eisenach als persönlicher Adjutant."

„Wie ist die Stimmung in der Truppe?"

„Vom einfachen Landsturmmann bis zum Oberst sind alle davon überzeugt, dass wir Napoleon bald die Hosen versohlen und spätestens im Juli erneut in Paris einziehen werden."

„Und wie geht es dem Fräulein von Korff? Ist die junge Dame wiederhergestellt?"

„Marielle ist zu Verwandten nach Trier gereist. Ihr geht es soweit gut. Wir gedenken im Sommer, wenn der französische Spuk vorüber ist, vor den Altar zu treten und hoffen natürlich auf Ihren Segen."

„Den sollt ihr haben", rief Carl, dem die kleine Fassadenkletterin nach ihrem gemeinsamen französischen Abenteuer ans Herz gewachsen war, „und natürlich eine grandiose Hochzeit!"

Joseph, der von der Amour bislang nichts mitbekommen hatte, gratulierte Geoffroy und wollte Näheres wissen. Doch da klopfte es erneut an der Tür. Es war der Bote, der die Freunde ins Hauptquartier geleiten sollte.

Blüchers Kommandozentrale lag in einem großen alten Gildenhaus direkt am Marktplatz in der Mitte der Stadt. Sie passierten die Torwache. Ein Feldwebel trat auf Carl zu, salutierte und bat die Herren, ihm zu folgen. Er führte beide über mehrere Gänge in den Gartenflügel zu einem geräumigen Zimmer.

„Seine Exzellenz Fürst Blücher erwartet die Herren. Bitte treten Sie ein!"

Das Innere wirkte wie ein riesiger Kartenraum. Alle Wände des Zimmers waren nahezu vollständig von Landkarten und Plänen bedeckt, auch auf dem riesigen Tisch in der Mitte lag eine exakte topografische Darstellung Nordostfrankreichs und Belgiens.

Der Feldmarschall stand an der Frontseite, neben ihm befanden sich Generalstabschef Gneisenau, der erste Quartiermeister General von Grolmann und der General der Infanterie Graf Bülow von Dennewitz.

„Meine Herren“, wandte sich Blücher an Gneisenau, Grolmann und Bülow. „Ich darf Ihnen Herrn von Schack und Herrn von Neipperg vorstellen.“

„Wir kennen uns von früher“, sagte der Generalstabschef und ergriff Carls Hand, die er fest drückte.

„Wie lange ist es her, dass wir gemeinsam wilde Abenteuer erlebten, Carl?“

„Fünfundreißig Jahre, Neidhardt. Du warst damals ein Fähnrich. Und dann die kurze Begegnung vor drei Jahren in Berlin.“

Der General nickte. „Die Zeit rast wahrlich dahin ...“

Blücher räusperte sich.

„Tauscht euch später über alte Zeiten aus, Jungs. Jetzt fordert die Gegenwart unsere volle Aufmerksamkeit. Also, meine Herren. Wir brauchen dringend Informationen über den Stand der Mobilisierung der französischen Armee und was Napoleon plant.“

Der Feldmarschall nickte Gneisenau zu.

„Übernehmen Sie!“

„Ihr sollt direkt nach Paris gehen und dort alles, was nur irgend zu erfahren ist, zusammentragen. Besondere Ziele sind die Marschälle Ney und Grouchy, die wohl die einzigen Offiziere sind, denen der Imperator bedingungslos vertraut und die er in seine Strategie einweiht ...“

Es ging auf Mitternacht zu, als die Freunde das Hauptquartier endlich verließen und sich auf den Heimweg machten. Nachdenklich schritten sie durch die dunklen Straßen.

„Eine äußerst gefährliche Aufgabe, für die Blücher uns angeworben hat“, meinte Neipperg schließlich. „Ich hatte gehofft, in Ruhe einen Trupp in das Gefecht führen zu können und jetzt sollen wir als Spione agieren.“

„Paris ist mir gut bekannt“, erwiderte Carl leichthin. „Wir werden sicher erfahren, was die Franzosen vorhaben.“

„Abgesehen von der Kurzvisite im vergangenen Jahr ist dein letzter ausführlicher Besuch in der Stadt rund ein Vierteljahrhundert her“, erwiderte Neipperg. „Vieles ist heute anders als zur Zeit des unseligen Louis XVI.“

„Wir werden uns schon zurechtfinden, zumal ich, wie gesagt, Paris im letzten Frühjahr gesehen und meine Kenntnisse aufgefrischt habe.“

„Ich will hoffen, dass du recht behältst.“

Neipperg schwieg einen Augenblick, dann fragte er:

„Woher kennst du eigentlich General Gneisenau? Und welche Abenteuer habt ihr gemeinsam erlebt?“

„Erinnerst du dich nicht mehr an die Jagd nach Morante und dem Perlenkollier der seligen Franziska von Hohenheim Anno 1782?“

„Ich war nur zu Beginn dabei, als wir den Raub in Stuttgart untersuchten.“

„Nun, dann höre.“

Carl gab einen kurzen Abriss der mit Gneisenau gemeinsam erlebten Abenteuer. „Neidhardt ist, nach einem amerikanischen Umweg, am Ende in Berlin geblieben, wurde ein echter Preuße und erlebte eine große Militärkarriere. Geradeso, wie es damals die alte Liese prophezeite, als wir Liane gemeinsam retteten. Zahlreiche Kämpfe und Siege, Freuden und Leiden würden auf ihn warten. So war es auch. Und am Ende, ich erinnere mich noch genau an ihre letzten Worte, ‚am Ende wartet immer der Tod‘.“

„Du kannst einem wirklich Mut machen“, sagte Joseph. „Du und die Kräuterhexen, ein eigenes Kapitel im Buch deines Lebens.“

Am nächsten Morgen, man schrieb bereits den 28. April, brachen die Freunde gegen neun zu Pferde nach Paris auf. Vier Tage durchritten sie das Land, überall war Militär unterwegs und dreimal wurden ihre Papiere durch französische Gendarmen kontrolliert. Doch die Brüder Jean und Nicolas Leroy aus Besançon, biedere Handwerksleute auf dem Weg zu ihrer erkrankten Tante nach Paris, sah man als harmlos an und beide durften ohne Probleme passieren. Ihre Degen hatten sie in Lüttich gelassen, lediglich in Carls Gepäck befanden sich, zerlegt und getarnt, zwei kleine Pistolen.

Sie kamen schnell vorwärts. Die Straßen waren in diesem Teil des Landes gepflastert, auch die Chausseen waren sehr breit und durch Baumreihen beschattet. Die Pferde konnten gut ausgreifen, ohne zu rasch zu ermüden, und die Reiter erreichten bereits am Mittag des 3.Mai gegen zwei Uhr das Zentrum des Landes: Paris!

Der Anblick der französischen Hauptstadt schlug die Reisenden in seinen Bann. Häuser über Häuser, Hunderte von prachtvollen Kirchen, Palästen und vornehmen Palais'. Aus diesem wogenden Meer von Straßen, Plätzen und Gebäuden stieg hell die Kuppel des Pantheons empor.

An der Barriere mussten sie erneut ihre Papiere vorweisen und dann ritten die Freunde durch die Fauxbourg St. Antoine über die Boulevards und durch die Gassen bis zu ihrem Quartier im Hôtel de la Marine, Rue Croix des Petits Champs. Dort befreiten sie sich vom Staub der Reise und begaben sich am frühen Abend zum nahe gelegenen Palais Royal, wo Carl ihren Pariser Kontaktmann zu treffen hoffte. In den dortigen Arkadengängen mit seinen Läden und Lokalen konzentrierte sich das Nachtleben der Hauptstadt. Ein Strom von Menschen war hier in unaufhörlichem Wirbel unterwegs. Man unterhielt sich, schaute sich um und stellte sich zur Schau, sang, lachte, zankte und lästerte über alles und jeden. Auch Damen zeigten sich, überhaupt waren auf der Allée des Soupirs die schönsten Frauen der Stadt zu finden. Vor einem Plakat trat ein Bänkelsänger auf, der singend und sich mit der Violine begleitend, in höchstem Pathos die Heldentaten Bonapartes verkündete. Ein anderer Mann saß auf der blanken Erde und bediente allein fünf

Instrumente. In der einen Hand hielt er eine Flöte, in die er blies, mit der andern spielte er auf einer Art Zither, die auf den Knien ruhte. Zwei messingene Becken waren derart am rechten Fuß befestigt, dass er sie mit einer Bewegung zusammenschlagen und öffnen konnte. Am linken Fuß endlich befand sich ein Schlägel gebunden, womit eine große Trommel bedient wurde. Zugleich waren Glöckchen festgemacht, die mit jedem Trommelschlag erklangen. Auf diese Weise erzeugte der Spieler eine närrische, überaus seltsam klingende Musik, die er mit lauter Stimme als türkische bezeichnete, die in der Welt nicht ihresgleichen habe. Ein hübsches junges Mädchen in kurzem Kleidchen sammelte mit demütigem Blick und sanfter Stimme die Münzen der Zuhörer ein, die eher wegen der Kleinen als wegen der kakophonischen Töne des Alten ihren Obolus gaben. Überhaupt herrschte in Sachen Kleidung ein ganz eigener Modegeschmack, frech und frei, streng und gesittet zugleich. Eine Mode, die die Zartheit der Weiblichkeit und die Fülle ihres Wuchses gleichermaßen betonte.

„Was für ein Gedränge", rief Neipperg. „So viele fantastischen Gestalten, Müßiggänger und Gaffer, brave Bürgersleute und jede Menge keck geputzte Frauenzimmer. Fast möchte ich nicht glauben, dass Krieg ist."

„Wahrhaftig, ein quirliges, lärmendes Geschehen", bestätigte Carl. „Verständlich, dass hier am 12. Juli 1789 Camille Desmoulins erfolgreich zum bewaffneten Aufstand aufrufen konnte."

„Stimmt, du warst damals bei der Erstürmung der Bastille als Augenzeuge vor Ort, während ich im fernen Russland meinem vermeintlichen Glück hinterherjagte."

Eine Hand berührte Carls Arm. Er wandte den Kopf und erblickte eine Dame mittleren Alters in blauem Gewande, deren Gesicht noch immer die Spuren großer Schönheit zeigte.

„Monsieurs, Vorsicht! Man beobachtet Sie. Place de la Concorde."

Mit diesen kryptischen Worten ging sie rasch davon und verschwand alsbald in der wogenden Menge.

„War das dein Kontakt?"

„Offenbar, doch wusste ich nicht, dass uns eine Dame erwartete."

Carl drehte sich unauffällig um und ließ wie zufällig sein Auge über die Menge schweifen. Auf den ersten Blick fiel ihm unter den vielen Menschen niemand auf, den er als Beobachter eingeordnet hätte. Einige Bürgerfamilien. Die Herren in Gehrock und Zylinder, die Damen stark geschnürt, hinter ihnen Kinder in niedlichem Putze an der Hand der in Schürze gekleideten Dienstmädchen, die gleichsam die Nachhut bildeten. Dazwischen biedere Handwerksleute, einfache Arbeiter und etliche aufreizend gekleidete Frauenzimmer, gewiss Angehörige einer speziellen Zunft. Drüben allerdings am Eingang eines Cafés standen mehrere zerlumpte Burschen, von denen einer, ein feister Rothaariger, in ihre Richtung deutete. Dann setzten sich die Kerle in Bewegung und steuerten, behindert durch die drängende Menge, auf ihren Standort zu.

„Joseph, wir müssen verschwinden. Komm!"

Sie eilten los, kamen bald an der Colonnade du Louvre vorbei, passierten dann die Kirche St. Germain l'Auxerrois und landeten schließlich wieder auf dem Boulevard. Die Menge war noch immer beträchtlich, besonders da sich hier etliche Marktschreier präsentierten, die allerlei Wunderheilmittel und Arzneien anboten. Den ganzen Weg über achtete Carl darauf, ob er den Roten oder dessen Spießgesellen oder sonst eine verdächtige Gestalt wahrnehme, konnte aber nichts dergleichen erkennen. Endlich erreichten die Freunde den Place de la Concorde. Sie sahen sich um, doch in der Weite des Platzes war von der Dame in Blau nichts zu sehen. Vom Laufen erschöpft und leicht außer Atem setzten sich beide zum Ausruhen auf eine Bank in den sogenannten Elysäischen Feldern nieder. Während sie warteten, dass die Dame käme, sahen sie den Spielen zu, welche getrieben wurden. Junge Männer im wehrfähigen Alter, die sich offenbar wie auch immer Napoleons Aushebungen hatten entziehen können, vergnügten sich im Licht von Laternen mit dem Ballspiel. Ihre Kunst bestand darin, sich den Ball auf weite Entfernung zuzuschlagen, wobei nach einigen Zügen das Spiel gleich zu einem Ende kam, da im Flug die Richtung des Balls unsicher wurde und er zu Boden fiel. Dennoch spielten sie munter weiter, mehr um auf dem Platz die Augen der jungen Mädchen auf sich zu lenken als um des Vergnügens des Spieles selbst. Schließlich wurde es zu dunkel zum Spielen und die jungen Männer beendeten ihr Tun.

„Wo bleibt Madame?" fragte Neipperg. „Sie scheint uns einen Korb zu geben."

„Jemand oder etwas muss sie aufgehalten haben", erwiderte Carl. „Komm, kehren wir ins Hôtel de la Marine zurück."

Die Männer erhoben sich und marschierten los. Der Rückweg über die Rue de Rivoli führte sie durch die Rue Saint Honoré, eine Straße, die sich, wie von Carl bereits im letzten Jahr bemerkt, seit den Tagen seiner ersten Pariser Abenteuer gewaltig verändert hatte. Viele der alten Häuser waren abgerissen und durch neue Bürgerpaläste ersetzt und die Düsternis der früheren Zeit beseitigt worden. Nach einer guten halben Stunde erreichten die Freunde endlich die Rue Croix des Petits Champs. Joseph wollte schon ins Haus treten, doch Carl zog ihn rasch weiter in den Schatten einer schräg gegenüberliegenden Toreinfahrt.

„Was ist?"

„Da oben im ersten Stockwerk links außen liegt mein Zimmer und es brennt Licht."

„Tatsächlich ... jetzt ist es erloschen."

„Jemand spioniert uns aus oder erwartet uns."

„Und nun?"

„Nun klären wir, was zutrifft."

Sie überquerten die Straße und traten in den Gasthof. Im Empfangsraum brannte lediglich eine blakende Kerze, deren unruhiges

Geflackere mehr Schatten als Licht erzeugte. Eine lastende Stille lag über dem leeren Raum.

„Hallo, ist da jemand?“, rief Carl. Keine Antwort. Erneut rief er, doch das Schweigen hielt an. Nun ging er zum hinteren Teil des Raumes und öffnete eine der Türen, die anscheinend in den Personalbereich führten. Ein schmaler Gang zeigte sich, auch dieser lag verlassen da, niemand war zu sehen.

„Hier stimmt etwas nicht“, flüsterte Joseph, der die andere Tür überprüft und diese verschlossen gefunden hatte. „Schauen wir oben nach, wo das Licht zu sehen war. Da zumindest müsste jemand zu finden sein.“

Sie zogen ihre Pistolen, die sie bei ihrem Ausgang vorsorglich zu sich gesteckt hatten, und stiegen leise die Treppe in die höheren Etagen hinauf. Ganz ließ sich das Knarzen der alten Holzstufen nicht vermeiden, so dass jemand, der sich oben aufhalten mochte, gewarnt sein konnte. Doch im ersten Stockwerk, wo sich ihre Zimmer befanden, herrschte wie unten im Entrée eine große Stille und der leere Flur lag in völliger Dunkelheit. Sie hielten inne und lauschten. Nichts. Nach einem kurzen Augenblick des Wartens wandten sich beide nach rechts, um sich zu ihren Zimmern vorzutasten. Nur langsam kamen sie in der Dunkelheit vorwärts, ja, es schien, als ob sich die Schwärze vor ihnen zu einer immer größer werdenden Masse verdichtete. Jetzt mussten sie vor der Tür eines ihrer Zimmer sein. Carl fühlte bereits die Klinke, drückte diese und hielt in der Bewegung inne. Da war ein Geräusch direkt vor ihm, ein röchelndes Atmen und Stöhnen. Es kam von unten. Langsam ließ er sich in die Hocke nieder und streckte den Arm behutsam vor. Seine Fingerspitzen fühlten etwas Weiches, Warmes, einen menschlichen Körper, den Leib einer Frau.

„Schnell, Joseph, ein Licht!“

Der Freund zog eine schmale Blechbüchse aus der Tasche und entnahm ihr eines der neumodischen Schwefelhölzer, das er sogleich mit Hilfe einer an der Büchse angebrachten Reibfläche entzündete. In seinem gelblichen Licht sahen sie auf dem Boden direkt vor der Schwelle die Dame in Blau. In ihrer Brust steckte ein breiter Dolch, und helles Blut quoll aus der klaffenden Wunde. Das Licht erlosch, Joseph stieß die Tür auf und holte rasch aus dem Zimmer eine Kerze, die er entzündete. Im Licht ihrer Flamme kniete sich Carl neben die Verwundete und versuchte mit seinem Halstuch den Blutfluss zu unterbinden. Vergeblich, mit jedem Atemzug der Frau wurde die Blutung kräftiger und der Atem schwächer, Hilfe schien nicht mehr möglich. Carl ergriff ihre Hand.

„Ganz ruhig, ich bin bei Ihnen."

Da merkte er, dass sie die Lippen bewegte, um etwas zu sagen. Er beugte sich vor und führte sein Ohr an ihren Mund. Mit letzter Kraft begann sie zu sprechen.

„Chapelle royale des Invalides …", stieß sie noch hervor, dann quoll ein Strom Blut über ihre Lippen und ihre Augen brachen.

„Sie ist tot!"

Carl nickte nur und schloss Madame die Augen. Er erhob sich.

„Und jetzt?"

„Am besten, wir bringen sie in ein leeres Zimmer. Wir können es uns nicht leisten, in einen Mordfall verwickelt zu werden."

„Und der Täter?"

„Den werden wir nur durch einen Zufall zu fassen bekommen. Es sei denn …"

Ein Geräusch war aus dem nebenan liegenden Zimmer zu hören. Carl riss die Türe auf und sprang sogleich vorwärts. Er traf auf eine dunkel gekleidete Gestalt, packte den Kerl an den Schultern und warf den Überraschten mit voller Kraft zu Boden. Joseph kam zu Hilfe und im Nu hatten sie den Mordbuben mit seinem Gürtel und Fetzen seines Hemdes gefesselt und geknebelt. Kaum waren die Freunde mit ihrem Tun zu Ende, hörten sie von unten Lärmen und den Klang einer lauten, befehlsgewohnten Stimme.

„Rasch, die Tür zu!"

Joseph schob diese zu und schloss ab.

„Die werden alles durchsuchen, uns bleibt nur das Fenster."

Carl öffnete die Flügel und schaute hinaus. Zur Straße ging es gute fünf Meter in die Tiefe hinab, zu hoch zum Springen. Rechter Hand verlief jedoch zwischen den Häusern ein Regenrohr, die einzige Möglichkeit, einigermaßen heil nach unten zu gelangen. Joseph trat zu ihm und blickte hinaus. Er schüttelte den Kopf.

„Du willst am Rohr hinabklettern?"

„Es geht nicht anders."

Jemand pochte laut an der Tür.

„Auf, wir haben keine Zeit mehr zu verlieren!"

Carl schwang sich hinaus, ergriff das Rohr und rutschte schneller als er beabsichtigt hatte nach unten. Der Freund folgte unmittelbar, kam aber ziemlich unsanft auf dem Pflaster an.

„Verflixt, das ging ins Bein."

„Welches ist es?"

„Das linke, ich glaube, der Knöchel."

„Kannst du laufen?"

„Schwierig, aber ich muss wohl."

Joseph deutete zum Fenster hinauf, wo eben ein großes Lärmen begann.

„Schnell, außer Sicht in den nächsten Eingang."

Carl zog den Freund in die Einfahrt des Nachbarhauses. Der Torflügel ließ sich zu ihrer Überraschung aufdrücken. Sie schlüpften hinein, schoben den Flügel zurück und legten einen Riegel vor.

„Komm, weiter!"

Mühsam hinkend bewegte sich Joseph vorwärts, er schien sich bei seinem harten Aufprall tatsächlich den Knöchel verstaucht zu haben. Sie durchquerten einen hohen Gewölbegang, der auf einen Innenhof mündete. Dieser bildete ein großes Karree, das von vier Häuserflügeln eingefasst wurde. Aus etlichen der Fenster schien trotz der späten Stunde, Mitternacht musste längst vorüber sein, noch Licht.

„Sieht mir verdammt so aus, als wären wir in einer Mausefalle gelandet“, sagte Joseph. „Sieh dich um, wir sind völlig eingeschlossen.“

„Unsinn, wir haben bisher immer einen Ausweg gefunden.“

Carl zeigte nach links.

„Komm, wir versuchen es drüben am Eingang.“

Sie kamen zur Tür des Hauses, die sich im gleichen Augenblick öffnete. Zwei Fräulein traten hervor, die, wie Carl aufgrund ihres üppigen, offenen Kleidungsstils vermutete, vom Ballett oder der Bühne waren oder gar einer anderen, eindeutigen Profession angehörten.

„Monsieurs, wollen Sie uns visitieren? Zu dieser Uhrzeit?“, fragte die größere der beiden lachend.

„Gerne, Mademoiselle“, erwiderte er und verbeugte sich. „Wenn die Damen uns ein wenig Gastfreundschaft gewährten, soll es Ihr Schaden gewiss nicht sein.“

„Dann kommen Sie, meine Herren. Ich bin Nana, das ist Mino. Wir freuen uns immer über großzügige Besucher.“

Gemeinsam kehrte die kleine Gruppe ins Haus zurück, wo man sich in die im vierten Stock gelegene Wohnung der beiden Fräulein hinaufbegab. Beim Aufstieg fiel der Sprecherin Mademoiselle Nana Josephs Beinproblem auf. Sie griff beherzt zu, fasste ihn unter und half Neipperg wie eine wahre Samariterin nach oben.

Die Wohnung, in die Carl und Joseph geführt wurden, bestand aus einem kleinen Raum, den Nana als ihren „Salon“ bezeichnete und zwei winzigen Schlafkammern. Der „Salon“ war von einem mit bunten Kissen bedeckten Sofa, zwei einfachen Sesseln und einem runden Tisch nahezu völlig ausgefüllt. An der Wand befand sich eine schmale Anrichte, auf der einige Flaschen mit Likör, Branntwein und Anisschnaps sowie ein Sammelsurium von Gläsern standen.

Joseph wurde aufs Sofa bugsiert. Trotz seines Sträubens zog ihm

Nana Schuh und Strumpf des linken Fußes aus und untersuchte den Knöchel.

„Der ist geschwollen, da hilft nur eine Kompresse“, stellte sie sachlich fest. Sie holte ein Tuch, tauchte es in Branntwein und umwickelte den Knöchel fest mit dem Stoff.

„Halten Sie das Bein möglichst ruhig, Monsieur. Dann können Sie morgen früh wieder springen wie ein junger Hirsch!“

Mino kicherte bei diesen Worten und zwinkerte Carl zu. Sie war eine leidlich hübsche Brünette mit Schmollmund und kessen Augen und einer für seinen Geschmack zu üppigen Büste, von der Mino, nachdem sie beim Betreten der Wohnung ihr Tuch abgelegt hatte, einen beträchtlichen Teil zur Ansicht darbot. Sie verließ den Salon, wobei sie ihm einen schelmischen Blick zuwarf und machte sich in einer der Kammern zu schaffen. Carl schien es an der Zeit, den weiteren Verlauf der Nacht zu klären.

„Mesdemoiselles würden uns eine große Freude machen, wenn wir, ohne Ihnen weiter zu Last zu fallen, in Ihrem Domizil übernachten dürften, wobei wir natürlich für alle entstehenden Kosten aufkommen würden.“

Mit diesen Worten reichte er Nana einen Napoléon d'or, eine mehr als großzügige Gabe.

„Ihre Wünsche, Monsieurs, sind uns Befehl“, erwiderte die Grisette und warf Carl einen forschenden Blick zu. „Die Herren zahlen und bedienen sich nicht der Ware, die sie sehen und die ihnen nicht gefällt.“

„Es ist keine Frage des Gefallens, Mademoiselle“, gab Carl zurück. „Wir haben einen langen Tag hinter uns und sind in gewissen Schwierigkeiten, die es notwendig machen, fürs Erste uns etwas zurückzuziehen.“

Nana wandte sich Mino zu, die gerade zurückkehrte und wechselte ein paar Worte mit ihr, um ihr die Situation zu erklären. Carl traute seinen Ohren nicht. Das Fräulein parlierte im reinsten Schwäbisch! Joseph hatte ebenfalls die heimischen Töne vernommen und schaltete sich in das Gespräch auf Deutsch mit der Frage ein, woher aus Württemberg die beiden Hübschen kämen.

„Mir komma aus Biberach", antworte Mino mit glänzenden Augen.

„I bin die Chrischdine ond des isch die Charlodde", ergänzte Nana. „Nana ond Mino sind unsere Künschdlernama."

Es stellte sich heraus, dass die jungen Frauen sich vor acht Jahren in französische Soldaten verliebt, ihnen nach Paris gefolgt und von diesen sogar geheiratet worden waren. Christines Mann, ein stattlicher Sergeant namens Gerald, war in Russland geblieben und Charlottes Armand hatte die Völkerschlacht bei Leipzig nicht überlebt. Nach Hause zurückkehren konnte beide nicht, da die Heimat sie wegen ihrer Feindesliebe geächtet hatte. Und so waren die beiden, um zu überleben, schließlich zu Grisetten geworden.

„Dabei schdehd do in der Bibl, du sollschd dai Feind lieba, hedd unsr Bfarrr äwwl gsagd", empörte sich Christine.

„Matthaeus 5, Vers 44", ergänzte Neipperg. „Tut wohl denen, die euch hassen; bittet für die, so euch beleidigen und verfolgen, auf dass ihr Kinder seid eures Vater im Himmel; denn er lässt seine Sonne aufgehen über die Bösen und über die Guten und lässt regnen über Gerechte und Ungerechte!"

„Ich wusste nicht, dass du so bibelfest bist, Joseph. Jedenfalls hat das Schicksal euch übel mitgespielt …"

„Seid ihr Schbione?", unterbrach ihn Christine. „Koi Angschd, mir verrada eich ned ond könnad eich vielleichd sogar helfa."

„Wie soll das gehen?", fragte Neipperg.

„Siehschd du, jedzd haschd du di verrada."

„Gut", sagte Carl, „da Joseph schon geplaudert hat. Wir sind Kundschafter, das stimmt. Uns geht es darum, Napoleon zu stoppen und diese unselige Kette von Kriegen endlich zu beenden."

„Euch gohd's um Bläne, ned wahr, Herr?"

„Das kann man so sagen."

„Mir kenna oi Dam, die die Herra Offiziere zu Soirées embfängd. Midundr brauchd sie weibliches Bersonal zom Bdiena, des sich ned anschdelld, wenn die Herra scherza."

„Ihr meint, ihr könntet dort Informationen sammeln?"

„Denkbar wär's."

„Gut, ein Versuch ist es wert. Ihr helft uns und wir helfen euch."

„Das nächste Treffen ist morgen Abend", sagte Christine, wieder ins Französische zurückkehrend. „Madame Émilie gibt sich in ihrem Haus in der Rue de la Terrasse die Ehre."

„Schön, dann wäre alles geklärt. Begeben wir uns zur Ruhe."

Joseph erhielt das Sofa. Carl ließ sich ein Lager am Boden richten. Die freundliche Einladung Mino-Charlottes, es sich bei und mit ihr bequem zu machen, schlug er aus.

Am nächsten Morgen besorgte Christine auf dem Markt frisches Brot, Käse und etwas Wurst. Auf der Bitte Carls hin erkundigte sie sich unauffällig nach den Ereignissen der Nacht. Offenbar waren diese vertuscht worden, denn der Tratsch der Straße beschäftigte sich mit anderen Themen, von einem Mord im Nebenhaus schien niemand etwas gehört zu haben. Josephs Knöchel war abgeschwollen, der Wickel hatte offenbar geholfen. Auch das Gehen war ihm wieder möglich, allerdings in langsamer Form.

Nach dem Frühstück brachen die Freunde auf, um die Chapelle royale des Invalides aufzusuchen, auf die die letzten Worte der Dame in Blau verwiesen hatten. Sie planten, spätestens am frühen Abend zurückzukehren, um sich dann gemeinsam mit den beiden Frauen in die Rue de la Terrasse zu begeben. Diese hatten zu den ihnen bis zum gestrigen Abend völlig fremden Besuchern ein offenbar großes Vertrauen gefasst, denn Christine übergab Carl sogar einen Schlüssel zur kleinen Wohnung, damit sich die Männer, wie sie sagte, auch in ihrer Abwesenheit dorthin zurückziehen konnten.

Nach einer Stunde, Joseph spürte bald erneut seinen Knöchel und konnte sich nur langsam fortbewegen, erreichten die Freunde das Hôtel des Invalides, die große Militäranlage, die unter König Ludwig XIV. für die invaliden Soldaten errichtet worden war und in der sich die Kapelle befand.

In den Räumen, die sie durchschritten, herrschte ein großer Umtrieb. Überall waren ehemaligen Soldaten zu sehen, die das Augenlicht oder einzelne Gliedmaßen verloren hatten und sich zum Teil auf Krücken oder mit Stöcken tastend mühsam vorwärtsbewegten. Vereinzelt schoben Nonnen kleine Wagen mit Invaliden durch das Gelände. Dazwischen liefen allerlei Frauenzimmer umher, die Waren feilboten und sich um den einen oder anderen Soldaten zu kümmern schienen. Der Lärm, den diese Menge erzeugte, war unbeschreiblich und die Luft, die nach Arzneien, Fäkalien und Siechtum stank, schier unerträglich.

„Und nun? Soll ich mich in die Invalidenliste eintragen lassen?"

Carl wurde einer Antwort enthoben, denn ein Einbeiniger mit Krücken drängte sich an ihn.

„Sind Sie die Männer, die die blaue Madame schickt?"

„So ist es", erwiderte Carl knapp.

„Nehmt!", sagte der Einbeinige und drückte ihm ein Papier in die Hand. Dann hinkte er eilig davon und war umgehend in der Menge verschwunden. Carl blickte ihm überrascht nach, dann entfaltete er das schmutzige Blatt.

„Madame Émilie, Rue de la Terrasse", las er laut vor.

„Dieselbe Dame und Adresse, die unsere Schwäbinnen nannten", verwunderte sich Joseph.

„Wahrhaftig, eine eigenartige Koinzidenz und eine Bestätigung, dass wir dort auf der richtigen Fährte sind."

Sie verließen das Gebäude und ließen sich, um Josephs Knöchel zu schonen, mit einer Droschke zu ihrem Unterschlupf fahren. Christine und Charlotte waren noch unterwegs und die Freunde nutzten den Nachmittag, um auszuruhen.

Am späten Abend gegen neun fuhren die Herren mit den beiden Frauen in die Rue de la Terrasse. Christine sprach sich zunächst gegen ihr Mitkommen aus. Sie befürchtete, die Männer würden als Deutsche erkannt und festgenommen werden. Als ihr aber Carl erklärte, dass er sie nicht auf die Soirée begleiten wolle, er habe anderes vor, lenkte sie ein. Die jungen Frauen hatten sich in Schale geworfen und wirkten auf einen unvoreingenommenen Betrachter beinahe wie Damen der besseren Gesellschaft. Bei einem genaueren Beobachter hätten indes die starke Schminke und die etwas zu bunte Farbgestaltung der Kleidung gewisse Zweifel an der Standeszugehörigkeit von Nana und Mino geweckt.

Madame Émilie bewohnte ein weitläufiges Hôtel particulier, in dessen Innenhof eine hohe Gewölbeeinfahrt führte, die von den Gespannen der Gäste genutzt werden konnte. Carl befahl dem Kutscher, hineinzufahren und dort zu warten. Er hieß die Frauen aussteigen und zum Einlass gehen, Joseph und er hingegen würden vorerst in der Kutsche bleiben.

„Was hast du vor?", fragte Joseph, als die beiden Schönen im Haus verschwunden waren.

„Ich gehe zur Soirée."

„Hast du nicht gesagt, du würdest dies nicht tun?"

„Ich sagte, ich begleite niemanden, das schließt aber einen Solobesuch nicht aus."

„Wie willst du hineinkommen? Du bist weder im Abendanzug, noch trägst du eine Uniform."

„Die werde ich mir ausleihen."

Carl griff zu einem Holzprügel, der zum Wäschewalken vorgesehen war und den er, ohne dass die anderen es bemerkt hatten, aus der kleinen Küche der Wohnung mitgenommen hatte.

„Achtung, es geht los!"

Eine Kutsche rollte herein und hielt neben der ihren. Zwei Offiziere stiegen aus und begaben sich gemessenen Schrittes zum Entrée.

Kurz darauf kam die nächste Kutsche und eine dritte. Das ging eine Zeit so, Gespann folgte Gespann und der Hof füllte sich. Carl wartete weiter.

„Ich dachte, du wolltest dir eine Uniform ausborgen", neckte Joseph den Freund.

„Zwei oder mehrere sind zu viel, der eine war zu klein, der andere der Kandidaten zu dick. Aber der dort ..."

Ein Offizier im Rang eines Majors war soeben ausgestiegen und hielt inne, um ein Zigarillo zu entzünden. Seine Statur glich in etwa der Carls, die Uniform konnte passen. Das war die Chance.

„Komm mit!"

Carl öffnete den Schlag und beide stiegen hinaus. Ein Blick auf den Bock: Ihr Kutscher schien zu schlafen. Vorsichtig schlichen sie zum Wagen des fremden Offiziers. Carl trat rasch hinter den Mann und versetzte ihm einen gut gezielten Schlag, der ihn lautlos zu Boden gehen ließ.

„Schnell, ziehen wir ihm die Montur aus und du fesselst ihn. Irgendwo sind sicher Stricke."

„Nicht nur die Größe stimmt", sagte Joseph und zeigte auf das Gesicht des Ohnmächtigen. Dies schien bei oberflächlicher Betrachtung dem Carls zu ähneln, wenn auch mehr dem früheren Junker als dem heutigen General.

„Fortune gehört dazu!"

Ein wenig später trug Carl die Uniform der Lanciers polonais de la Garde impériale und war Kommandeur der Eskadron mit dem Namen Baron Paweł Jerzmanowski, wie er der Brieftasche des Gefangenen entnommen hatte. Diese verriet ihm auch, dass besagter Jerzmanowski erst heute in Paris angekommen und somit in der Gesellschaft noch unbekannt war. Der Pole wurde in ihre eigene Kutsche verfrachtet und unter Josephs Bewachung zurückgelassen. Gemessenen Schrittes begab sich der frischgebackene Major zum Entrée.

Große sechsarmige Leuchter standen links und rechts einer breiten Marmortreppe, die nach oben führe. Ein livrierter Diener nahm Mütze und Degen entgegen. Ein zweiter erhielt aus der Brieftasche „Pawełs“ Karte.

Der Raum, in den er nun geführt wurde, war riesig. Hunderte von Kerzen beleuchteten einen Ballsaal mit großer Tanzfläche in der Mitte und einer langen Speisetafel an der Stirnseite. Außen waren für Schaulustige Dutzende von Sessel und Polster aufgestellt worden, von wo aus diese die tanzende Menge bequem beobachten konnten.

„Monsieur Major de la Garde impériale Baron Jerzmanowski“, kündigte der Diener den neuen Gast an.

Eine Dame, die sich in der Nähe gerade mit einem stattlichen Herrn im Frack unterhielt, verabschiedete diesen und kam auf Carl zu. Kurz vor ihm blieb die Frau stehen. Sie war rothaarig, wie eine der Jungfrauen von Tizian, und herrlich anzusehen, eine wahrlich königliche Schönheit. Der von kunstvoll gerichteten Locken umrandete Kopf zeigte ein feines Profil. Dieses ging in einen schlanken Hals über, den eine sanft geschwungene Linie mit den Schultern verband. Die hohe Taillenlinie ihres hellen Kleides betonte ihre volle Büste, die runden Arme glänzten wie Marmor einer klassischen Statue. Carl wusste sofort, wen er vor sich hatte.

„Madame Émilie“, sagte er mit einer leichten Verbeugung, „ich bin entzückt, Sie endlich kennenlernen zu dürfen. Mögen die Götter angesichts Ihrer Schönheit nicht neidisch werden, denn mitunter missgönnen diese uns Sterblichen ihr Glück.“

„Major, Sie sind offenbar nicht nur auf dem Schlachtfeld erfahren, sondern wissen auch die rechten Worte zu finden, um der Eitelkeit von uns Frauen zu schmeicheln. Ich freue mich daher besonders, Sie hier auf meiner kleinen Gesellschaft begrüßen zu dürfen. Später, wenn es Ihre Geschäfte erlauben, wäre ich entzückt, für einen Tanz oder auch zwei Ihre Aufmerksamkeit fesseln zu können.“

„Es wird mir eine Ehre sein, Madame“, erwiderte Carl und führte die ihm huldvoll gereichte Hand an seine Lippen. Mit einem angedeuteten Knicks und kokettem Augenaufschlag verließ ihn Madame Émilie und kehrte zu ihrem Gesprächspartner zurück.

Carl sah sich um. Zahlreiche Paare tanzten, meistens ältere Herren mit schlanken jungen Frauen, deren Profession unschwer zu erraten war. Weiter hinten dehnte sich eine lange Tafel von einer Längswand des Saales bis zur anderen aus. Vier zehnarmige Kandelaber erleuchteten den silbernen Tafelaufsatz, der mit Blumen reich geschmückt war. In den Kandelabern steckten hohe Kerzen, die einen warmen gelben Schein über die Schüsseln, Teller und Schalen mit Früchten, Käsesorten und Fleischpasteten warfen. Auch ein breites Sortiment an Weinflaschen nebst zugehörigen Gläsern war bereitgestellt worden. An der Tafel saßen verschiedene Gäste, meist ebenfalls Paare, aßen und tranken und unterhielten sich lautstark. Carl trat näher heran, um die Anwesenden genauer in Augenschein zu nehmen.

„Setzen Sie sich zu uns, Major!“, forderte ihn ein leicht angetrunkener älterer Herr auf, der nebst einigen anderen Zivilisten am Rand saß. Die Herren sahen in ihrem Gesellschaftsanzug durchaus nobel aus. Die blassen Gesichter besaßen ein vornehmes Gepräge, das durch einen Zug von Blasiertheit geradezu verfeinert wurde. Die Bewegungen des älteren Herrn waren etwas verlangsamt und die Sprache leicht undeutlich, doch seinen Mund umspielte ein feines Lächeln, als ob er den Vorsitz in einer Versammlung führte.

„Wir sind mitten in einer Diskussion darüber, was der Kaiser vorhat“, erklärte er Carl, als dieser sich setzte. „Freund Bordonaire regt die gesamte Tischgesellschaft auf, da er behauptet, seine Majestät beabsichtige, direkt ins Rheinland zu ziehen und den Feind von der inneren Linie aus zu schlagen.“

„Brullière, Sie haben mich falsch verstanden“, widersprach Herr Bordonaire. „Ich versuche lediglich den Herren Fontain und Bosce beizubringen, dass unser genialer Feldherr den Gegner umgehen und von hinten fassen wird. Ob über die Pfalz, das Elsass oder sonstwo ist nicht von Bedeutung."

„Nein!", rief ein anderer Herr laut. „Das Palaver ist nicht zum Aushalten. Ich wenigstens möchte von diesen ganzen Kriegsspielen nichts mehr hören. Und warum das Militär hier und nicht im Kampf ist, verstehe ich auch nicht. Nein, nein, keine Offiziere. Und der alte Bosce ist schon wieder betrunken, Brullière zu sehr von sich eingenommen, und Fontain macht sich durch sein Geschwätz in jeder Gesellschaft unerträglich."

Die Genannten gerieten mehr und mehr in Zorn und Carl entfernte sich unauffällig. In dieser „feinen" Herrengesellschaft fühlte er sich nicht wohl.

Seitlich, im dunkleren Bereich der Polster, sah er eine Gruppe von Offizieren, die das Treiben im Saal eher zu langweilen schien und offenbar auf etwas oder jemanden warteten. Einer aus der Runde entdeckte Carl und winkte ihm zu, sich zu ihnen zu gesellen. Eine gewagte Situation, es konnte sein, dass einer der Militärs den echten Major Jerzmanowski kannte. Andererseits war es eventuell möglich, hier an wichtige Informationen zu gelangen. Den Uniformen nach, dunkelgrüner Dolman mit einer Pelisse mit Verschnürung, Tressen und Soutachen aus weißer Wolle mit scharlachroten Kragen und Aufschlägen, gehörten die fünf Offiziere zur Gardes d'honneur. Unten ihnen befand sich ein ranghöherer Stabsoffizier, der ihn jedoch kameradschaftlich begrüßte.

„Colonel Testot-Ferry, Kommandant 1er régiment des éclaireurs de la Garde impériale", stellte er sich vor, „Und das sind meine Chefs d'escadron: die Capitaine Pierre von den Chasseurs à cheval de la Garde impériale sowie Delavillane und Lepot von den Grenadiers à cheval de la Garde impériale und der Capitaine de Waldner-Freundstein", präsentierte er seine Begleiter.

„Sehr erfreut, Kommandant", erwiderte Carl mit kurzer Verbeugung, „Major de la Garde impériale Baron Jerzmanowski."

Er ließ sich in einem Sessel nieder.

„Was führt Sie in dieses", er zögerte kurz, „liederliche Haus?"

Testot-Ferry lachte laut auf.

„Baron, wir sind doch keine Betschwestern, dass wir an der lockeren Kleidung der Mesdemoiselles hier Anstoß nehmen."

Er zeigte auf zwei halbnackte Frauenzimmer, deren pralle Üppigkeit dem hiesigen Geschmack sicher entsprach. Ein Ästhet hätte sich die Taille der einen, ein dunkelhaariges Mädchen aus der Provinz, sicher schlanker und an den Hüften weniger breit, die Brust ihrer blonden Begleiterin weniger tiefsitzend gewünscht.

„Der Spießbürger liebt dergleichen", fuhr der Colonel fort. „Ihre typischen Vertreter haben Sie gerade kennengelernt."

„Sie meinen die Herren, die sich anmaßten, über militärische Angelegenheiten und die Pläne des Imperators schwadronieren zu können?", hakte Carl nach, der eine Chance sah, das Gespräch in die bewussten Bahnen lenken zu können.

„Mitläufer sind es", echauffierte sich der als de Waldner-Freundstein vorgestellte Capitaine, „erst gelobten sie, dem Kaiser auf Gedeih und Verderb zu folgen, wandten sich dann diesem Usurpator Louis zu und jetzt schwuren sie wieder die heiligsten Eide. Was gilt es, die sauberen Herren würden bei einem politischen Unwetter erneut die Seiten wechseln."

„Nun, dafür werden wir Sorge tragen, dass dies nicht geschieht", sagte Testot-Ferry. „Wir werden gleich morgen früh nach Cambrai aufbrechen, um zu den Fahnen zu eilen. Meine Einheit wurde zwar von den Bourbonen aufgelöst, doch das spielt keine Rolle. Der Imperator braucht jetzt jeden Mann. Es geht um das Schicksal der Nation."

„Sie haben den Kaiser nach Elba begleitet, Baron?", wandte sich Capitaine Pierre an Schack.

Carl erinnerte sich an eine Regelung des Vertrages von Fontainebleau, die Napoleon neben der Insel Elba eine Garde von 1000 Mann zugesprochen hatte. Wahrscheinlich waren die Lanciers polonais in diese Garde einbezogen worden.

„Hin und zurück“, behauptete er kühn.

Testot-Ferry nickte.

„Die Überfahrt auf der Saint-Esprit von Elba nach Antibes war ein echter Überraschungscoup. Wann brechen Sie zu Ihrer Truppe auf, Baron?“

Geistesgegenwärtig klopfte Carl auf seine Brusttasche.

„Sobald ich meinen Auftrag erledigt habe, Colonel. Das kann morgen oder erst in einer Woche sein!“

„Nun, Baron, dann sind Sie der Mann, auf den ich gewartet habe“, sagte Testot-Ferry und sein Tonfall war verändert. „Wenn Sie mir folgen wollen, das, was ich Ihnen mitzuteilen habe, sollte nicht in diesen Räumen, wo jeder Unbefugte lauschen kann, gesprochen werden. Meine Herren, Sie entschuldigen den Baron und mich.“

Er erhob sich und gab Madame Émilie, die sich wie ungefähr in der Nähe befand, einen Wink. Sogleich eilte die Hausherrin herbei.

„Colonel, Sie wünschen?“

„Führ uns in einen separaten Raum, in dem wir ungestört sind!“, befahl er.

„Sofort, Colonel. Haben Sie sonst noch Wünsche?“

„Nein“, erwiderte Testot-Ferry knapp.

Émilie knickste und eilte davon.

Carl sah Madame Émilie verwundert nach. Ihr kokettes Auftreten, mit dem sie ihn begrüßt hatte, war angesichts Testot-Ferrys einer fast devot zu nennenden Unterwürfigkeit gewichen. Wieso besaß der Colonel eine derartige Macht über diese Frau? Fast als habe er seine Gedanken gelesen, gab Testot-Ferry eine Erklärung.

„Ich kenne das Weib noch aus der Zeit, als sie sich halbnackt in der Gosse am Montmartre feilbot. Sie stieg dann innerhalb von wenigen Jahren zur Luxuskurtisane auf. Wie, das wissen die Götter. Angeblich hat ein Maler sie als Model entdeckt. Die gute Émilie erschrak fast zu Tode, als sie mir vor einigen Wochen unverhofft auf einem Ball begegnete. Sie würde alles tun, damit ich über ihre Vergangenheit schweige. Dabei interessiert mich ihr früheres Leben nicht, sie ist ihrer Profession treu geblieben, auch wenn sich die Güteklasse verändert hat."

Ein Bediensteter trat zu ihnen, verbeugte sich und bat die Herren Offiziere, ihm zu folgen. Er führte sie in einen kleinen, mit blauer Seide ausgekleideten Salon, dessen Mobiliar lediglich aus einem Sofa und zwei Sesseln nebst einem runden Tisch bestand. Auf diesem befanden sich eine Flasche Burgunder sowie zwei Gläser. Der Colonel schnippte mit den Fingern. Sofort füllte der Diener die Gläser, verneigte sich und verließ den Raum, wobei er sorgsam die Türe schloss. Kaum war der Mann gegangen, beugte sich Testot-Ferry vor.

„Was wissen Sie über Karl Ludwig Schulmeister?", fragte er den verblüfften Carl.

Dieser fing sich sogleich und erwiderte:

„Sie meinen den Agenten des Kaisers?"

„Gewiss, den meine ich, Baron."

Seine Stimme hatte plötzlich etwas Lauerndes

„Schulmeister war unter dem Namen Charles Masters kürzlich in England und jetzt …", antwortete Carl und hielt inne. „Aber das, Colonel, ist nicht für jedermann bestimmt", fügte er lächelnd hinzu.

„Also habe ich mich nicht getäuscht, als ich Sie ansprach", rief Testot-Ferry triumphierend. „So gut, wie Sie informiert sind, Baron, sind Sie der Kontakt, der mir avisiert wurde."

Er griff zum Glas:

„Santé!"

Beide Männer hoben die Gläser und tranken.

„Kommen Sie direkt aus dem Kriegsministerium von Louis-Nicolas Davout?", fragte nun der Colonel. Carl beschloss, alles auf eine Karte zu setzen.

„Gewiss nicht", sagte er, „mein Auftraggeber ist Polizeiminister Joseph Fouché, aber das wissen Sie, Colonel."

„Sie kommen von Fouché", wiederholte der andere nachdenklich. „Berichten Sie, was ist Ihr Auftrag, Baron?"

Carl lehnte sich zurück.

„Nein, Colonel. Jetzt sind Sie an der Reihe. Ich habe mich zur Genüge legitimiert."

Testot-Ferry lachte.

„Sie sind ein vorsichtiger Mann und Sie haben recht. Ich frage und frage, ohne dass ich ausreichend belegt hätte, warum Sie mir vertrauen sollten. Nun, hören Sie! Die Lage ist, wie Sie sicher wissen, ernst. Dem Kaiser ist es bisher lediglich gelungen, ein Heer von rund 124.000 Mann aufzustellen. Die Truppe, zum Großteil kampferprobte Veteranen, wird den Gegner durchaus schlagen können. Dafür steht auch das Genie des Feldherrn selbst. Das eigentliche Problem stellt die Führung dar. Viele erfahrene Marschälle fehlen und wichtige Stabsposten müssen mit Offizieren besetzt werden, die diese Positionen bislang nicht innegehabt haben. Decaen, Drouet d'Erlon, Clausel, Vandamme, Lamarque sind alles neue Kommandanten; frisch im Amt des Generalstabschefs ist Nicolas Jean de Dieu Soult, Marschall Ney hat die Führung über den gesamten linken Flügel erhalten. Auf der anderen Seite stehen Wellington und Blücher, beides erfahrene Leute, die etliche Siege an ihre Fahnen heften konnten. Unklar ist, wie ihre Truppengröße ist und wie Preußen und Briten aufmarschieren werden. Um Blücher wird sich Schulmeister kümmern, um Wellington ein gewisser Felton. Sie sind mir als der Mann empfohlen, der sich hervorragend als Aufklärer bewährt hat. Sie sind mit Ihrer Truppe durch Preußen geritten, Sie kennen die preußische Mentalität und sprechen Deutsch … Sie verstehen, Baron."

„Selbstverständlich, Colonel."

Und wie Carl verstand! Er hatte von Blücher den Auftrag erhalten, Näheres über den Aufmarsch und die Militärstrategie Napoleons herauszufinden. Jetzt sollte er als Agent der Franzosen tätig werden. Gut, wenn der Gegner sich derart offenbaren wollte, er würde die Gelegenheit nützen – trotz oder gerade wegen des damit verbundenen Risikos.

„Bon, dann melden Sie sich morgen um Punkt neun im Kriegsministerium bei General de Ghaisnes de Bourmont. Von ihm empfangen Sie weitere Instruktionen. Hier ist Ihre Legitimation."

Testot-Ferry holte einen Stift sowie eine Visitenkarte aus seiner Innentasche hervor, auf deren Rückseite er einige Worte schrieb und sie dann Carl reichte.

„Kehren wir in den Saal zurück. Zeit für ein wenig Amüsement, Baron."

Im Saal herrschte eine geradezu schwülstige Atmosphäre. Die Mehrheit der Gäste schien trunken zu sein und es wurde heftig getanzt. Einige Frauenzimmer hatten ihre Oberkleidung abgelegt und drehten sich wie Bacchantinnen mit blankem Busen unter Anfeuerungsrufen wirbelnd im Kreise. Paare wälzten sich eng umschlungen auf den Polstern. Andere sangen laut irgendwelche Gassenlieder. Carl war das enthemmte Schauspiel zuwider. Testot-Ferry schien das Ganze eher zu amüsieren. Er packte eines der halbnackten Geschöpfe am Arm und ließ sich mit dem Weib auf ein Sofa sinken. Carl überließ den Franzosen seinem Tun und wandte sich zum Ausgang.

Dort trat ihm Madame Émilie entgegen.

„Sie wollen schon gehen, Baron?"

„In der Tat, Madame, mir missfällt, was ich sehe."

„Alles eine Frage des Geschmacks Baron. Sie versprachen mir einen Tanz."

„Gewiss, Madame, doch nicht in diesem Rahmen, der weder mir noch, wie ich überzeugt bin, Ihnen entspricht."

„Dem ist so, Baron", erwiderte Émilie. „Doch kann ich an der aktuellen Situation nichts ändern. Wir müssen offenbar beide vorgeben, etwas zu sein, das wir nicht sind. Leben Sie wohl, Baron."

Sie reichte ihm die Hand, die er schweigend mit den Lippen berührte. Dann wandte sich Carl ab. Er nahm Degen und Mütze entgegen, schritt die Stufe der Treppe hinab und verließ das Haus. Seine Gedanken beschäftigten sich mit dem eben Erlebten. Madame Émilies Worte schienen ein Hinweis gewesen zu sein, dass die Frau etwas über seine wahre Identität wusste oder zumindest vermutete. Oder glaubte sie nur etwas zu wissen?

Vor dem Eingang traf er auf Charlotte und Christine. Ihre Kleidung wirkte zerzaust und leicht derangiert. Offenbar hatten die Frauen sich nur mit Mühe aus der trunkenen Gesellschaft lösen können. Carl war erleichtert, sich nicht in ihnen getäuscht zu haben. Er nickte ihnen zu.

„Gut, dass Sie ebenfalls dieses sündige Fest verlassen konnten."

„Mit solchem Tun haben wir nichts zu schaffen", erklärte Christine stolz. „Aber wieso waren Sie bei Madame Émilie und wie kommen Sie zu dieser Uniform?"

„Das ist eine Angelegenheit, von der Sie nicht alles wissen müssen. Nur so viel, es war notwendig, mich direkt vor Ort zu informieren."

Sie erreichten die Kutsche. Der polnische Offizier war längst erwacht und von Joseph geknebelt worden. Im Licht der Laterne blitzte er Carl zornig an. Es war zu riskant, den Mann in seinen Wagen zurückzubringen. Spätestens morgen früh würde man ihn entdecken, und die Möglichkeit für Carl, direkt in die Höhle des Löwen zu gehen und vor allem diese wieder zu verlassen, wäre vertan.

„Bedauere, Major", sagte Carl zu ihm auf Russisch, „wir werden Sie noch eine Weile in Gewahrsam halten müssen. Sie wissen, im Krieg und in der Liebe ist alles erlaubt."

Die beiden Frauen verfolgten mit großen Augen das Geschehen.

„Sie wollen Ihren Gefangenen mit in unsere Wohnung nehmen?", fragte Christine. „Wir haben kaum eine Wahl", antwortete Carl. „Wir müssen sichergehen, nicht verraten zu werden, was auch in Ihrem Interesse ist."

Die Frauen schwiegen.

Joseph gab dem Kutscher das Signal zur Abfahrt. Sie rollten los.

Plötzlich lachte Christine laut auf:

„Jetzt weiß ich wenigstens, wie Sie zum Franzosen wurden, durch Uniformraub."

„Nur so kam ich mit den anwesenden Offizieren ins Gespräch."

„Also hätten wir uns die Mühen sparen können", meinte Charlotte.

„Von welchen Mühen sprechen Sie?"

„Von diesen", Christine zog ein Bündel beschriebener Blätter aus ihrem Mieder und reichte dieses Carl. „Auch wir verstehen die Kunst des Raubens."

Überrascht nahm er die Papiere entgegen. Um was es in ihnen ging, konnte er bei dem schwachen Licht nur erraten, jedenfalls war der Inhalt militärisch.

„Woher haben Sie das, Christine?"

„Ein Offizier hat die Blätter auf einem Tisch vergessen. Charlotte lenkte seinen Kameraden ab und ich verwahrte alles am sicheren Ort."

„Welchen Rang hatte der Offizier?"

„Das weiß ich nicht, aber ich kann die Uniform beschreiben."

„Tun Sie das, Christine."

„Er trug eine dunkelgrüne Überjacke mit Verschnürung aus weißer Wolle. Der Kragen und die Aufschläge waren scharlachrot."

„Die anderen Offiziere sprachen ihn mit ‚Kommandant' an", fügte Charlotte hinzu.

Das musste Colonel Testot-Ferry gewesen sein, der Kommandant des 1er régiment des éclaireurs de la Garde impériale. Die beiden Frauen konnten tatsächlich einen guten Fang getan haben.

„Wir wollen nachher darüber sprechen", sagte er nun mit warnendem Blick auf den Gefangenen.

Wenig später erreichten sie die Rue Croix des Petits Champs. Der Pole wurde einfach in eine Decke eingewickelt und der Kutscher gebeten, beim Transport des betrunkenen Freundes behilflich zu sein. Das geschah, und ohne großes Aufsehen brachten sie den Gefangenen ins Haus. Der Kutscher erhielt ein reichliches Trinkgeld, wurde für den nächsten Morgen bestellt und fuhr zufrieden davon.

Den wirklichen Baron trugen die Männer in Charlottes Schlafkammer und legten ihn dort in Fesseln ins Bett. Die Frauen zogen sich in die andere Kammer zurück.

Carl gab Joseph einen Abriss seiner Erlebnisse und Begegnungen im Haus der Madame Émilie.

„Du sollst also für die Franzosen spionieren, das ist völlig verrückt."

„Sicher, das ist es."

„Du willst wirklich ins Ministerium?"

„Ich sehe das als große Chance, an weitere Informationen zu gelangen."

„Nehmen wir an, Carl, dir gelingt der Coup. Und dann? Willst du etwa noch länger in Paris bleiben?"

„Lass uns erst einmal die Papiere studieren, dann sehen wir weiter."

Er öffnete das Bündel. Es handelte sich unter anderem um eine Truppenaufstellung:

*Nordarmee.*

*1. Armeekorps unter Drouet d'Erlon, Stärke 21.000 Mann,*
*2. Armeekorps unter Reille, Stärke 25.000 Mann*
*3. Armeekorps unter Vandamme, Stärke 18.000 Mann*
*4. Armeekorps unter Gérard, Stärke 15.000 Mann*
*6. Armeekorps unter Lobau, Stärke 11.000 Mann*

*Kavalleriereserve Marschall Grouchy, Stärke 13.600 Reiter:*
*1. Kavalleriekorps Pajol*
*2. Kavalleriekorps Exelmans*

*3. Kavalleriekorps Kellermann*
*4. Kavalleriekorps Milhaud*
*Pioniere und Train, Stärke 2.500 Mann*
*Beobachtungs- und Deckungsarmeen, Stärke 85.000 Mann*
*Pyrenäen-Armee, 8. Armeekorps Clauzel und Decaën*
*Westarmee, General Lamarque*
*Var-Armee, Marschall Brune*
*Alpen-Armee, 7. Armeekorps, Marschall Suchet*
*Jura-Armee, General Lecourbe*
*Rhein-Armee, 5. Armeekorps, General Rapp.*

„Wie kommt eine Aufstellung der Truppenverteilung der gesamten französischen Armee in die Hände eines Colonels?", fragte Joseph.

„Ich glaube, Testot-Ferry geht ganz eigenen Interessen nach. Vielleicht ist es kein Zufall, dass die Papiere liegengeblieben sind."

„Also meinst du, er hat sie entwendet?"

„Das wäre denkbar, muss aber nicht sein. Er könnte ganz offiziell in ihren Besitz gelangt sein. Möglicherweise ist dies eine Aktion von Minister Davout; kann sein, dass der Mann sich rückversichern will."

„Was steht auf der Visitenkarte?"

*„Zum Minister bestellt. Testot-Ferry"*, las Carl vor.

„Das ist sehr knapp gehalten und kann alles Mögliche bedeuten."

„Gerade durch die Kürze zeigt sich die Besonderheit."

„Und ich dachte, du solltest General de Ghaisnes de Bourmont aufsuchen."

„Der General arbeitet dem Minister zu."

„Ich kann mir nicht helfen, Carl. Ich halte das Ganze für eine Falle. Wir sollten aus Paris verschwinden. Am besten gleich morgen früh."

„Gut, gehen wir so vor: Wir bereiten alles für den sofortigen Aufbruch vor, die Frauen und wir besteigen am Morgen eine Kutsche, anschließend fahren wir zum Ministerium. Ich antichambriere beim

Minister und ihr wartet exakt eine Stunde bis zehn. Wenn ich bis dahin nicht zurück bin, ist etwas schiefgegangen und du setzt dich mit den Frauen ab."

„Ich kann dich doch nicht im Stich lassen."

„Erstens ist noch nichts passiert und zweitens musst du es tun. Blücher sollte die Aufstellung erhalten. Echt oder nicht, sie dürfte ihm sicher Hinweise geben. Ich werde mir schon zu helfen wissen."

„Dann gehe wenigsten nicht in der fremden Uniform ins Ministerium. Wenn sie dich in einer solchen erwischen, wirst du ohne großes Federlesen aufgehängt."

„Es geht nur in Uniform, sie ist meine Legitimation."

Sie sprachen noch ein wenig hin und her, doch es blieb bei Carls Plan und man legte sich auf das Bodenlager zur Ruhe.

Am nächsten Morgen wurde der Gefangene versorgt, die bestellte Kutsche fuhr vor und sie brachen auf. Joseph hielt Carls Vorhaben nach wie vor für höchst gefährlich und äußerte seine Skepsis, konnte aber den Freund – trotz seines Bemühens – nicht überzeugen, seinen Plan fallenzulassen.

Nach gut zwanzig Minuten erreichten sie das Gebäude des Ministeriums L'îlot Saint-Germain. Die Kutsche hielt und Carl stieg aus.

„Ihr wartet an der nächsten Ecke und fahrt um zehn wieder vor. Es könnte sein, dass ich mich schnell davonmachen muss."

„Beruf es nicht! Viel Glück!"

Carl straffte sich und schritt, ganz in der Rolle eines Offiziers de la Garde impériale, zum Eingang. Über dem hohen Steinportal mit dem Kopf eines antiken Helden stand „Ministère des Armées". Die beiden Soldaten des Doppelpostens nahmen Haltung an.

„Herr Major!"

„Major de la Garde impériale Baron Jerzmanowski. Ich werde von seiner Exzellenz General de Ghaisnes de Bourmont erwartet."

„Passiert!"

Carl trat in den großen Innenhof. Gerade gegenüber musste das Hauptgebäude liegen. Links und rechts schlossen sich weitere Flügel an, sodass das Ganze ein Karree bildete. Er überquerte die freie Fläche, ein weiterer Doppelposten bewachte den nächsten Eingang. Dort musste er sich genauer ausweisen und er zückte die Karte des Colonels Testot-Ferry. Der eine Soldat, ein älterer Sergeant, las den Text und salutierte.

„Einen Augenblick bitte, Herr Major."

Er wandte sich um und begab sich ins Innere. Einige Minuten später kehrte er in Begleitung eines Offiziers zurück. Dieser, ein Capitaine, gehörte einer Truppengattung an, die Carl nicht bekannt war, die Kombination von gelber Hose, roter Jacke mit dunkelblauen Ärmeln hatte er bislang nicht gesehen.

„Capitaine Dyonnet, Gendarmerie d'élite", stellte er sich mit einem knappen Nicken vor. „Folgen Sie mir, Monsieur!"

Gendarmerie d'élite, das war die persönliche Polizeitruppe des Kaisers. Dazu die knappe Begrüßung und die barsche Aufforderung, dem Mann zu folgen, ohne Höflichkeitsform und vor allem ohne korrekte Anrede, das alles waren Anzeichen von Gefahr. Carl hielt trotzdem an der Seite des Capitaine dessen rasches Tempo mit. So schnell ließ er sich nicht ins Bockshorn jagen. Sie durchquerten einen langen Gang und stiegen dann mehrere Treppen nach oben. Dyonnet schwieg beharrlich, dass Carl neben ihm herging, schien ihn jedoch mehr und mehr zu irritieren. Ohne Ankündigung riss der Franzose plötzlich eine Tür auf der linken Seite auf, knurrte „Warten!" und verschwand, die Tür zuknallend, im Innern. Ob verdächtig oder nicht, so ließ sich ein Baron und Major de la Garde impériale nicht behandeln. Rasch ging Carl ein Stück auf dem Gang weiter, fand eine Tür unverschlossen, öffnete sie und trat ein. Niemand befand sich im Raum, der offenbar als Aktenablage genutzt wurde. Links und rechts standen mit Papieren gefüllte Regale, lediglich vor dem Fenster war ein schmaler Schreibtisch aufgestellt worden, auf dem sich ebenfalls Unterlagen und eine Militärmütze befanden. Am Stuhl davor hing ein Säbel. Ein Geräusch an der Tür riss ihn aus seinen Betrachtungen. Jemand drückte die Klinke nieder. Carl lief zum Schreibtisch und quetschte sich in den schmalen Raum zwischen der Seite und einer Wand. Er duckte sich. Auf den ersten Blick konnte er übersehen werden, beim genauen Betrachten jedoch … Es war keine Zeit, den Gedanken zu verfolgen. Schritte erklangen und bewegten sich auf den Schreibtisch zu. Etwas wurde auf die Schreibfläche gelegt, dann bewegten sich die Schritte wieder zur Tür, die im selben Augenblick aufgerissen wurde.

„Sergeant", rief eine wütende Stimme, in der Carl die des Capitaine erkannte, „haben Sie einen Mann in der Uniform eines Majors de la Garde impériale gesehen?"

„Nein, mon Capitaine. Hier sind nur Akten."

„Verlassen Sie den Raum, Sergeant und schließen Sie ab. Der Kerl ist ein gefährlicher preußischer Spion, wir müssen ihn fassen, lebend oder tot!"

Die Franzosen verließen das Zimmer und die Tür wurde verschlossen. Carl wartete einige Minuten, dann kroch er aus seinem Versteck hervor. Joseph hatte recht gehabt, das Ganze war eine geschickt arrangierte Falle. Doch warum? Was hatte ihn verraten? Colonel Testot-Ferry schien ihm vertraut zu haben. Oder galt die Aktion auch ihm? Für den Augenblick war er jedenfalls außer Gefahr, aber für wie lange? Und wie kam er aus dieser Aktenmausefalle? Zwar hatte er einen Säbel, doch was half ihm die Waffe? Er blickte aus dem Fenster. Es war unvergittert und lag im ersten Stock, gute fünf Meter über dem Hof. In seinen jungen Jahren keine unproblematische Höhe, die ihm heute allerdings als eine große Herausforderung vorkam. Wenn er wenigstens ein Seil gehabt hätte …

Draußen auf dem Gang lärmte es stärker. Irgendwo blies ein Trompeter ein Signal und auch auf dem Hof tat sich einiges. Soldaten liefen umher, Kommandos erschollen, offenbar hatte man eine

Großsuche angeordnet. Ungefähr zwei Stunden hielt das Ganze an, dann legte sich das Gelärme und es kehrte Ruhe ein. Eine weitere, zähe Stunde verging, in der sich Carl den Kopf zermarterte, wie er aus dem Gebäude käme. Da hörte er, wie ein Schlüssel ins Schloss gesteckt wurde. Rasch stellte er sich seitlich neben die Tür und als diese sich öffnete, sprang er vor, packte den Eintretenden am Hals und riss den völlig Überraschten ins Innere und zu Boden. Dieser schlug mit dem Kopf auf die harten Holzdielen und verlor das Bewusstsein. In Windeseile zog Carl ihm die Uniform aus, knebelte und fesselte ihn dann. Es zeigte sich, dass sein Gefangener ein älterer Sergeant war, wahrscheinlich der, der vorhin die Akten ins Zimmer gebracht hatte. Inzwischen mussten seine Lebensgeister zurückgekehrt zu sein, denn er starrte ihn mit schreckgeweiteten Augen an – ein großer Held schien der Mann nicht zu sein.

Carl schlüpfte in die Uniform, die, weil der Franzose eher von gedrungener Gestalt war, nicht besonders saß. Doch in der Not musste es die Uniform tun. Er schnallte den Degen um, setzte die Mütze auf, ergriff einige Papiere, die auf dem Schreibtisch lagen und verließ das Zimmer. Der Gang war leer, und ohne weiter behelligt zu werden, schritt er zügig, doch nicht zu rasch die Treppe hinunter und aus dem Gebäude hinaus.

## 7. Kapitel

# WATERLOO

Am frühen Nachmittag des 5. Mai passierten die Brüder Jean und Nicolas Leroy nebst ihren Ehefrauen Nana und Mino die Barriere von Paris. Die Stadt und die dortigen Abenteuer lagen hinter ihnen.

„Gib zu, dass es gut war, gewartet zu haben!“, sagte Joseph zum wiederholten Male. „Was hättest du ohne uns anfangen wollen?“

„Nun, mein Herr. Ich habe es immerhin geschafft, unversehrt das Ministerium zu verlassen.“

„Indem du tollkühn in voller Uniform durch das Haupttor gegangen bist.“

„Ich habe, nachdem ich meine Akten verbracht habe, die Nebenpforte genutzt, eben den Ausgang, durch den ein älterer Sergeant nun einmal vom Rang her zu gehen hat.“

„Spotte du nur, wenn wir …“

„Dass Ihnen zum zweiten Mal ein Uniformraub gelungen ist, ist schon besonders“, mischte sich Christine ins Gespräch.

„Ich bin mir nicht sicher, ob der erste ‚Raub‘, wie Sie den Tausch nennen, wirklich erfolgreich war. Mir stellt sich eine Vielzahl von Fragen. Vor allem, warum bin ich aufgeflogen? Was bezweckte der

Colonel mit seiner Aktion? Wenn er wusste, dass ich nicht Baron Jerzmanowski war, hätte er mich bereits im Haus von Madame Émilie ausschalten können."

„Du wirst vorerst keine Antwort auf deine Frage finden", befand Joseph.

Das Gespräch wandte sich anderen Themen zu.

Ihr erstes Ziel war Reims, das sie zwei Tage später erreichten. Ihr altes Quartier in der Nähe des Place du Parvis hatte die Zeiten überdauert und bot ihnen erneut eine gute Unterkunft. Am nächsten Morgen trennten sich ihre Wege. Christine und Charlotte reisten, mit Geld und Empfehlungen von Joseph und Carl gut versehen, im Wagen weiter nach Metz, um von dort über Zabern und Straßburg in den heimischen Süden zu gelangen. In Stuttgart hofften beide, sich auf der Basis ihrer Pariser Modekenntnisse eine neue Existenz als ehrbare Tuchmacherinnen aufbauen zu können.

Die Reise der Freunde, wieder zu Pferde, führte sie dagegen nach Nordosten in Richtung Namur, das sie aufgrund der französischen Truppensammlungen in einem Bogen umgingen.

Am Abend des 12. Mai erreichten sie den Flecken Ciney, ein im Wallonischen gelegenes Dörfchen, wo sie in einem Hof Herberge fanden. Die Bauersleute konnten in diesen kargen Zeiten nur wenig auftischen, etwas schwarzes Brot und einen Teller wässrige Kohlsuppe. Dazu wurde allerdings ein sehr süffiges Bier gereicht, das im Ort selbst gebraut wurde und bis Namur für seinen Geschmack bekannt war.

Sie saßen in dem großen rauchigen Raum, der Küche, Esszimmer und Schlafkammer in einem war und unterhielten sich ein wenig mit dem Bauern über die Lage, soweit es möglich war, seinen breiten Dialekt zu verstehen, da pochte es kräftig an die Tür. „Franzosen!", rief die Bäuerin und flüchtete auf den Boden des Hauses.

„Ruhig Blut", mahnte Carl den Bauern. „Sag nichts von unserer Anwesenheit."

Joseph und er zogen sich in eine dunkle Ecke zurück.

Der Bauer nickte, griff zu einem Knotenstock und ging zur Tür, um zu öffnen. Drei Männer traten ein. Zwei Offiziere der Grande Armée und ein einfacher Soldat, der ihre prall gefüllten Mantelsäcke trug. Der ältere Offizier hatte den Rang eines Generals der Kavallerie, der andere, viel jüngere Soldat war ein Capitaine und wohl sein Adjutant. Carl traute seinen Augen kaum, der General war Graf du Breuil!

„Geoffroy!", rief er und kam aus seinem Winkel hervor.

Graf Geoffroy du Breuil stutzte, dann lief er auf den Freund zu und umarmte ihn herzlich. Der Graf schien deutlich älter geworden. Das Haar war gänzlich ergraut, die Gesichtszüge vom Leben gezeichnet. Die Gestalt selbst war jedoch straff und aufrecht. Jetzt entdeckte er Joseph, den er gleichfalls umarmte.

Die Männer setzten sich. Der Graf stellte den Adjutanten Capitaine Maurice Gérard vor, einen entfernten Verwandten des Generals Comte Gérard. Dann gebot er dem Gemeinen, den Mantelsack zu öffnen, aus dem dieser Braten, Pasteten, verschiedene Käse, feines Weißbrot und andere Speisen sowie einige Flaschen Loirewein hervorholte.

„Lasst uns zusammen speisen und jeder erzählt, was ihn hierhergeführt hat. Gib dem Bauern auch einen Teil, Jaques", befahl Geoffroy dem Soldaten. „Den könnt ihr abseits verzehren."

Der Bauer und seine Frau zogen sich mit Jaques auf den Heuboden zurück und bald saß die Herrenrunde geruhsam bei Speis und Trank am Tisch.

„Der Kaiser ruft und alles eilt zu den Fahnen", begann der Graf. „Nun, vielleicht nicht alles, aber alle die, welche treu zum Vaterland stehen. Manche sagen zwar, Napoleon sei ein Usurpator, aber für mich ist Louis XVIII. der wahre Feind, der uns der Willkür der Engländer, Russen, Österreicher und Preußen ausliefert!"

„Du weißt, Geoffroy, dass wir auf verschiedenen Seiten stehen", sagte Carl vorsichtig.

„Wir Herren vom Stand sind zum Kampf geboren und werden diesen ritterlich zu führen wissen“, erwiderte Geoffroy stolz. „Du für dein Land, ich für das meine.“

„Am besten, wenn ihr euch dabei nicht in die Quere kommt“, meinte Joseph pragmatisch.

„Genug lamentiert“, wischte der Graf das Thema vom Tisch. „Füllt die Gläser und trinkt auf den Zufall, der uns gesund und munter zusammengeführt hat. Was schert uns die Zukunft, wir leben jetzt!“

Er hob sein Glas und leerte es in einem Zug.

„So, erzählt, woher ihr kommt. Nach dem Wohin werde ich nicht fragen.“

Carl gab eine bereinigte Version ihrer englisch-schottischen Erlebnisse zum Besten. Sein Schwerpunkt lag dabei auf den Erlebnissen mit Stephensons Eisenbahn, ein Thema, das Geoffroy stark faszinierte.

„Was gäbe ich dafür, einmal ein solches Dampfross zu reiten“, rief er. „Wer Feuer und Dampf zu zähmen vermag, dem gehört die Zukunft.“

„Dem Amerikaner Robert Fulton ist das im letzten Jahr mit der Demologos, dem ersten Dampfkriegsschiff, gelungen“, warf Joseph ein.

„Claude de Jouffroy d'Abbans baute bereits 1783 das erste mit Dampf betriebene Schiff“, entgegnete der Graf stolz.

„Ein Prinzip, das er von Denys Papins Dampfschiff übernommen hat“, ergänzte der Capitaine.

„Da hört ihr es“, sagte Geoffroy. „Aber lassen wir die Seefahrt außen vor. Die Stärke und Zukunft Frankreichs beruht auf seiner Grande Armée.“

„Darüber wird wohl bald entschieden sein“, meinte Carl. „Lassen wir auch das Militärische außen vor. Du weißt, dass Geoffroy im Sommer seine Verlobte Marielle von Korff heiraten möchte.“

„Ist sie so schön wie ihre Tante?", fragte der Graf. „Ich habe das Fräulein bisher leider nicht kennengelernt. Der Besuch im Château du Breuil fiel, wie ihr wisst, den Umständen zum Opfer."

„Ein Kopf voller dunkler Locken, schwarze, glutvolle Augen, eine edle Nase, volle Lippen und ein fein konturiertes Gesicht", beschrieb Carl die Braut seines Sohnes.

„Ei", rief Geoffroy, „das klingt fast so, als wärest du selbst ein wenig verliebt in deine künftige Schwiegertochter."

„Das nicht, aber Marielle erinnert mich in vielem an Sylvia und an Anne."

Der Graf schwieg. Jeder Gedanke an die verstorbene Anne schmerzte ihn, auch wenn seit ihrem Tod ein Vierteljahrhundert vergangen war.

Um ihn wieder aufzuheitern, erzählte Carl von seinem letzten Besuch bei Melchior von Talheim in Ludwigsburg.

„Seine Madeleine ist noch immer eine gutaussehende Frau, auch wenn ihr Haar jetzt weiß geworden ist."

„Das soll vorkommen", sagte der Graf und strich sich über sein Haupt.

„Melchior wirkt überaus stattlich. Er ist, um es genau zu sagen, kugelrund geworden. An Mantel- und Degenabenteuer denkt er heute nicht mehr."

Nun kamen sie auf frühere Zeiten zu sprechen. Zunächst gedachten sie Carls Reise nach Mömpelgard, als der Graf und er sich im Zweikampf kennengelernt hatten.

„Du warst doch damals auf der Suche nach einem speziellen Buch?", fragte Geoffroy. „Ein Werk zur Kräuterkunde, das dann verbrannt ist."

„Das Kräuterbuch des hochgelehrten und weltberühmten Herrn Dr. Petri Andreae Matthioli", bestätigte Carl.

„Ihr wisst, dass Château du Breuil während der Stürme der Revolution in Brand gesetzt wurde."

„Allerdings, ich war mitten im Geschehen."

„Die Bibliothek hat jedoch wie durch ein Wunder überlebt. Und im letzten Herbst, als der Kaiser sein Dasein auf Elba fristete, habe ich mich der Bestände, da nichts anders zu tun war, angenommen. Und da fand ich es, das ‚Kräutterbuch /Deß hochgelehrten vnnd weltberühmten Herrn Dr. Petri Andreae Matthioli. /Jetzt widerumb mit vielen schönen newen Figuren / auch nützlichen Artzeneyen …‘!"

„Das ist wahrhaftig erstaunlich, denn nach diesem Werk bin ich vor einiger Zeit gefragt worden."

Carl erzählte die dem Grafen noch nicht bekannte Geschichte von ihrer Flucht aus dem Château von Lunéville und ihrer Rettung durch die Kräuterfrau. Dieser verwunderte sich über die ineinandergreifenden Zufälle. Nun wandte sich das Interesse der Runde ihrem türkischen Abenteuer und der Suche nach dem Halsband der Franziska von Hohenheim zu.

Bei all diesen Gesprächen wurde der mitgeführte Weinbestand bald geleert und auch der Ersatz, den der Bursche aus Geoffroys Kutsche holen musste, war schließlich am Ende. Und da die Uhr bereits die Mitternachtsstunde zeigte, richtete sich jeder ein Lager nach Soldatenart und schlief den Rest der Nacht in weinseliger Ruhe.

Als Carl und Joseph am nächsten Morgen erwachten, war der Graf schon aufgebrochen. Er hatte einen kurzen Brief hinterlassen:

*„Freunde"*, schrieb er, *„der Abschied fällt immer schwer und so will ich ihn verkürzen. Wir werden uns wiedersehen, nicht im Kampf, wie ich hoffe, sondern dann, wenn das ganze Kriegen und Morden vorbei ist und Geoffroy Carl seiner Marielle vor dem Altar das Jawort geben wird. Gehabt euch wohl, hütet euer Leben, denn zum Feiern und Fröhlichsein muss der Mensch zu den Lebenden gehören. In treuer Freundschaft Graf Geoffroy du Breuil, General der Kavallerie der Grande Armée seiner Majestät des Kaisers."*

„Der gute Geoffroy kann es nicht lassen“, sagte Joseph. „Er muss seine komplette Titulatur anführen.“

„Der Text klingt irgendwie melancholisch. Als ob er eine Ahnung hätte.“

„Was für eine Ahnung? Carl, du siehst Gespenster. Lass uns lieber aufbrechen. Wir haben noch etliche Meilen vor uns.“

Das Wetter verschlechterte sich und da immer wieder französische Streifen zu umgehen waren, gelangten sie an diesem Tag nur bis zum Dorf Esneu an der Ourthe. Zu dem Ort gehörten eine Trappistinnen-Abtei Brialmont und das Kastell des Adelsgeschlechts derer von Montfort, welches allerdings nur noch eine Ruine war.

Am 14. Mai erreichten die Freunde wieder die Stadt, von der sie aufgebrochen waren. In den letzten drei Wochen hatte sich noch mehr Militär eingefunden und Lüttich schien jetzt völlig aus allen Nähten zu platzen. Selbst ihr altes Quartier bei Madame Blum war belegt. Ihre frühere Wirtsfrau zeigte sich untröstlich, vermittelte ihnen jedoch nach einigem Hin und Her eine Unterkunft bei ihrer Base in einem Landhaus, das etwas außerhalb des Stadtkerns zwischen Lüttich und dem alten Ort Herstal lag. Nachdem das Problem der Wohnung gelöst war, machten die Herren sich auf den Weg in Blüchers Stabsquartier.

Sie wurden sofort vorgelassen. Der Marschall begrüßte sie knapp, er schien verärgert.

„Es ist nicht zum Aushalten“, polterte er los. „Ich bin dreiundsiebzig Jahre alt und blicke auf fünfundfünfzig Jahre militärische Dienstzeit zurück, aber das habe ich noch nie erlebt. Kurz vor dem Angriff der Franzosen kam es zum Ausbruch einer Meuterei sächsischer Truppen, und ich, der Oberbefehlshaber der Alliierten, Generalfeldmarschall Blücher, wäre beinahe in meinem Hauptquartier gefangengenommen worden.“

„Exzellenz, was ist passiert?“, fragte Carl erschrocken.

„Was passiert ist? Eine Rebellion, die von Friedrichsfelde und Preßburg aus in der Armee organisiert wurde, ist vor einer Woche ausgebrochen, in einer Zeit ausgebrochen, wo ganz Deutschland gegen den allgemeinen Feind auftritt. Die Verbrecher haben Bonaparte als ihren Beschützer öffentlich proklamiert. Ich habe versucht, die Ehre des sächsischen Namens zu retten, aber ich werde, nicht ohne Schmerz, doch mit der Ruhe meines guten Gewissens und erfüllter Pflicht, die Ordnung mit Gewalt herstellen, und sollte ich genötigt sein, die ganze sächsische Armee niederschießen zu lassen. Das vergossene Blut wird dereinst vor Gottes Gericht über den kommen, der es verschuldet hat, und vor dem Allwissenden wird Befehle geben und Befehle dulden als ein- und dasselbe geachtet werden müssen."

Später erfuhren Carl und Joseph, was sich ereignet hatte. Der Wiener Kongress hatte die nördlichen Landesteile Sachsens Preußen zugeschlagen. Der Vertrag über die Teilung war noch nicht unterschrieben, als am 30. April vom preußischen König der Befehl erging, auch die sächsischen Bataillone seien zu teilen und in die preußische Armee einzugliedern. Die Armeeführung traute den unruhigen Sachsen nicht über den Weg und befürchtete, sie würden wegen der Teilung ihres Landes zu den Franzosen überlaufen. Der Befehl des Königs goss jedoch Öl ins Feuer.

Am 1. Mai begaben sich mehrere Gruppen von sächsischen Soldaten vor die Wohnung des Feldmarschalls von Blücher und brachten dort laute Hochrufe auf den sächsischen König aus. Am 2. Mai baten einige sächsische Offiziere General von Gneisenau, einen Aufschub der Teilung Sachsens zu erwirken, doch Gneisenau lehnte ab. Noch während der Unterredung versammelte sich ein großer Teil der sächsischen Truppen voller Unruhe erneut vor dem Haus. Die Gemüter erhitzten sich immer mehr und man begann endlich laut auf die Preußen zu schimpfen. Die im Haus anwesenden preußischen Offiziere stürzten darauf unter Führung des Generals von Müffling mit gezogenem Säbel hinaus und mitten zwischen die aufgebrachten Sachsen. Die wiederum fielen wütend über die Preußen her, denen es nur mit knapper Not gelang, der erzürnten Menge zu entkommen. Auch Blücher musste das Haus fluchtartig durch einen Hinterausgang verlassen. Der Zorn des Generalfeldmarschalls war verständlich.

„Lassen wir das hässliche Thema. Was haben Sie mir aus Paris mitgebracht?"

Carl legte die Liste mit der Truppenaufstellung vor und berichtete vom Sammelpunkt Cambrai, den ihm der Colonel genannt hatte.

Blücher nickte beifällig, schien aber mehr erwartet zu haben.

„Da ist noch eine Karte", sagte Carl, „ich habe sie direkt im Kriegsministerium erbeutet!"

Es handelte sich um das Blatt aus dem Aktenraum. Blücher entfaltete es.

„Das ist die Region südlich von Brüssel. Wavre, Orbais, Ligny, Quatre-Bras, Brainele-Château, Braine-l'Alleud, an all diesen Ort finden sich Markierungen. Höchst interessant."

Blücher wandte sich Carl zu.

„Sie sprachen von einer Beute aus dem Kriegsministerium. Berichten Sie, wie sind Sie dort hineingekommen?"

Carl und Joseph gaben einen Abriss ihrer Pariser Erlebnisse. Blücher fragte mehrfach nach, vor allem für das Geschehen im Hause der Madame Émilie schien er sich besonders zu interessieren.

„Wenn ich es richtig sehe", kommentierte er das Gehörte, „finden in Paris diverse Intrigen statt. Keiner traut der Situation und viele wollen sich für eine Zeit nach dem Usurpator in Stellung bringen. Dass General de Ghaisnes de Bourmont dabei ist, das ist denkbar. Immerhin war er der persönliche Adjutant des Prinzen von Condé und kämpfte mit der Armee der Emigranten im Aufstand der Vendée gegen die Revolution ... Wir werden sehen."

Blücher erhob sich.

„Meine Herren. Ich danke Ihnen für Ihren Beitrag und für Ihren Bericht. Ich denke, jetzt mehr Klarheit über die Pläne und die Möglichkeiten des Gegners zu haben."

Carl und Joseph sahen sich entlassen und begaben sich ins nächste Gasthaus, um zu Abend zu essen.

Dort trafen sie zu ihrer Freude Geoffroy Carl, der gerade mit einigen Offizieren seiner Brigade zu Besuch in Lüttich angekommen war. Er berichtete, dass die Truppen immer mehr verstärkt würden, was im Hinblick auf den zu erwartenden Kampf positiv sei, aber im Hinblick auf die Disziplin auch Schattenseiten habe. Wobei es immer wieder reizvolle Abenteuer gäbe, denn die jungen belgischen Damen seien dem Militärischen wohlgesonnen.

„So hat sich vor Kurzem eine ganz eigene Geschichte zugetragen", erzählte Geoffroy Carl. „Einige Offiziere verschiedener Regimenter taten sich zusammen und schlenderten am Abend in der Stadt herum, besuchten dabei alle Wirtshäuser und trieben in den Straßen ihren Schabernack. Dabei war auch ein Leutnant meines Eskadrons, der Leutnant von Ullmann, der mir später von dem Geschehen berichtete. Es fing an zu dunkeln, als er sich von seinen Kameraden trennte und sich auf den Weg in seine Wohnung machte, wo man ihm eine schmale Kammer zugewiesen hatte. Im Gewirr der Gassen fand er sich nur schlecht zurecht. Schließlich kam er an ein Fachwerkhaus, das er für dasjenige hielt, in dem er einquartiert worden war. Die Haustür stand offen, und als er hineinging, um seinen Verschlag, der unter dem Dach lag, aufzusuchen, trat ihm ein Diener entgegen und bat ihn, ihm in den ersten Stock zu folgen, wo alles für ihn bereit sei. Er führte den Überraschten in ein höchst anständiges Zimmer, in dem, neben Bett und Schrank, ein kleiner Tisch stand, auf dem sich ein paar Weinflaschen und brennende Kerzen befanden. Er nahm Platz, doch verwunderte er sich, dass Teller, Gläser und Besteck für zwei Personen gedeckt waren. Der Bediente kam zurück, servierte ein angenehmes Abendessen und schenkte dem Leutnant vom guten Rheinwein ein. Dieser fragte, für wen denn das zweite Gedeck bestimmt sei, worauf der Diener ihn mit vielsagender Miene ansah und das Zimmer verließ. Im gleichen Augenblick hörte er ein Geräusch, das aus einer Ecke zu kommen schien, in der der Leutnant eine in der Tapete eingelassene Tür entdeckte. Ein Schlüssel wurde leise herumgedreht und die Pforte öffnete sich ein wenig. Ein schmaler Lichtstrahl fiel ins Zimmer und kühn sprang er hinzu und riss die Tür auf. Eine helle Stimme schrie laut auf – und er stand in einem netten Schlafraum gleich zwei hübschen Mädchen gegenüber, die, in Korsett und Unterrock halb entkleidet, sich bei seinem Eintritt schnell zu verbergen suchten. Eine zog die Bettdecke über sich, die andere verbarg ihren leichten Anzug hinter dem Vorhang. Doch ehe sich die Situation klären konnte, hörte er draußen eine laute Stimme, die fluchend nach ihrem Essen verlangte. Er erkannte sie wieder, sie gehörte zu einem Obristen, der für seinen Jähzorn und raschen Degen bekannt war.

‚Was sagst du?', fuhr dieser den Diener an. ‚Ein Unbekannter hat mein Abendbrot gegessen und den Wein ausgesoffen und du weißt nicht, wo er hin ist? Gut, dass meine Begleiterin verhindert war. Aber das spielt keine Rolle, den Kerl will ich schon finden, zum Donnerwetter. Friedrich', rief er nach seinem Burschen, ‚Durchsuch mir einmal alle Treppen und Zimmer. Der Hausherr wird mir das schon erlauben und sich bedanken, wenn ich solches Gesindel zu fassen bekomme!'

Rasch riegelte der Leutnant die Türe von innen zu und bat die Mädchen mit leiser Stimme, ihn um Gottes willen nicht zu verraten. Nur einen Augenblick wolle er bleiben und er verspreche, ruhig und brav an der Tür stehen zu bleiben. Die beiden Schönen antworteten nicht und schienen selbst in großer Angst zu sein. Draußen fluchte der Oberst noch immer: ‚Verdammt, Friedrich, such weiter, aber gründlich!'

Es war zu hören, wie überall im Haus Zimmer geöffnet wurden und die Dienerschaft treppauf-, treppab sprang. Schließlich näherten sich Tritte der Tür, hinter welcher der Leutnant wartete. Es klopfte leise und eine Frauenstimme sprach: ‚Mamsell Minna, Mamsell Bärbel!'

Die Mädchen zogen ihre hübschen Köpfe aus dem Versteck und blickten sich und ihren Besucher fragend an. Der Leutnant legte seine Hand auf die Brust und schaute bittend zu ihnen hinüber. Es klopfte erneut:

‚Ich soll Sie fragen, ob Sie nicht gehört haben, dass jemand hier herumgelaufen ist. Es wird eine fremde Person gesucht, die sich im Hause versteckt hat.'

Nach einigen Sekunden, in der ihre Augen miteinander zu sprechen schienen, schüttelte die hinter dem Vorhang leise den blonden Lockenkopf, es war, wie er bald erfuhr, Mamsell Minna, worauf die andere – die dunklere Bärbel – kaum vernehmlich sagte: ‚Wir wissen von nichts.'

‚Verzeihen Sie', sprach die Stimme draußen, und er hörte, wie diese sich von der Tür entfernte. ‚Ich erfuhr, dass beide neugierig gewesen seien, was im Zimmer nebenan vor sich gehe. Mein plötzliches Erscheinen habe sie zutiefst erschreckt, doch jetzt wüssten sie, wie mir Minna kichernd versicherte, dass ihnen von mir kein Ungemach drohe … Den Rest der Nacht jedenfalls', erzählte der Leutnant weiter, ‚verbrachte ich in höchst angenehmer Gesellschaft, ohne die mir zu Teil gewordenen Gastfreundschaft auszunützen und es gelang mir zudem am Morgen, das Haus unauffällig zu verlassen.'"

„Wenn nun Marielle von deinen Abenteuern erfährt", sagte Carl und sah seinen Sohn tadelnd an. Auf dessen Gesicht zeigte sich eine brennende Röte.

„Woher wissen Sie …", begann er und hielt inne, als Joseph laut lachte.

„Es ist höchst anständig zugegangen", beteuerte er schließlich.

„Die Kleidung der Damen deiner kleinen Ménage-à-trois dürfte ausreichen, dass sie dir mit dem Messer an die Kehle geht. Also, mein Sohn, man muss Frauen nicht alles sagen."

„Die Runde geht an dich, du willst doch sicher, dass wir schweigen", fügte Neipperg mit breitem Grinsen hinzu.

Die nächsten Tage und Wochen vergingen mit Vorbereitungen auf die große Schlacht, die alle erwarteten. Dafür wurde exerziert und trainiert, eiserne Disziplin war angesagt. Was dem blühte, der sich dieser widersetzte, zeigte die Erschießung der sächsischen Rädelsführer. Sieben Mann wurden umgehend erschossen, darunter ein gerade achtzehn Jahre alter Tambour namens Johann Gottfried Kanitz. Er hatte sich sehr jung freiwillig zur Armee gemeldet und war wegen seiner schwächlichen körperlichen Konstitution als Tambour eingesetzt worden. Es ging das Gerücht, er habe sich für seine Kameraden geopfert. Die ganze Revolte hatte nur Unheil gebracht, die sächsischen Fahnen gingen in Flammen auf, die Bataillone wurden geteilt und in die preußische Armee eingegliedert.

Blücher rückte nun mit seinen Truppen im Maastal vorwärts, um einstweilen links der englischen Armee Unterkunft zu beziehen. Am 27. Mai stand das Korps von Zieten in und neben dem Sambre-Tal, dahinter das von Pirch I. um Namur. Das Korps Thielmann war im Maastal vorgeschoben, und das Korps von Bülow bildete die Reserve von Lüttich. Diese vier Armeekorps hatten zusammen eine Stärke von 115.000 Mann. Das Korps des Grafen Kleist stand um dieselbe Zeit mit seinen 20.000 Mann noch um Trier.

Wellington bezog in den gleichen Tagen mit seinen Hauptmassen feste Unterkunft in und um Brüssel, die übrigen Truppen lagerten im ganzen Lande verstreut westlich und südlich der Hauptstadt.

Der Juni kam mit großer Hitze, Schwüle lag in der Luft und nachts tobten heftige Gewitter. Bei den Verbündeten glaubte man fast nicht mehr an einen raschen Beginn der Feindseligkeiten.

Da sprengten am 14. Juni mittags zu allen preußischen Hauptquartieren mit verhängten Zügeln Reiter der Vorpostenkavallerie heran und meldeten, dass die Franzosen mit aller Macht anrückten.

Marschall Blücher erteilte umgehend die Befehle zur schleunigsten Zusammenziehung der Armee in der Gegend von Ligny und schickte genaue Mitteilung seiner Vorpostenmeldungen an Wellington.

Am 15. Juni gegen sieben Uhr früh erkannten aufmerksame Vorposten den anrückenden Feind. Dieser ließ auch nicht lange Zeit zu weiteren Vorbereitungen, sondern griff das von westfälischen Landwehrleuten besetzte Städtchen Thuin an. Eine Stunde lang hielten sich die tapferen Westfalen, dann waren sie ganz umringt. Es gelang ihnen, sich im Nahkampf mit dem Bajonett durch die feindliche Truppe zu schlagen. Doch beim Rückzug erlitt die Einheit durch die permanenten französischen Reiterangriffe sehr schwere Verluste. Dann griff der Feind die Stadt Charleroi an und nahm sie trotz des tapferen Widerstandes der dort stehenden Westpreußen um elf Uhr vormittags.

Mit der Einnahme befanden sich nun die beiden Sambre-Brücken von Thuin und Marchienne in den Händen der Franzosen. Außerdem standen diese jetzt auf der großen Gabelung der Straßen über Quatre-Bras nach Brüssel und über Fleurus nach Namur und Lüttich. Darauf zog sich die preußische Brigade des Generals von Steinmetz gegen Abend auf Fleurus zurück.

Soweit war das Geschehen gediehen, als Carl mit anderen hohen Offizieren zu Blücher zur Lage befohlen wurden. Joseph befand sich noch in Lüttich beim Stab des Generals von Bülow.

„Meine Herren", eröffnete der Marschall die Besprechung. „Die Franzosen haben in verschiedenen Kolonnen die Grenze überschritten, unsere Vortruppen zurückgedrängt und uns einen geschätzten Verlust von wenigstens Tausend Mann zugefügt. Doch es ist ihnen nicht gelungen, unsere Truppe, wie es der Gegner wohl gehofft hat, vollständig zerstreut in den Quartieren zu überraschen."

General von Steinmetz ergriff das Wort.

„Aufklärer haben gemeldet, die Franzosen würden sich in drei großen Kolonnen in Richtung Frasnes, Gosselies und Wangenies bewegen."

„Ein Teil liegt bei Charleroi", ergänzte ein Oberst, „und der Rest südlich der Sambre."

„Wir können wohl davon ausgehen, dass Napoleon beabsichtigt, uns morgen anzugreifen. Wir werden den Angriff in der Stellung von Sombreffe und Ligny annehmen. Dazu befehle ich Folgendes: Die Korps Zieten, Pirch I. und Thielmann vereinigen sich zwischen Fleurus, St. Amand, Ligny, Mazy, Onoz und Namur. Das IV. Korps Bülow befindet sich bei Hannut, also etwa in der Mitte zwischen Lüttich und Brüssel, und wird rechtzeitig zu uns hinzustoßen."

„Und die Engländer?"

„Ich werde Wellington Nachricht schicken, dass er seine Truppen sammelt und uns zu Hilfe und Unterstützung kommt."

„Wenn er rechtzeitig vom Ball der Herzogin von Richmond aus Brüssel zurückkehrt", warf jemand ein. Blücher überhörte den Beitrag.

„Noch Fragen, meine Herren? Dann wünsche ich uns Fortune!"

Die nächsten Tage blieben in Carls Erinnerungen als eine schier unendliche Folge von wilden Ritten, Kämpfen, ständigem Kanonendonner, Bildern von bunten Uniformen, Pulverschwaden und unterschiedlichen Ereignissen aller Art.

Am Morgen des 16. vollzogen die Truppen befehlsgemäß ihren Aufmarsch. Carl war dem Stabe Blüchers, der auf dem Moulin de Büssy Position bezogen hatte, zugeteilt und konnte, in der Nähe des Marschalls stehend, mit dem Glas das Geschehen gut beobachten. Vor seinen Augen marschierten die Verbände überaus geordnet, fast so exakt, als befände man sich auf dem Exerzierplatz und nicht auf dem Schlachtfeld. Es war gegen Mittag, als Major Graf Nostiz, der Adjutant Blüchers, ihn zum Feldherrn bat.

„Herr von Schack, ein herrlicher Tag, nicht wahr?“, begrüßte dieser ihn gut gelaunt. „Ideales Schlachtenwetter. Nun erwarte ich nur noch Wellington. Und da will ich Sie dabeihaben. Waren im Armeeministerium des Feindes, haben wichtige Informationen erbeutet, muss Sie dem Herzog vorstellen.“

Es wurde ein Uhr mittags, als Wellington endlich mit einiger Begleitung heransprengte. Blücher, der gerade die Stellung der Truppen besichtigt hatte, begrüßte den Engländer erfreut. Auch stellte er ihm Carl vor, Wellington gab ihm flüchtig die Hand, war aber mit seinen Gedanken sichtlich anderswo. Irgendwie wirkte er auf Carl leicht verkatert, der gestrige Ball war nicht ganz ohne Folgen geblieben. Die beiden Feldherren gingen etwas zur Seite, um unter vier Augen das weitere Vorgehen zu besprechen.

Deutlich konnte man vom Hügel aus auf dem gegenüberliegenden Windmühlenberge Napoleon mit seinem Gefolge bemerken und den Aufmarsch der anrückenden französischen Armeekorps beobachten. Der Beginn der Schlacht stand unmittelbar bevor.

Um dreiviertel zwei Uhr verließ der englische Feldherr den Stab Blüchers und rief im Wegreiten noch, er werde mit seinen Truppen gegen vier Uhr hier sein. Dann trabte Wellington nach Quatre-Bras zurück, wo sich auch Geoffroy Carls Einheit befand. Inzwischen kamen Reiter mit Meldungen, das Korps von Zieten habe die Dörfer St. Amand la Haye, Ligny und Bry besetzt und dahinter stehe das Korps von Pirch I., während das Korps von Thielmann auf der Höhe von Sombreffe und Tongrinne aufmarschiert sei.

Gleichzeitig wurde bekannt, dass sich seitens der Franzosen die ganze Division Laloi des Vandammeschen Korps gegen St. Amand in Bewegung gesetzt habe. Vor der Übermacht wichen die eigenen Einheiten zunächst zurück. Doch sechs Bataillone unter dem Kommando von Oberst von Hofmann warfen die Franzosen wieder hinaus. Allein der Feind gab nicht auf und drang erneut in das Dorf vor.

Jetzt ging ein wildes Handgemenge los und schließlich schien die französische Übermacht zu siegen.

Blücher konnte von der Höhe des Moulin de Büssy das Geschehen durch sein Glas beobachten. Um den eigenen Truppen im Dorf eine Atempause zu verschaffen, zog der Marschall die Brigade Tippelskirch vom Korps von Pirch I. sowie die Reserve-Kavallerie rechts heraus, um sie den linken feindlichen Flügel attackieren zu lassen.

Unterdessen hatten die Bataillone des Generals von Steinmetz der französischen Übermacht weichen und das umkämpfte Dorf Amand räumen müssen.

Gleichzeitig brach die Brigade Tippelskirch rechts gegen das Wagnelé vor. Dabei geriet sie aus einem Kornfelde heraus durch verborgene feindliche Schützen unter heftiges Feuer. Es entstand große Unordnung, der Regiments- und ein Bataillonskommandeur fielen, die Vordersten drehten um und der Großteil zog sich fluchtartig zurück.

Blücher fiel das wilde Durcheinander auf und er entsandte Major Graf Nostiz, um die Ereignisse zu klären und ihm Meldung zu machen. Dem Adjutanten kam ein Trupp flüchtender Soldaten entgegen, und wütend kehrte er zu Blücher zurück, meldete das Gesehene und fügte hinzu:

„Wenn Eure Durchlaucht sich nur an die Spitze eines Regiments setzten, so würde bald alles anders werden."

Kaum war diese Äußerung getan, da sprengte der Feldmarschall zu dem in der Nähe stehenden 1. Pommerschen Regiment und kommandierte:

„Vorwärts Leute! Lasst euch nicht mit Schießen ein. Das sind die Kerls gar nicht wert. Wir werden sie mit dem bloßen Bajonett schon auf die Beine bringen."

Dabei blieb er vor dem Regimente und ritt – allen Offizieren stockte vor Schreck der Atem – hinein in das heftigste feindliche Feuer. Carl und der Graf folgten ihm unverzüglich.

„Exzellenz!“, rief Carl. „Kommen Sie, es ist gefährlich!“

Doch Blücher hörte weder auf seine noch auf die Warnungen seines Adjutanten, sondern entgegnete kurz:

„Keine Gefahr vorhanden.“

Das Regiment aus Pommern aber stürmte, begeistert durch das Beispiel ihres Feldherrn, mit solcher Kraft vorwärts, dass es bald gelang, das Dorf von den feindlichen Massen zu säubern und die Bataillone sich neu sammeln konnten. Nun erst ritt Blücher wieder zurück, Carl und der Major folgten.

Zusätzlich zu den heftigen Kämpfen entwickelte sich gegen drei Uhr ein Gefecht in Ligny. Gegen dieses Dorf stürmte ein französisches Korps in drei starken Sturmkolonnen vor und stieß dort auf die Brigade Henkel. Die Verteidiger empfingen den Angreifer mit nahem, äußerst wirksamem Feuer. Drei Angriffe wurden abgewiesen, doch die sechs Bataillone konnten das Dorf nur kurze Zeit gegen ein ganzes Korps halten. Blücher sah, dass die Brigade Steinmetz nicht in St. Amand bleiben konnte und zog sich nach Bry zurück. Dabei ließ er die Strecke dazwischen durch Geschützfeuer decken. Nach Ligny, wo nun die Entscheidung lag, schickte der Marschall die Brigade Jagow vor. Dort entstand zwischen den in Flammen stehenden Häusern ein entsetzlicher Kampf Mann gegen Mann.

Auf dem linken Flügel beschränkten sich die Franzosen auf die Abwehr. Die eigenen Truppen konnten wegen des vor ihrer Front sich hinziehenden Sumpfgeländes nicht hervorbrechen, so blieb es bei einem ergebnislosen Artilleriefeuer.

„Verflucht, wo bleibt Wellington?“

Blücher wurde allmählich unruhig.

„Sie sehen sicher auch die Lage, meine Herren!“, sagte er zu General Grolmann und Carl. „Die Reserven sind fast vollständig herangezogen und haben in die Ortsgefechte eingegriffen. Wellington schickt mir ständig Nachrichten, er sei in ernste Kämpfe verwickelt, erhalte aber ununterbrochen neue Unterstützungen. Das heißt doch, ich kann von einem baldigen Anrücken der englischen Hilfe ausgehen, oder?“

„Das sehe ich genauso“, meinte Grolmann.

„Dann führen wir die Schlacht fort, auch wenn diese im Augenblick ungünstig zu stehen scheint.“

Der Abend nahte und die englische Unterstützung zeigte sich immer noch nicht. Blücher beschloss, wenigstens die gute Position seines rechten Flügels auszunützen und von dort einen großen Vorstoß zu wagen. Um halb sieben stand die Lage für die Armee so günstig, dass der Feldmarschall mit Recht annehmen durfte, auch ohne Wellington den Sieg erringen zu können.

„Wir packen ihn!“, rief Blücher. „Die vorhandenen Reserven gehen rechts gegen den linken feindlichen Flügel vor. Der Stoß wird mit Hilfe hinter der Mitte stehender Brigaden als entscheidender Angriff ausgeführt. Major“, befahl er seinem Adjutanten. „Befehl an General Thielmann, er soll dem vor seiner Front weichenden Feind folgen und durch einen Vorstoß auf dem linken Flügel den Hauptangriff auf dem rechten zu unterstützen!“

Es mochte halb neun geworden sein. Sechs Stunden dauerte schon der wütende Kampf. Überall hatten die eigenen Truppen standgehalten, aber die Kräfte aller schienen erschöpft. Da verfinsterte sich plötzlich der Himmel, ein starker Gewitterregen prasselte hernieder. Man sah nichts mehr vor sich, das Feuern ließ nach und es trat eine trügerische Ruhe ein.

Carl fragte sich, ob die Schlacht zu Ende sei, der Ausgang schien jedenfalls ein Patt zu sein.

Mit einem Male fing das Lärmen und Geschieße in der Gegend von Ligny wieder an.

Überrascht blickte Blücher auf und befahl Nostitz, hinzureiten und zu klären, wie die Lage sei.

Der Adjutant galoppierte los. Gleich darauf endete der Regen, der Himmel wurde klar und nun erkannte es jeder. Der Feind war während des Gewitters unbemerkt herangekommen und hatte mit großer Übermacht die preußische Stellung gesprengt. Da die Reserven hinter der Mitte weggenommen worden waren, standen zum Schutz der sehr gefährdeten Stellung nur die zwölf Eskadrons der Reservereiterei des Generals von Röder zur Verfügung.

Blücher jagte hoch zu Pferde zu der schwachen Reiterei, Carl ritt hinter ihm her. Dort gab der Marschall mit dem Säbel das Zeichen zur Attacke.

Im Nu setzte sich Oberstleutnant von Lützow, der Freischarführer von 1813, mit seinen Ulanen in Galopp. Doch statt auf die Kürassiere zu stoßen, gerieten sie auf feindliche Infanterie. Eine tödliche Salve schmetterte ihnen entgegen, Lützow und weitere fielen im mörderischen Kugelhagel oder wurden schwer verwundet.

Dem weichenden Regiment kamen westpreußische Dragoner und Landwehrreiter zu Hilfe. Doch die französischen Kürassiere fassten sie übermächtig in der Flanke und warfen sie zurück.

Voller Zorn, dass ihm noch in der letzten Stunde der Sieg entrissen würde, setzte sich Blücher an die Spitze seiner Reiter und führte sie selbst vor. Carl hielt sich mit Graf Nostitz an seiner Seite. Vergebens. Sie wurden geworfen, alles kehrte sich zur Flucht und riss den Feldmarschall und seine beiden Begleiter mit zurück. Plötzlich brach, von einer Kugel getroffen, der arabische Schimmel des Marschalls zusammen und stürzte, seinen Reiter unter sich begrabend, zu Boden. Die letzten der eigenen Soldaten jagten vorüber und die feindlichen Kürassiere sausten heran.

Graf Nostitz und Carl sprangen aus dem Sattel, stellten ihre Pferde quer vor den gestürzten Marschall und rissen ihre Pistolen aus dem Halfter, um im Strudel des Angriffs die Feinde abzuwehren und von Blücher abzulenken. Ein erster Kürassier riss sein Ross zur Seite und zückte den Säbel. Carl schoss den Mann, einen Leutnant, ohne zu zielen aus dem Sattel. Er ließ die nutzlos gewordene Pistole fallen und griff seinerseits zum Säbel. Doch die anderen Angreifer achteten mehr auf die wieder vorsprengenden preußischen Reiter und ritten ohne Halt vorbei. Carl senkte die Waffe und kniete mitten im Feuer neben Blücher nieder, um nach ihm zu schauen. Der Feldmarschall war bei Bewusstsein und versuchte fluchend, unter dem Pferdeleib hervorzukommen. Erneut jagten rechts und links von der Gruppe französische Kürassiere vorbei. Jetzt aber flohen sie vor preußischen Reitern.

Die Gefahr war vorüber und sie konnten sich gemeinsam um Blücher kümmern. Nostitz rief einen vorbeigaloppierenden Ulanenunteroffizier an, der sofort sein Tier zügelte und zu Hilfe kam. Zu dritt zogen die Männer den zum Glück nahezu unverletzten Marschall unter dem toten Pferd hervor. Dann hoben sie ihn gemeinsam auf das Ross des Ulanen und brachten Blücher in Richtung Sombreffe in Sicherheit.

Währenddessen war das Ringen auf dem rechten Flügel der Preußen ununterbrochen fortgegangen. Die Feinde hatten die Mitte durchbrochen und die ganze Linie gesprengt. In dem herrschenden Durcheinander suchte man Blücher, doch er war nicht zu finden, keiner wusste, wo der Oberbefehlshaber geblieben war. Gneisenau übernahm als ältester General das Kommando und entschied, die Armee aus der Schlacht zu ziehen und mit den Kräften nach Tilly und Wavre auszuweichen. Damit gab er die natürliche Rückzugslinie zum Rhein hin auf und hielt an der mit dem englischen Verbündeten getroffenen Abmachung fest, am nächsten oder übernächsten Tage vereint mit demselben von Neuem dem Feind entgegenzutreten.

Von sofortigem Rückzug oder gar einer wilden Flucht konnte jedoch nicht die Rede sein. Die preußischen Truppen räumten nur die lange gehaltenen Dörfer Ligny, St. Amand la Haye und Wagnelé, hielten aber die Flecken Bry und Sombreffe noch besetzt. Auch die Angriffskraft der Franzosen schien erschöpft. Sie machten zwar noch einige kleine Vorstöße, die jedoch von den Verteidigern leicht abgewiesen wurden.

Zu Sicherung des Abzugs blieb das Korps von Thielmann die ganze Nacht über in seiner alten Stellung. Erst gegen Tagesanbruch schloss es sich an die anderen Korps an.

In Tilly hielt die Truppe wieder an, und hier traf endlich auch der Marschall mit Carl und seinem Adjutanten ein.

Blücher wurde von den umherstehenden Soldaten mit donnerndem Hurra begrüßt. Es war allen, als ob mit seinem Erscheinen die bislang herrschende düstere Stimmung verflogen sei. Kein Soldat hielt sich mehr für geschlagen, niemand zweifelte an einem guten Ausgang des Feldzuges.

So marschierten alle, nach einigen Stunden Schlaf, am frühen Morgen mit frischem Mut und in geordneter Formation weiter nach Norden. Der Rückzug selbst wurde dank der Umsicht Gneisenaus und des Stabes in aller Ruhe und großer Disziplin ausgeführt.

Im Laufe des 17. erreichten alle vier Korps Wavre. Auch die Munitionskolonnen kamen herangezogen und die Munition der Infanterie und Artillerie wurde umfassend ergänzt. Mit dem Korps von Bülow traf auch Joseph von Neipperg wieder ein.

„Carl!“ rief er und eilte voller Freude auf den Freund zu. „Ich fürchtete schon, du seiest gefallen.“

„Nein, dazu kam es nicht. Aber Tote gab es genug. Doch wo wart ihr? Euer Korps hätte uns mit seiner Anwesenheit sehr geholfen.“

„Wir standen noch in Lüttich, als Geneisenaus Weisung an Bülow abends um fünf eintraf. Gleich darauf wirbelten die Trommeln durch die Straßen und schlugen Alarm. Die Truppen setzten sich zu einem außerordentlichen Gewaltmarsch in Bewegung. Allein, es war menschenunmöglich, rechtzeitig einzutreffen.“

Die höheren Offiziere sammelten sich um ihren Kommandanten. Blücher selbst fühlte sich, wie er sagte, am ganzen Körper zerschlagen und vermochte kaum zu gehen. Doch er war unverzagt und äußerte, er werde seine Schmerzen soweit beherrschen können, dass er ein Pferd besteigen und reiten könne.

„Eh' ich den Befehl aufgebe", meinte er, „will ich mich lieber im Sattel anbinden lassen."

Nach einem kargen Frühstück, schales Warmbier aus einem Pferdeeimer, ließ sich der Marschall in den Sattel heben und ritt los nach Wavre. Gneisenau und Carl blieben an seiner Seite.

„Haben Schläge gekriegt", grollte Blücher, „müssen die Scharte wieder auswetzen, Gott verdamm mir! Ist uns ja jetzt auch der Schwerenöter, der Bülow, zur Hand. Wollen aber von wegen seiner Verspätung nicht mit ihm rechten. Ist keine Zeit dazu. Kann dem besten Kriegsmann so was passieren. Lässt sich Zeit und Raum nicht immer genau berechnen. Ist das auch nicht meine starke Seite, Gott straf mir!"

Französische Reiterpatrouillen waren weit und breit nicht zu sehen, sodass der Feind die Richtung des preußischen Rückzuges offenbar nicht erkannte und ihnen dadurch auch nicht in die Quere kam.

Dafür regnete es in Strömen. Der fette lehmige Boden erschwerte zunehmend den Marsch und die Truppe kam nur langsam vorwärts.

Carl wurde von Blücher gebeten, ins englische Hauptquartier zu reiten, um nach Wellingtons Angriffsplänen zu fragen und diesem die eigene Lage umfassend darzustellen.

„Sie haben alles miterlebt und können die Situation zudem militärisch exakt schildern!"

Joseph schloss sich dem Freund an.

Nach einer Stunde scharfen Ritts erreichten sie Quatre-Bras und wurden unverzüglich zum Herzog geführt. Dieser hatte bereits von der Schlacht erfahren.

„Wie sieht es aus bei Blücher? Ist die Truppe noch einsatzfähig und kampfbereit?"

„Das ist sie, Exzellenz", erklärte Carl „es gab Blessuren, aber die Korps sind nach wie vor einsatzfähig."

Im Namen des Marschalls fragte er, ob Wellington heute oder morgen Napoleon angreifen wolle, wenn sich Blücher mit allem, was er an Truppen habe, ihm anschlösse?

„Der gestrige Tag hat meine Ansicht zu einer vereinten Offensive nicht geändert“, erwiderte der Brite. „Ich bin willens, in der Stellung von Quatre-Bras zu bleiben und eine Schlacht anzunehmen, wenn das preußische Heer heute wieder vorrücken kann. Sollte dies indessen nicht möglich sein, gehe ich in mein Lager von Mont St. Jean zurück, und wenn ich dort von einem preußischen Korps unterstützt werde, so nehme ich morgen eine Defensivschlacht an. Kann ich diese Unterstützung nicht erhalten und führt Napoleon alles, was er hat, gegen mich, so müsste ich auf Brüssel zurückgehen. Dasselbe habe ich Generalfeldmarschall Blücher bereits durch den Adjutanten des Generals von Müffling Leutnant Wucherer mitteilen lassen.“

„Wir werden auch unserseits den Fürsten informieren und Ihnen, damit Klarheit herrscht, dessen Entscheidung unverzüglich mitteilen“, versprach Carl und ritt in scharfem Tempo mit Joseph zurück nach Wavre.

Ihnen kam Blüchers zweiter Adjutant Leutnant von Massow zusammen mit besagtem Leutnant Wucherer entgegen, die Blüchers Zusage, Wellington mit seiner ganzen Armee zu unterstützen, dem englischen Hauptquartier überbringen sollten.

Der Tag verging mit den unterschiedlichsten Manövern der beteiligten Feldherren und ihrer Truppen. Vieles was geschah, sei es, dass das Verständnis für das Geschehen oder die Kenntnis der Abläufe selbst fehlten, erschloss sich Carl erst im Nachhinein.

So war die Stellung der verbündeten Armee Wellingtons sehr ausgedehnt. Der Feldherr glaubte, Napoleon werde versuchen, seinen rechten Flügel zu umgehen. Aus diesem Grunde entsandte er über 14.000 Mann nach rechts, in Richtung Hal auf der Straße von Brüssel nach Mons. Außerdem schickte er in die rechte Flanke je eine niederländische und eine englische Division. Auch der rechte Flügel der Hauptstellung auf dem Höhenrand auf Mont St. Jean zu wurde stark bedeckt. Die Mitte hingegen bildete den schwächsten Teil der ganzen Linie. Der linke Flügel lag wie der rechte Flügel auf einem Höhenzug und umfasste eine Vielzahl von Truppen. Sämtliche Höfe im Gebiet hatte man mit starken Besatzungen versehen und durch Befestigungsanlagen für eine zähe Verteidigung eingerichtet. Die Anmarschstraße war durch einen Schleppverhau gesperrt. Insgesamt erwarteten 67.600 Mann den Gegner, darunter 12.400 Reiter sowie 156 Geschütze.

In der Nacht zum 18. Juni regnete es ununterbrochen. Die Engländer und ihre Verbündeten hatten sich die Lagerplätze bei Beginn des schlechten Wetters schon eingerichtet. Die Preußen dagegen waren dem Regen schutzlos ausgeliefert und litten sehr unter Nässe und Kälte. Am Morgen waren die Männer halb erfroren und versuchten, kärgliche Feuer zu entzünden, um sich zu wärmen.

Carl und Joseph saßen an einem dieser Feuer und hielten die Hände in die Nähe der Flammen.

„So eine Nacht im Biwak ist wirklich nicht dazu angetan, einem eine große Erholung zu gewähren“, schimpfte Joseph. „Im strömenden Regen, ohne Strohunterlage auf freiem Felde, dazu auf Ackerboden, schläft es sich erbärmlich. Und, weiß nicht, was es bedeutet, ich habe geträumt, ich hätte einen Schuss durch den Leib bekommen, das tat ziemlich weh und dann erwachte ich auf einem Holzstück liegend.“

„Das erinnert mich“, sagte ein älterer Hauptmann, der gleichfalls am Feuer saß, „an eine Geschichte, die ich in Russland erlebte. Sie wissen, dass wir Preußen, ob wir wollten oder nicht, Napoleon bei seinem Feldzug gegen den Zaren zu unterstützen hatten. Am Vorabend der Schlacht von Moskau, Sie kennen sich beide in der Region aus, so erzählt man“, wandte er sich an Joseph. Dieser nickte nur. „An diesem Abend also“, fuhr der Hauptmann fort, „sammelten sich mehrere meiner Kameraden und ich zu einem sehr einfachen Abendbrot, das wir in der festen Erwartung eines baldigen lukullischen Lebens im eroberten Moskau scherzend verzehrten, zumal der Wein gut war. Auch mein Freund von Prodzinski hatte sich eingefunden. Bislang war er immer ein heiterer Gesellschafter und ein von den anderen Offizieren gern gesehener Kamerad gewesen. An diesem Abend jedoch war er von einem düsteren und stillen Wesen, was uns bald auffiel und uns nachfragen ließ. Da erzählte er, er könne trotz aller Anstrengungen eine trübe Vorahnung nicht bewältigen. Er habe geträumt, der morgige Tag werde sein letzter sein. Wir versuchten, ihn von dieser Idee abzubringen und ihn aufzuheitern, doch es gelang uns nicht. Der Freund blieb bei seiner Behauptung, verabschiedete sich bald und bat mich zuvor, da es das letzte Mal sei, noch seine Feldflasche mit unserem Wein zu füllen.

Am nächsten Abend wurde berichtet, eine Kanonenkugel habe ihm den linken Arm dicht an der Schulter weggerissen. Er sei jedoch nicht gleich getötet worden, denn er konnte noch sein Hemd zerreißen, um den Blutfluss der Wunde zu verstopfen. Trotzdem, und obwohl einer seiner Freunde, der Leutnant von Stahlberg, ihn sogleich auf ein Pferd gelegt, um ihn zum Feldlazarett zu schaffen, sei er nicht mehr zu retten gewesen und rasch verblutet. Mit Hilfe der Feldflasche seien wenigstens die fürchterlichen Schmerzen betäubt worden. So war sein Traumgesicht in Erfüllung gegangen. Besagter Leutnant von Stahlberg erlebte übrigens selbst ein höchst merkwürdiges Abenteuer, als er später als Kriegsgefangener in Witebsk in einem Hospital krank daniederlag. Es herrschte schreckliche Dezemberkälte, die Häuser waren gedrängt voll Kranker, und der Tod forderte derart viele Opfer, dass die Karren, die morgens in den Straßen die vor die Tür geworfenen Toten aufluden, kaum damit fertig wurden. Auch Stahlberg befand sich schließlich unter jenen Unglücklichen. Er wurde wie ein Bündel Lumpen auf den Wagen geworfen, der sich auf die Düna zubewegte, die zum allgemeinen Grab für die Toten geworden war. Zufällig gingen der Major von Holzhausen und ich hinter dem Wagen her, auf welchem die Leichen kreuz und umherlagen. Da fiel uns einer der Toten auf, dessen Arme die Straße berührten. Wir sahen genauer hin und glaubten den Leutnant von Stahlberg zu erkennen. Um der Ehre des Freundes willen ließen wir uns den Körper übergeben, um ihm wenigstens ein würdiges Begräbnis zukommen zu lassen. Wir trugen ihn gerade fort, da begegnete uns der Regimentsarzt Dr. Wallmann. Er betrachtete den Toten, ergriff seine Hand, prüfte diese und ließ ihn dann umgehend in sein Arztzimmer schaffen. Dort stellte er fest, dass im Körper des Leutnants noch Leben war. Bei entsprechender Pflege und besserer Verpflegung genas Stahlberg nach erstaunlich kurzer Zeit wieder. Später sagte er oft scherzend zu mir: ‚Wer erschossen werden soll, stirbt nicht im Bette!'"

Die Geschichten verbesserten Josephs Stimmung nicht. Carl war daher froh, als der Hauptmann gerufen wurde und sie sein Geschwätz von Kanonenkugeln und Untoten nicht mehr hören mussten.

„Ein Traumschuss ist besser als ein wirklicher", suchte er den Freund noch einmal zu beruhigen.

Doch Joseph schüttelte nur den Kopf. Er warf einen feuchten Zweig ins Feuer, das zu qualmen anfing. Ein Windstoß blies den Qualm in Josephs Richtung, der hustend aufsprang. Carl lachte.

„Du hast gut lachen, du bist nicht zum geräucherten Schinken geworden", grollte Joseph. „Und da wir gerade davon sprechen. Die Verpflegung ist äußerst bescheiden. Von einem harten Brotkanten wird niemand satt."

„Na ja, keiner weiß, wo die Lebensmittelwagen herumfahren", erwiderte Carl. „Aber die Munitionskolonnen sind angekommen und jeder Mann ist reichlich mit Patronen versehen. Das ist mir lieber."

„Du hast recht. Es wird heute jedenfalls ein heißer Tag werden."

Trotz des Mangels an Ruhe und Nahrung kam der Befehl, dass das Korps von Bülow bei Tagesanbruch aufbrechen solle. Die Korps von Pirch I. und Zieten hatten unmittelbar zu folgen und nur Thielmanns Korps sollte Marschall Grouchy, der offenbar die Spuren der Preußen gefunden hatte und ihnen nachfolgte, abfangen.

Pünktlich brachen die drei Korps aus ihren Biwaks auf. Carl und Joseph schlossen sich dem Stabstrupp um Blücher selbst an.

Die Gesundheit des Feldmarschalls war sehr angeschlagen. Ihm schmerzte besonders die geschwollene rechte Seite. Sein Leibarzt Dr. Bieske half so gut es ging. Bevor er das Pferd bestieg, wollte ihn Bieske noch mit Salben einreiben, um das Reiten zu erleichtern. Doch der Marschall wehrte ungeduldig ab.

„Wozu das Schmieren?", murrte er. „Lasst's man gut sein, Doktor! Ob ich heut balsamiert oder unbalsamiert in die andre Welt gehe, das kommt auf eins raus, Gott straf mir!"

Kaum fühlte Blücher das Pferd unter sich, so kam seine gute Laune wieder, denn er merkte, dass es mit dem Reiten gehen werde. Aber ob zu Pferde oder zu Fuß, das Vorankommen war schwierig, denn die Wege zeigten sich so schlecht wie nur denkbar. Der Regen hatte den Boden vollständig durchweicht, Wald und Gebüsch zwangen oft zum Aufbrechen der Marschkolonnen und Reihen.

Bedenklich war das Eintreffen der Spitzen der 35.000 Mann starken Armee Marschall Grouchys im Rücken. Dazu kam die Nachricht, auch das Korps von Pirch I. sei in heftige Gefechte verwickelt und in seinem Vormarsch aufgehalten worden. Da aber der Kanonendonner immer zunahm und wiederholt Boten mit der dringenden Bitte Wellingtons um Hilfe eintrafen, denn seit halb zwölf Uhr war die Schlacht im vollen Gange, verdoppelten Offiziere und Soldaten ihre Anstrengungen und verließen sich auf das Korps Thielmann, dass es die Franzosen schon aufhalten werde.

Schüsse halten und der Kanonendonner erscholl näher und stärker. Offiziere brachten Meldungen über die Mächtigkeit der französischen Vorstöße. Blücher war in großer Sorge, sein Wellington gegebenes Wort nicht einlösen zu können, und trieb die Truppe stets aufs Neue an. Wo der Marsch stockte, wo die Schwierigkeiten auftraten, war er an Ort und Stelle, munterte die Männer auf, traf Anordnungen, lobte, fluchte, kurz, Blücher ließ kein Mittel unversucht, den Aufmarsch zu beschleunigen. Doch bei der Enge von St. Lambert schien alle vergebens. Die seit 48 Stunden im Einsatz stehenden, abgehetzten, todmüden, durchnässten und hungernden Soldaten verließ der Mut. Aus den Reihen murrte es: „Es geht nicht mehr. Wir können nicht mehr!"

Blücher, der das hörte, zügelte sein Pferd und stieg trotz seiner Schmerzen aus dem Sattel. Er stapfte durch den Schmutz hin zu den Erschöpften und rief:

„Ich sage, es muss gehen, tausend Schock Donnerwetter! Hört ihr, wie die Kanonen da drüben nach uns schreien? Und jetzt, da wir den Millionenhund von Bonaparte so hübsch in der Klemme haben, jetzt, da wir ihm – Gott straf mir – den Garaus machen können, sollen wir uns durch das bisschen Dreck aufhalten lassen? Oder sollen die Engländer sagen dürfen: Wir haben die Franzosen besiegt, wir allein? Wäre das doch eine zu große Schmach für uns, wisst ihr? Wir müssen auch die Scharte von vorgestern auswetzen, müssen, es geht nicht anders; sie muss ausgewetzt werden, die Scharte. Ich hab dem Wellington versprochen, rechtzeitig zu kommen. Ich hab es versprochen, hört ihr wohl? Ihr wollt doch nicht, dass ich wortbrüchig werden soll? Ihr wollt mich doch nicht zu einem Hundsfott machen?"

„Ein Wagnis", sagte Joseph zu Carl. Beide wurden Zeugen, wie sich Blücher direkt vor den Murrenden aufstellte. „Meuternde Soldaten sind unberechenbar."

„Ich glaube, er weiß was er tut", erwiderte Carl. „Die Männer meutern nicht, die sind nur völlig erschöpft. Ein paar gut gewählte Worte können Wunder bewirken."

Stumm hatten die Leute ihrem erzürnten Feldherrn zugehört. Eine Weile herrschte Stille, dann rief es als Antwort aus der Kolonne:

„Ne, det wullen wir nich! Vivat de ole Blücher!"

Die Soldaten rafften sich auf und es ging wieder vorwärts gegen die rechte Flanke und den Rücken des Feindes.

Je mehr sie sich dem Schlachtfeld näherten, desto mehr staunte Carl darüber, dass Napoleon offenbar keine Maßregeln getroffen hatte, ein Anrücken der Preußen aufzuhalten oder zu verhindern. Zusammen mit Oberst von Pfuël und Major Leopold von Lützow vom Generalstabe sowie Graf Nostiz sprengte er vor, um das Terrain zu erkunden. Bis zum Walde von Frischermont war kein Feind in Sicht. Nun galoppierte Blücher selbst nach vorn. Von der Höhe des Dorfes aus verfolgte er mit seinem Stab um vier Uhr den ganzen furchtbaren Angriff des Marschalls Ney. Sie sahen, welche Anstrengungen die Franzosen machten, die Verbündeten noch vor dem Eingreifen der Preußen zu werfen. Wellingtons Linien waren erschüttert, hielten nur knapp und konnten jeden Augenblick durchbrochen werden.

„Meiner Herren, wir werden nur mit größter Mühe unsere Männer aus den Engpässen heraus und in Schlachtordnung bringen", sagte Blücher. „Aber wir müssen etwas tun. Erwarte Ihre Vorschläge."

„Was halten Eure Exzellenz davon, die feindliche Reiterei zu beschießen?", nahm Carl von Schack kühn das Wort. „Die Entfernung ist groß, aber wir künden damit unsere Ankunft an."

Blücher sah zu Gneisenau, der nickte zustimmend. Ein wenig später eröffneten sechzehn preußische Geschütze das Feuer. Bald darauf war das Korps Bülow bereit, den Kampf aufzunehmen. Marschrichtung war das von den Franzosen besetzte Dorf Planchenoit. Der linke Flügel Bülows ging direkt darauf los. An Bülow selbst schickte Blücher den Befehl, mit seinem ganzen Korps im Vormarsch zu bleiben und alles aus dem Weg zu räumen, was sich ihm entgegenstellte. Die hinteren Truppen sollten nur auf dem linken Flügel den vorderen angereiht werden. Dadurch schob sich die preußische Schlachtlinie immer mehr hinter den Rücken der französischen und stand schließlich direkt auf der Rückzugslinie des Feindes.

Der Kampf wogte hin und hin. Ständig kamen Melder, die Berichte aus den vordersten Kampflinien brachten. Das Geschützfeuer heulte, wildes Schreien erfüllte die Luft. Das Korps des Generals Zieten, das rechts vom Korps Bülow im Anmarsch war, hörte plötzlich nicht nur den Kanonendonner vom Schlachtfelde von Belle-Alliance, sondern auch den von Wavre, also vor und hinter sich. Zieten begnügte sich damit, eine Nachhut zurückzulassen, mit der Hauptmasse aber marschierte er weiter dem Schlachtfeld von Belle-Alliance zu. Das Korps traf ein, als die Verhältnisse für Wellingtons Truppen schlimm standen und diese im Begriff waren, zu weichen. General von Zietens Korps attackierte und schob sich in die Mitte zwischen die französischen Korps d'Erlon und Lobau. Die völlige Aufrollung des rechten französischen Flügels, dem die preußischen Granaten in den Rücken sausten, war nur noch eine Frage der Zeit.

Vieles geschah, das von den einzelnen Schlachtteilnehmern nur bedingt bemerkt wurde. Der Kampf tobte hin und her, doch die Waagschale der Siegesgöttin schien sich immer deutlicher zu Gunsten von Blücher und Wellington zu neigen.

Schließlich wagten die Franzosen einen Verzweiflungsangriff auf Mont St. Jean. Doch zur Unterstützung der in ihrer Flanke und ihrem Rücken kämpfenden Preußen war gleichzeitig das Korps von Pirch I. angekommen. Blücher befahl nun den Großangriff auf das von den französischen Garden besetzte Planchenoit. Von drei Seiten drangen die Truppen mit unaufhörlichem Hurra gegen das Dorf vor; im ersten Anlauf stürmten sie die Eingänge, und nun entstand ein entsetzliches, mörderisches Ringen, Mann gegen Mann. Immer mehr schmolz unter den Hieben der Preußen die Zahl der Verteidiger zusammen, ein Führer nach dem andern sank zu Boden. Immer neue preußische Sturmkolonnen drangen in das Dorf. Endlich wurden die letzten Franzosen aus dem Orte geworfen, Planchenoit war erobert. Die preußischen Reiter jagten den Fliehenden nach und vermehrten deren Verwirrung.

Carl und Joseph ritten nebeneinander mitten hinein in diesen Kampf. Hunderte lagen schon niedergeschmettert auf der feuchtschlüpfrigen Erde und röteten diese mit ihrem Blut. Dichter Pulverdampf bedeckte das ganze Schlachtfeld. Infolge der feuchten Witterung und der Nässe des Bodens blieb er auf der Erde liegen und verbarg die schaurigen Szenen des Elends, das der grausige Kampf mit sich brachte. Säbel kreuzten sich oder fuhren auf die Körper nieder. Kugeln schwirrten durch die Luft, Pferde stürzten zu Boden, Menschen schrien in Todesangst und Schmerzen.

Ungeachtet all dieser Schrecknisse jagten die preußischen Reiter in die wirren Massen der Franzosen hinein und hieben und schossen nieder, was sich wehrte und was sie erreichen konnten.

„Sieh nur, Joseph", Carl deutete nach vorne.

Mitten in diesem schrecklichen Durcheinander saß vorgebeugt auf einem Schimmel Napoleon und verfolgte mit starren Augen den Untergang seiner Armee.

„Vorwärts! Den holen wir uns!", rief Carl und gab seinem Hengst die Sporen. In vollem Galopp ritt er auf den Kaiser zu, von dem Freund eng gefolgt. Der Imperator rührte sich nicht; er schien wie gebrochen. Doch plötzlich blickte der Feldherr auf und sah in ihre Richtung. Dann wandte er sein Ross und rettete sich vor den angreifenden Husaren in eines der wenigen noch zusammenhaltenden Karrees der Garde. Carl wollte weiter attackieren, da traf ihn ein fürchterlicher Schlag. Ein grässlicher Schmerz durchfuhr seine Brust, und er fiel aus dem Sattel hinunter auf den aufgewühlten Boden. Vor seinen Augen wurde es dunkel.

## 8. Kapitel

# HOHE ZEIT AN DER LOIRE

Carl von Schack erwachte und öffnete langsam die Augen. Er sah sich überrascht um. Er lag in einem ordentlichen Bett mit sauberen Linnen. Helle Sonne schien durch hohe Fenster. Eine junge Frau in weißer Tracht öffnete gerade die Flügel, um die Frische des Morgens einzulassen, lange, weiße Gardinen bauschten sich im Wind. Sie drehte sich ihm zu, das hübsche junge Mädchen mit den roten Lippen und blonden Locken kannte er.

„Klara!", rief er. „Bist du es?"

„Sie ist es, alter Freund", antwortete eine männliche Stimme links neben ihm. Carl wandte seinen Kopf dem Sprecher zu. Es war Joseph von Neipperg, der wie er in einem Bett lag. Seinen Oberkörper zierte allerdings ein weißer Verband.

„Du warst ganz schön lange weg", sprach der Freund weiter. „Zwei ganze Wochen lagst du da wie tot."

„Nun, ich lebe offensichtlich", sagte Carl „Aber der Schädel schmerzt."

Er griff sich an den Kopf. Dieser war mit einer Art Turban umhüllt.

„Ein französischer Säbelhieb", erklärte Joseph. „Von hinten natürlich."

„Die Ärzte wollten Euch schon aufgeben, Herr von Schack", sagte jetzt Klara. „Aber Herr von Neipperg bestand darauf, Euch weiter zu pflegen. ‚Stahlberg', rief er immer wieder, ‚Stahlberg'!"

„Du erinnerst dich gewiss an die Geschichte, die der redselige Hauptmann am Abend vor der Schlacht erzählte", warf Joseph ein. „Wer erschossen werden soll, stirbt nicht im Bett …"

„Was die Herren wieder reden", mischte sich Klara ein. „Der Krieg ist vorbei, Napoleon hat abgedankt und sich in englischen Gewahrsam begeben."

„Und wie kommst du von Bremen hierher?", fragte Carl. „Und wo sind wir eigentlich?", fügte er hinzu.

„Ich habe meine Base in Brüssel besucht. Ihr Mann Georg hat in Göttingen studiert und dient als Wundarzt in der Königlich Deutschen Legion. Als beide hörten, dass Zehntausende Männer unterschiedlicher Nationalität verwundet in den niedergetrampelten Getreidefeldern und Gräben des Schlachtfeldes oder in Scheunen und Gehöften lägen und der Hilfe bedurften, packten sie Sanitätsmittel ein und fuhren sofort los; ich schloss mich an. Abends kamen wir an, es war grauenhaft. Das Schlachtfeld war erfüllt von verzweifelten Rufen nach Hilfe und Wasser, Röcheln und Stöhnen sowie den markerschütternden Klagelauten der verwundeten Pferde, die ebenfalls zu Tausenden auf dem Schlachtfeld lagen. Weder die Briten noch die Preußen hatten in irgendeiner geordneten Form ihre Verwundeten versorgt, nur sporadisch wurde sich um diese gekümmert. Und die geschlagenen Franzosen hatten das Schlachtfeld und ihre Toten und Verwundeten fluchtartig verlassen und sie nun völlig der Gnade und Fürsorge der Sieger ausgeliefert."

„Niemand hat sich um die Verwundeten gekümmert?", fragte Carl entsetzt.

„So war es", sagte ein Mann, der eben ins Zimmer trat. „Georg

Hartog Gerson, ich bin Ihr Arzt", stellte er sich vor. „Viele überlebten ihre Verwundungen und Amputationen nur aufgrund der aufopfernden Pflege der Bevölkerung und dem Können der Ärzte in der direkten Umgebung des Schlachtfeldes. Jedes Haus, jeder Bauernhof, jede Kirche, Scheune und Schuppen wurde zu einem Lazarett. Nonnen aus den Klöstern halfen als Krankenschwestern, Bauern versorgten die Verwundeten mit Wasser, Nahrung sowie Verbandsmaterial. Die meisten transportfähigen Verwundeten wurden dann mit Wagen und Fuhrwerken nach Brüssel gebracht. Fünf Krankenhäuser richtete die Stadt für die Verwundeten ein und der Bürgermeister ordnete an, alle Bürger müssten saubere Kleidung und Bettlaken zur Verfügung stellen."

„Aber wie …"

„Geoffroy Carl hat uns gefunden und für den Abtransport nach Brüssel gesorgt", beantwortete Josephs Carls begonnene Frage.

„Jetzt, meine Herren, lassen Sie mich Ihre Verwundungen untersuchen", unterbrach Doktor Gerson das Gespräch. „Klara, sei mir bitte behilflich."

Zuerst wurde Josephs Verband gelöst, die Brustwunde, Resultat einer Kugel, betrachtet, gereinigt und neu verbunden.

„Sehr schön", meinte der Arzt. „Der Heilungsprozess macht gute Fortschritte. Und jetzt zu Ihnen, Herr von Schack. Haben Sie Schmerzen?"

„Im Hinterkopf, aber es ist auszuhalten."

„So lange Sie etwas fühlen, sind Sie auch lebendig. Jedenfalls sind Sie wieder bei Bewusstsein. Und die Wunde", der Verband war vorsichtig entfernt worden, „entwickelt sich prächtig. Sie müssen eine wahre Pferdenatur haben."

Gerson wandte sich an Klara.

„Ich übergebe die Herren ganz deiner Pflege. Meiner bedürfen sie zum Glück nicht mehr!"

Er verbeugte sich knapp und verließ den Raum.

„So und jetzt kommt die Medizin“, verkündete Klara fröhlich und brachte jedem ein Glas mit einer undefinierbaren grünlichen Flüssigkeit. „Bitter und widerlich, hilft aber viel!“

„Gereicht von einer schönen Frauen Hand ist jeder Trunk mir süß“, verkündete Joseph großartig, was Klara nicht zu berühren schien. Er nahm das Glas, trank und verzog angewidert das Gesicht. „Pfui Spinne, das schmeckt wirklich abscheulich.“

Carl griff ebenfalls zum Glas und leerte dieses mit einem Zug. Nicht gerade Burgunder, aber der Freund schien ihm zu übertreiben. Oder gehörte das Klagen zu seinem Spiel? Fast sah es danach aus, denn Klara trat ans Josephs Bett, beugte sich über ihn, strich über seine Stirn und sagte mit sanfter Stimme:

„Tapferer Krieger!“

Der Freund wandelte mal wieder auf amourösen Pfaden, trotz seiner aktuellen Befindlichkeit. Carl lachte laut auf und Klara fiel in das Lachen ein. Joseph bemühte sich zunächst um einen beleidigten Gesichtsausdruck, um sich dann doch den beiden anzuschließen.

„Ich dachte, dies sei ein Krankenzimmer“, sagte eine Stimme an der Tür, „fast möchte ich mit Joseph tauschen.“

Geoffroy Carl trat zusammen mit Marielle den Raum und entdeckte den Vater, der sich aufrichtete und zu ihm hinsah.

„Sie sind erwacht, Gott sei Dank“, rief der Sohn und eilte zu Carls Bett. Vorsichtig umarmte er ihn.

„Wie geht es Ihnen?“

„Der Kopf schmerzt noch etwas, ansonsten sollte ich wohl bald aufstehen können, oder, Klara?“

Klaras Miene drückte Zweifel aus. Marielle hatte ihr inzwischen den mitgebrachten Korb, mit dem Hinweis, das sei „die Verpflegung der Herren“, übergeben.

„Das solltet Ihr mit Doktor Gerson besprechen, Herr von Schack“, sagte sie, nickte Joseph zu, nahm den Korb und verließ das Zimmer.

„Erzählt, was inzwischen passiert ist“, bat Carl seinen Besuch.

„Ich bin vorhin aufgewacht und weiß noch nicht einmal, welches Datum wir heute haben."

„Heute ist der dritte Juli, Sie waren gut zwei Wochen ohne Bewusstsein. Dass die Unsrigen den Krieg gewonnen haben, wissen Sie sicher."

Carl nickte.

„Das ist mir bekannt. Ich weiß auch noch, dass Joseph und ich auf Napoleon zuritten, dann wird das Bild dunkel."

„Dann will ich Ihnen kurz das Geschehen schildern."

Geoffroy Carl setzte sich auf einen Stuhl, Marielle auf den anderen, und begann seinen Bericht.

„Als unsere Truppen das französische Korps von Lobau warfen und diese flüchteten, brach bei der übrigen französischen Armee Panik und Verwirrung aus. Lediglich einige Gardebataillone bewahrten einen Rest von Ordnung. Höhere Offiziere versuchten, diese zurückzuführen. Doch sie wurden derart bedrängt, dass sie unserem Ansturm erliegen mussten. Ergeben wollten die Grenadiere sich nicht, General Cambronne rief nur: ‚La garde meurt et ne se rend pas'! Als es schließlich Nacht wurde, war von der ganzen Armee des Kaisers kein Bataillon und keine Schwadron mehr in der Linie. In vollständiger Auflösung flüchteten die verbliebenen Soldaten gegen Genappe. Dort endete vorerst die Flucht. Auch der Kaiser ließ seinen Wagen in dem Städtchen halten, er wollte im Ort einige Stunden rasten."

„Und Blücher?"

„Der Feldmarschall und Wellington trafen sich bei dem Gehöft Belle-Alliance und beschlossen, die Franzosen weiter zu jagen und nicht zur Ruhe kommen zu lassen. Die Brigaden Hiller und Tippelskirch blieben also hart am Feind und folgten diesem bis Genappe. Als die Franzosen ihr Herankommen bemerkten, ergriff sie neues Entsetzen und sie flohen weiter voller Panik in Richtung Sambre. Unter ihnen befand sich der Kaiser. Er verließ seinen Wagen und schwang sich ohne Hut und Degen auf ein Pferd und entfloh, gefolgt von wenigen Getreuen, gegen Quatre-Bras. Mit knapper Not entkam er der Gefangennahme durch unsere Truppen. Sein Wagen, der Hut und der Degen, die silberne Feldausrüstung, viele Ordenssterne, sein Fernglas, zahlreiche Juwelen, der gesamte Kriegsschatz und mehr fielen aber in unsere Hände. In Quatre-Bras leisteten die Franzosen noch Widerstand, doch unsere Landwehrmänner und Füsiliere stürmten das Dorf."

„Damit war alles vorbei", schaltete sich Joseph ein „Die Franzosen verloren 25.000 Mann an Toten, Verwundeten und Gefangenen. Tausende fielen noch bei der Verfolgung in unsere Hand. Nahezu das komplette Heeresgerät, dazu dreihundert Kanonen und über fünfhundert Munitionswagen wurden erbeutet."

„So sehr mich der Sieg über den Usurpator freut", sagte Marielle, „das Schicksal der einfachen Soldaten ist schrecklich."

Einige Augenblicke war es still im Zimmer.

„Habt ihr etwas von deinem Großvater gehört?", fragte Carl schließlich. „Er war in der Schlacht dabei."

„Deswegen sind wir hier. Grand-père schickte uns durch einen Kurier eine Nachricht, er müsse uns im Château du Breuil sehen und es sei dringend."

„Wann kam der Bote?"

„Heute Morgen."

„Mehr stand nicht in dem Schreiben?"

„Mehr nicht, auch der Kurier wusste nichts zu sagen."

„Dann", rief Carl und richtete sich auf, um das Bett zu verlassen, „sollten wir uns so schnell wie möglich nach Château du Breuil an die Loire begeben."

„Bist du überhaupt reisefähig?", fragte Joseph. „Du hast zwei Wochen in einem todesartigen Schlaf zugebracht und bist erst vor einer Stunde in das Reich der Lebenden zurückgekehrt."

„Das mag sein wie es ist. Besorgt eine Kutsche und kümmert euch um Begleiter. Und holt den Doktor, ich muss mit ihm sprechen. Es soll mit dem Teufel zugehen, wenn wir nicht noch heute aufbrechen können."

Doch erst am 5. Juli brach die kleine Kolonne, bestehend aus zwei Wagen und fünf wackeren Reiter als Begleitschutz, aus Brüssel in Richtung der Loire auf. Doktor Gerson war zunächst strikt dagegen gewesen und hatte sich erst erweichen lassen, als Carls Besserung anhielt und Klara erklärte, sie werde sich auf der Reise als Pflegerin um die ausreichende Versorgung der Wunden von beiden Männern kümmern.

Die Freunde fuhren mit Geoffroy Carl im ersten, Marielle und Klara im zweiten Wagen. Die Diener saßen mit dem Kutscher auf dem Bock.

Bereits am Mittag passierten sie das Schlachtfeld von Waterloo.

So weit das Auge reichte waren die Kornfelder niedergetreten, die Ähren in den Boden gestampft, alles Buschwerk zerschossen und das Erdreich aufgewühlt. Tausende von Pferdehufen hatten die Äcker zerrissen und selbst die folgenden Regenströme die schrecklichen Verwüstungen nicht verwischen können. Der Boden war dunkel von dem eingesogenen, getrockneten Blut. Links und rechts vom Weg befanden sich überall frisch aufgeworfene, breite Erdhügel.

Die Toten waren längst fortgeschafft und der Erde übergeben oder verbrannt worden. Doch eine Vielzahl blanker Pferdegerippe lag weit zerstreut umher. Und über allem hing noch immer ein süßlicher Geruch von Tod und Verwesung.

Am Abend erreichten sie das Dorf Bernissart in der alten Grafschaft Hennegau, eine Region, die bis vor wenigen Wochen von den Franzosen besetzt gewesen war. Kurz vor ihrer Einfahrt in den Ort passierten die Kutschen ein Waldstück, das sich einen Hügel hochzog. Plötzlich ertönte ein Schuss und der Kutscher des vorderen Gefährts schrie auf.

„Ein Tirailleur!“ rief Geoffroy Carl und sprang mit gezogenem Degen aus der Kutsche. Erneut knallte es und eine Kugel fuhr krachend ins Holz.

„Der Kerl ist dort oben, los Männer, den holen wir uns!“

Er schwang sich auf ein Begleitpferd und ritt in die Richtung, aus der geschossen worden war. Wieder schoss es, doch dann brach Geoffroy Carl durch die Büsche. Vor ihm stand ein Mann in zerlumpter Uniform, wohl einer der geflohenen Soldaten. Gerade hob der Kerl seine Büchse, um auf ihn abzudrücken, da wurde er von einem Schuss der übrigen Begleiter derart getroffen, dass die Kugel unter seinem Kinn eindrang und zur Wange wieder hinausfuhr. Mit einem Röcheln sank der Schütze zu Boden.

Geoffroy Carl stieg vom Pferd und kniete nieder. Vielleicht konnte er von dem Mann erfahren, ob noch weitere seiner Zunft in der Nähe seien. Doch ein Blutstrahl quoll aus dessen Mund und dann war der Schütze tot.

Der Kutscher wurde verbunden und der Tote begraben. Dann fuhren sie weiter hinunter in das Dorf. Dort erfuhren sie, dass seit einigen Wochen Deserteure und geflohene Soldaten die Gegend unsicher machten. Der Maire bat Carl um Hilfe, der lediglich zusagte, die nächste Gendarmerie zu informieren, da sie nur über Nacht bleiben konnten.

Gern hätten sie den Dörflern geholfen, aber die Zeit drängte und die Gruppe reiste am nächsten Morgen weiter in Richtung Paris.

Der neue Tag brachte die Reisenden bis Saint-Quentin an der Somme, dem Hauptort der Picardie. Das Rathaus der Stadt war mit Skulpturen sehr ansehnlich geschmückt, die Straßen zeigten sich sauber und das Essen im Gasthaus war ebenfalls angenehm. Sie aßen eine örtliche Spezialität: Ficelles Picardes, überbackene Pfannkuchen, die mit Champignons, Schinken und Schalotten gefüllt waren und mit Crème fraîche serviert wurden. Dazu tranken sie einen guten Burgunder. Carl und Joseph ging es zusehends besser und sie genossen den friedlichen Abend.

Am 7. Juli kamen die Kutschen nur langsam vorwärts und abends machte die Gruppe Halt am Château de Compiègne. Die Geschichte des Schlosses spiegelte die Geschichte des Landes der letzten Jahrzehnte in all ihren Facetten wider: Ursprünglich hatte Louis XVI. beabsichtigt, Stadt und Schloss Compiègne zu seiner neuen Hauptresidenz zu machen und ließ bereits die Kronjuwelen in das Schloss bringen. Doch die Revolution beendete diese Pläne.

Im Kaiserreich stand das Schloss als kaiserliche Domäne Napoleon zur persönlichen Verfügung. Zeitweise residierte der ehemalige spanischen König Karl IV. dort. Nach dem Weggang Karls IV. ließ Napoleon die von ihm bewohnten Räume des Schlosses vollständig umgestalten, um künftig ausländische Herrscher repräsentativ empfangen und unterbringen zu können. Er selbst richtete sich im ehemaligen Appartement des Königs ein und empfing hier seine Braut Prinzessin Marie-Louise von Österreich. Das Kaiserpaar nutzte die Schlossanlage aber kaum. Ende 1813 hielt sich dann der aus Westphalen vertriebene Bruder Napoleons, Jérôme Bonaparte, im Schloss auf. Im März und April 1814 belagerten preußische Soldaten Château und Stadt und eroberten beides. Ende April kehrte Louis XVIII. aus dem Exil zurück und übernachtete auf seinem Weg nach Paris in Compiègne. Im Schloss empfing er auch den russischen Zaren Alexander I., ehe er am 2. Mai seinen Weg in die Hauptstadt fortsetzte. Jetzt sollte sich, wie sie in der Stadt hörten, Louis Antoine d'Artois, der Duc d'Angoulême, im Château aufhalten. Schack schlug vor, diesen um ein Nachtquartier zu bitten. Ein Schloss sei, fügte er locker hinzu, für ihre Bedürfnisse besser geeignet als irgendein Wirtshaus.

„Du bist sicher, dass wir empfangen werden, Carl?“, fragte Joseph.

„Ich kenne den Herzog persönlich“, versicherte dieser. „Ich traf ihn in Wien. Nach Napoleons Rückkehr hat er im Süden mit Linientruppen gegen den Usurpator gekämpft. Doch dann haben ihn seine Soldaten verlassen und er wurde von dem verräterischen Grouchy bei Pont-Saint-Esprit gefangen genommen. Napoleon befahl seine Freilassung und Louis Antoine d'Artois ging nach Madrid. Ein feiner Mensch, sehr gebildet und von offenen, einnehmenden Wesen. Wir haben uns gut verstanden."

Sie fuhren zum Schloss. Es war ein wirklich imposantes Bauwerk, das ein wenig an Versailles erinnerte. Die Flügel waren um fünf große und zwei kleine Innenhöfe angeordnet. Alle Trakte besaßen drei Etagen, die durch Gesimse voneinander abgesetzt waren. Durch eine breite Kolonnade gelangten sie in den Ehrenhof. Der Säulengang bestand aus dorischen Säulen. Links erstreckte sich der Marschallsflügel, im Nordosten befand sich der Haupttrakt des Schlosses.

Die Besucher stiegen aus und wurden von einem Diener in das Antichambre geleitet. Carl übergab dort dem Hofmeister ihre Karten. Worauf dieser sie in den Salle à manger führte, das frühere Speisezimmer Napoleons, der nun als weiteres Vorzimmer diente, und sie bat, Platz zu nehmen. Er werde dem Herzog den Besuch melden. Carl sah sich um. Der Raum war mit Mahagonimöbeln ausgestattet und von der Decke hing ein riesiger Kristalllüster.

Nur wenige Minuten später trat der Herzog in das Zimmer. Er war von mittelgroßer, schlanker Statur. Dem Betrachter fielen die große Nase und die ausgeprägten Lippen auf. Ein Kranz heller, blonder Locken umgab die hohe Stirn. Louis Antoine d'Artois mochte Ende dreißig seine, bewegte sich jedoch mit der geschmeidigen Eleganz eines Jünglings.

„Mein lieber Herr von Schack. Es mir eine Freude, Sie hier im Château begrüßen zu dürfen."

Er ging auf Carl zu und ergriff seine Hand.

„Ich erinnere mich mit großem Vergnügen unserer Wiener Treffen und Gespräche. War es nicht in Madame Zichy-Ferraris Salon, als wir uns das letzte Mal sahen?"

„Hoheit haben ein vortreffliches Gedächtnis", erwiderte Carl mit einer leichten Verbeugung.

„Ach, lassen Sie die Etikette außer Acht, Carl. Sie haben mit so vielen gekrönten Häuptern Umgang gehabt, auch mit meiner seligen Großtante Marie Antoinette, da brauchen Sie als Mann von Ihrer Erfahrung mir gegenüber nicht förmlich zu sein. Aber ich sehe, Sie tragen einen Verband?"

„Belle-Alliance", sagte Carl kurz.

„Sie waren dabei, oh, erzählen Sie. Allein, wo bleiben meine Manieren. Sie sind in Begleitung. Ihren Sohn kenne ich wohl, aber sonst ... Wer ist das reizende Fräulein?"

Marielle trat vor und knickste.

„Ich bin Marielle von Korff", sagte sie keck. „Tochter des Obristen Friedrich Nikolaus Georg von Korff, Offizier in russischen Diensten."

„Und meine Verlobte, Hoheit", fügte Geoffroy Carl hinzu.

„Oberst von Neipperg", schloss Joseph die Vorstellungsrunde ab.

„Enchanté", sagt Louis Antoine d'Artois und nickte Marielle zu. „Ich schlage vor, General, wir speisen und dabei erzählen Sie von Ihren Erlebnissen."

„Eine hervorragende Idee, Hoheit", erwiderte Carl. „Doch wir sind nicht allein", fügte er hinzu. Nur mit Mühe hatte sich Joseph bewegen lassen, auf Klaras Begleitung zu verzichten. Doch dem Herzog uneingeladen eine Schankwirtstochter zu präsentieren wäre wahrhaftig nicht angegangen.

„Um Ihre Dienerschaft wird sich mein Hofmeister kümmern. Kommen Sie", er reichte Marielle galant den Arm und führte die kleine Gesellschaft über den Salon des Cartes in den Salon de Famille. Die Wände waren hell getäfelt und durch Pilaster mit korinthischen Kapitellen geschmückt. Die hohen Fenster boten eine wunderbare Aussicht auf den Schlosspark. Ein Tisch für den Herzog und seine Gäste stand gedeckt bereit.

Diener schoben die Stühle zurecht und sie setzten sich. Sofort trat ein Lakai, der als Mundschenk fungierte, vor und schenkte ein. Es war ein St. Julien Bordeaux, passend zu den Petites bouchées au salpicon und der Potage de tortue l'anglaise. Zum folgenden Filet de bœuf à la jardinière wurde ein Château Lafite kredenzt und zum Filet de poulardes au supréme trat ein Château d'Yquem.

Der Herzog entschuldigte sich für das einfache Menu, er speise abends kaum etwas, sei aber nun sehr gespannt auf Carls Erlebnisse.

„Wünschen Eure Hoheit das ‚große Abenteuer' oder die schmalere Variante?"

„Oh, wenn ich bitten darf, dann gebt das ‚große Abenteuer' zum Besten."

„Wie Hoheit befehlen."

Carl, assistiert von Joseph und, was Waterloo betraf, von Geoffroy, gab eine Skizze ihrer abenteuerlichen Erlebnisse der letzten Wochen wieder. Da und dort von Fragen des Herzogs unterbrochen, näherte sich sein Bericht passend zur Menufolge allmählich dem Ende. Parallel zum erzählten Pariser Geschehen wurde soeben ein Compote d'abricots et de fraises zusammen mit wunderbar perligem Veuve Clicquot serviert.

„Sie sollten im Armeeministerium mit General de Ghaisnes de Bourmont Kontakt aufnehmen", sagte der Herzog. „Höchst interessant. Sie wissen vielleicht, dass der General am Vorabend der Schlacht bei Ligny, nachdem er dem entscheidenden Kriegsrat beigewohnt und Napoleons Pläne erfahren hatte, zu Wellington überlief. Auch das dürfte den Usurpator geschwächt haben. Doch offenbar plante der General schon früher, gegen den Tyrannen aktiv zu werden. Aber ich unterbrach Ihre Rede, erzählen Sie bitte weiter."

Nun standen die Tage der Doppelschlacht im Zentrum der Aufmerksamkeit. Noch einmal lebten das Kampfgeschehen und die Schrecknisse der Schlacht auf, dann beendete Carl seinen Bericht. Der Herzog nahm etwas von dem Roquefort, trank einen Schluck Elsässer und nickte.

„Flucht ohne Hut und Degen. Was für ein Fiasko, ein geradezu erbärmliches Ende für einen Mann, der die Welt beherrschen wollte."

„Doch Europa und Frankeich sind wieder frei. Was sind Eure weiteren Pläne, Hoheit?"

„Ich jedenfalls muss nicht die Welt beherrschen", erwiderte der Herzog lachend. „Es war mir eine Freude, aus Spanien kommend, in Bordeaux und Toulouse einzuziehen. Wenn mein Onkel der König mir die Möglichkeiten gibt, würde ich gern weiter militärisch wirken. Sie wissen, er hadert etwas mit mir."

„Was könnt Ihr, Hoheit, für den Verrat anderer", empörte sich Marielle. Der Herzog warf ihr einen freundlichen Blick zu.

„Nichts, das ist richtig, Mademoiselle. Vielleicht wird alles auch ganz anders …", der Herzog schaute etwas verträumt vor sich hin.

„Hoheit meinen, da Euer Onkel kinderlos ist und Ihr mit Prinzessin Marie Thérèse von Frankreich verehelicht seid, dass Ihr eines Tages den Thron besteigen könnten?"

„Nun, da wäre zunächst mein Vater, der Graf von Artois", erwiderte der Herzog. „Dennoch, denkbar ist vieles …"

Sie saßen noch eine Stunde und plauderten. Dann entschuldigte sich der Herzog mit dringenden Geschäften und ließ ihnen ihre Zimmer zeigen.

Am nächsten Morgen ging es früh weiter. Es wurde ein heißer Tag, die Sonne brannte vom Himmel und sie gelangten auf staubigen Wegen nur bis Saint-Denis.

Der kleine Ort wurde von einer imposanten Kathedrale überwölbt. Die Straßen waren sauber und sie fanden in einem einfachen, aber ordentlichen Gasthof Unterkunft.

Joseph saß beim Abendbrot mit einer wahren Leidensmiene am Tisch. Die Zuordnung zur Dienstbotenschaft im Château Compiègne schien Klara verärgert zu haben und sie hatte den ganzen Tag über kein Wort mit ihm gewechselt. Marielle schlug schließlich vor, sie künftig als Fräulein Klara von Lüttich zu führen. Nach einigem Hin und Her akzeptierte sie die Namensänderung und wandte ihre Aufmerksamkeit wieder Joseph zu.

Am 9. Juli erreichten sie gegen Mittag Paris, fuhren aber gleich weiter bis Évry, wo sie im Château de Petit-Bourg übernachteten. Am 11. gelangten die Gefährten am frühen Nachmittag nach Orléans. Sie nahmen Quartier im Hause eines gewissen Jacques Boucher und liefen ein wenig durch die Stadt, um sich nach der unbequemen Kutschfahrt die Füße zu vertreten. Gerade befand sich die Gruppe auf dem Platz vor der Cathédrale Sainte-Croix, da rief eine laute Stimme:

„Ist das nicht der vermaledeite Major de la Garde impériale Baron Jerzmanowski? Komm her, Kerl, wenn du Schneid hast, du verfluchter Betrüger!"

Carl und die anderen drehten sich um. Knapp hinter ihnen stand Colonel Testot-Ferry. Seine ehemalig glänzende Erscheinung wirkte heruntergekommen. Die Uniform war verwahrlost und verdreckt. Das Gesicht schmutzig und unrasiert. Bei ihm befanden sich mehrere ebenso abgerissen wirkende Gestalten, alles ehemalige Soldaten der Grande Armée, die jetzt ziellos durchs Land irrten.

„General von Schack", korrigierte Carl in aller Ruhe den Franzosen. „Stehe Ihnen jederzeit zur Verfügung."

„Wenigstens ist der Alemanne nicht feige", knurrte der Colonel. Er winkte einem seiner Männer.

„Mein Sekundant Capitaine de Waldner-Freundstein."

Joseph trat vor: „Oberst von Neipperg."

„Am Source du Loiret in zwei Stunden, also um sechs Uhr", schlug der Capitaine vor. „Sie haben die Wahl, Pistole oder Degen?"

Joseph blickte kurz zu Carl, der leicht den Arm hob.

„Pistole!"

„Sehr wohl, mein Herr. Wir bieten an, dass wir den Unparteiischen mitbringen. Ein gewisser Graf Pietranera ist heute in der Stadt angekommen. Wir könnten ihn gemeinsam fragen. Er wohnt im Hotel zur Post."

„Fragen Sie ihn nur, mich benötigen Sie nicht. Ich vertraue auf Ihre Ehre, dass der Graf ein Unparteiischer ist."

„Mein Wort, Monsieur von Neipperg!"

Capitaine de Waldner-Freundstein verneigte sich.

Nachdem all dies gesprochen und geregelt war, gingen die Parteien ihrer Wege.

„Sie wollen sich mit diesem schmutzigen Franzosen duellieren?", rief Marielle. „Das ist unmöglich. Sie sind noch verwundet und überhaupt: In Ihrem Alter!"

Carl lachte.

„Glauben Sie mir, ich kann vielleicht nicht mehr so gut an Häuserfassaden entlang klettern wie gewisse Leute, doch zu schießen verstehe ich noch immer."

Marielle errötete und verstummte.

Die Source du Loiret war die Quelle des gleichnamigen Flusses. Sie speiste sich aus den Wassern der bei Jargeau in den Kalksteinen teilweise versickernden Loire. Der türkis schimmernde Quelltopf hatte einen Durchmesser von etwa 21 Metern und sah der Quelle der Blau bei Blaubeuren ähnlich.

Punkt sechs Uhr, aus der Ferne war das Abendläuten zu hören, traten sich die Kontrahenten gegenüber. Marielle und Klara hatten unbedingt mitkommen wollen, mussten aber in der Kutsche ausharren; ein Duell war eine Angelegenheit unter Männern.

Nun präsentierte Capitaine de Waldner-Freundstein Carl einen Pistolenkoffer mit vier Waffen und bat ihn, seine Wahl zu treffen. Carl deutete auf zwei der Pistolen, die der Capitaine Neipperg reichte, der sie kurz prüfte und lud. Jetzt wurden die Seiten verlost und die Entfernung von den Sekundanten abgeschritten. Carl und sein Gegner steckten je eine der Waffen in den Gürtel und nahmen die andere in die Rechte, darauf begaben sie sich auf ihre Positionen.

„Messieurs, Attention!"

Graf Pietranera hob die Hand!

„Un, deux, trois ...!"

In die „Drei" hinein krachte ein lauter Schuss. Eine Kugel pfiff haarscharf an Carl vorbei. Ohne die Wimper zu zucken zielte er nun auf seinen Gegner und drückte ab. Treffer!

Colonel Testot-Ferry griff sich an die Schulter und sank ins Gras. Am Boden liegend tastete er zum Gürtel und gab trotz seiner Verwundung einen zweiten Schuss ab, der Carls Jacke seitlich aufriss, ohne ihn jedoch weiter zu verletzen. Capitaine de Waldner-Freundstein trat zu dem Getroffenen und beugte sich zu ihm. Doch er wurde in seiner Untersuchung gestört, denn Klara und Marielle, die es direkt nach der Schussfolge nicht mehr in der Kutsche gehalten hatte und die zum Kampfplatz geeilt waren, drängten ihn sanft, aber nachdrücklich zur Seite. Die Frauen versorgten und verbanden den Colonel. Die Schussverletzung schien schmerzhaft, aber nicht lebensbedrohlich.

„Höchst anständig von Ihren Damen, sich um den Gegner zu kümmern", meinte der Graf, „aber ihr Eingreifen ist eigentlich ein Regelverstoß."

„Den wir akzeptieren", sagte Capitaine de Waldner-Freundstein. Er hatte den Colonel zu dessen Kutsche gebracht und kam jetzt zurück, um die Satisfaktion zu verkünden.

„Der Colonel bedankt sich ausdrücklich bei den beiden Fräulein. Von solchen Schönheiten umsorgt zu werden, das habe die Kugel, die er empfangen, wettgemacht."

„Ein typischer Franzose", murmelte Neipperg, dem die Blicke, mit denen Testot-Ferry Klara betrachtete, wenig gefallen hatten.
Am 12. Juli gegen Mittag erreichte die Gruppe ohne weitere Zwischenfälle endlich ihr Ziel: Das Château du Breuil.

Das Schloss, das unter den Marodeuren der Revolution sehr gelitten hatte, war in der Zeit nach dem Direktorium, also in den letzten zwanzig Jahren, wieder aufgebaut worden und strahlte neu in altem Glanz. Vor ihnen lag der Hauptflügel mit seinen vielen Fenstern und kleinen Säulen, hell verputzt und da und dort mit Marmor verkleidet.

Über die breite Freitreppe gelangten sie zum Portal, wo der Majordomus Herr Blanchett, ein älterer, rundlicher Mann, der eine gewisse ruhige Behaglichkeit ausstrahlte, die Reisenden voller Freude in Empfang nahm.

Gleich wurde die Gruppe in das Empfangszimmer geführt. Es war ein riesiger Raum, die Decken und Wände waren mit Leder bespannt und trugen das Familienwappen der du Breuils, das schwarze Kreuz mit dem roten Tuch. In die Wandverkleidung waren verschiedene Gemälde eingelassen, die Szenen aus Cervantes Don Quichotte zeigten. Über dem offenen Kamin stand eine Büste Homers, ihn selbst rahmten die Götter Merkur und Venus und die Liebesgeschichte von Adonis ein.

Direkt vor dem Kamin, in dem trotz der warmen Jahreszeit ein Feuer brannte, saß in einem Sessel, eingehüllt in eine wollene Decke, Graf Geoffroy du Breuil. Carl erschrak. Der Freund war in den zwei Monaten seit ihrem letzten Treffen stark gealtert und wirkte krank und gebrechlich.

„Grand-père", rief Geoffroy Carl. „Was ist geschehen?"

„Eine Kugel traf mich in die Brust, mitten in der Schlacht, an der ihr auch teilgenommen habt. Zum Glück waren wir noch weit von dem tragischen Ende entfernt, sodass sich ein Wundarzt um mich kümmerte und abtransportieren ließ. Aber ich sehe, ich bin nicht der Einzige, der Blut gelassen hat. Was ist dir passiert, Carl?"

„Ein französischer Säbel tat einen guten Schlag. Sonst hätte ich euren Kaiser zu fassen bekommen."

Statt einer Antwort hustete der Graf. Es war starker, kehlig klingender Husten, der kaum enden wollte. Plötzlich sank er in sich zusammen und griff sich wie im Krampf zum Hals. Ohne Rücksicht auf die Etikette eilte Klara zu ihm, zog die Decke beiseite und öffnete den Kragen. Marielle half, indem sie du Breuil vorsichtig auf den Rücken klopfte. Beides war keinen Augenblick zu früh geschehen, denn das Gesicht des Kranken hatte bereits eine blaurote Färbung angenommen.

„Wir sollten ihn zu Bett bringen lassen", schlug Carl vor. „Geoffroy braucht Ruhe."

Dem Grafen musste es wirklich schlecht gehen, denn er ließ sich ohne Gegenrede ins sein Schlafgemach geleiten. Klara und Marielle folgten, um sich die Wunde anzuschauen und diese besser zu versorgen.

Nach gut einer Stunde kehrten die Frauen zurück.

„Sein Zustand ist besorgniserregend", erklärte Marielle.

„Die Wunde ist nicht genügend behandelt worden", fügte Klara hinzu. „Ich habe sie versorgt und dem Grafen einen Kräuterwickel für die Brust angelegt. Ich fürchte aber, sein Fieber könnte steigen."

„Jetzt schläft er."

„Wenn Geoffroy ernsthaft erkrankt ist, muss sich jemand länger um ihn und um das Château kümmern", sagte Neipperg.

„Das ist leicht geklärt"; gab Carl zurück. „Geoffroy Carl ist als leiblicher Enkel berechtigt und verpflichtet, die Angelegenheiten seines Großvaters zu regeln."

Geoffroy Carl stimmte dem zu. Er ließ sofort den Verwalter kommen und teilte ihm mit, dass er wegen der Krankheit seines

Grand-pères vorerst an dessen Stelle treten werde. Herr Blanchett zeigte sich sehr erfreut, dass jemand ihm Verantwortung abnahm und erwartete Geoffroy Carls Befehle. Zunächst sollte der Mann für ihre Unterbringung sorgen. Herr Blanchett klärte umgehend die Zimmerfrage. Dann nahm man im Speisesaal ein kleines Essen ein.

„Wie lange wird Geoffroy Carl die Verantwortung übernehmen müssen?", wollte Marielle bei Tisch wissen.

„Sie fürchten um eure Hochzeit?", neckte sie Joseph.

„Das könnte wirklich zu einem Problem werden", gab Marielle zurück. „Wir wollen im August heiraten und jetzt ist Mitte Juli."

„Wir sollten die nächsten Tage abwarten und abwarten, wie sich Geoffroys Gesundheitszustand entwickelt, dann können wir überlegen, was erforderlich ist."

Eine Woche verging, doch die Gesundheit des Grafen verbesserte sich nicht. Geoffroy hatte hohes Fieber und dämmerte meist vor sich hin. Klara ließ nicht nach in der Pflege. Endlich kam ein Tag, an dem er sich besser zu fühlen schien und alle an sein Lager bat.

„Lieber Geoffroy Carl, liebe Freunde und liebe Helferinnen! Seid ohne Sorge, das wird keine längere Rede. Nur so viel. Ich danke euch für eure Unterstützung und Hilfe. Es sieht so aus, als käme ich so schnell nicht mehr auf die Beine, wenn überhaupt. Es geht auch nicht um mich, sondern um euch beide, Geoffroy Carl und Marielle. Um eure Hochzeit. Schon lange ist auf Château du Breuil kein derartiges Fest mehr gefeiert worden ..."

„Wir könnten hier heiraten?", rief Marielle.

„Ich würde mich glücklich schätzen."

„Die letzte Möglichkeit, im August vor den Altar zu treten, ist am Sonntag, den 27.", sagte Carl, der kurz gerechnet hatte.

„Heute ist der zwanzigste Juli", meinte Joseph, „das wird mit den Einladungen knapp."

„Wofür gibt es reitende Boten?", gab Carl fröhlich zurück.

„Und mein Brautkleid?“

„Wir sind in Frankreich“, erwiderte Geoffroy Carl, „in jeder Stadt gibt es elegante Damensalons und notfalls lass ich für dich einen Meister der Nadel direkt aus Paris holen.“

Die Vorbereitungen für die Hochzeit füllten rasch die Zeit der kommenden Wochen. Ob es Klaras Pflege war oder die Vorfreude auf das Fest, dem Grafen schien es von Tag zu Tag besser zu gehen und seine Lebensgeister kehrten zurück.

Aus Paris war Maître François Lheureux mit Begleitung angereist, ein Mann, dessen Leben aus Stoffen und Kleidern bestand. Lheureux sollte, so behaupteten böse Zungen in der Hauptstadt, in seiner Jugend eine nähere Bekanntschaft mit der damals blutjungen Hortense Eugénie Cécile de Beauharnais gepflegt haben. Angeblich hatte er eine Anprobe genutzt, um sich unter dem Vorwand der Hilfe dem scheuen Mädchen zu nähern, und ihre Unerfahrenheit schamlos ausgenutzt. Andere taten diese Geschichte als üble Verleumdung kleinlicher Neider ab, deren primäres Interesse darin bestand, der Familie de Beauharnais zu schaden. Wie dem auch gewesen sein mochte, mit Schere und Nadel war Lheureux ein wahrer Meister seines Handwerks. Zusammen mit seiner Modistin Mademioselle Blanche gelang es ihm, für Marielle ein wahres Kunstwerk aus Tüll und Seide zu schaffen.

Gut eine Woche vor der Trauung fuhren die ersten Gäste vor. Es waren Hermann Schott von Schottenstein und seine Frau Elisabeth, begleitet von Melchior von Talheim und dessen Gattin Madeleine. Die Ankunft der alten Freunde weckte im Grafen zusätzliche Lebensgeister. Erstmals seit Wochen wagte er, begleitet von Carl, Melchior, Hermann und Joseph, einen längeren Ausritt.

Es war ein herrlicher Augusttag, die Sonne schien hell und warm vom wolkenlosen Himmel. Die Freunde ritten an der Loire entlang, passierten Wälder, Felder und zahlreiche Weinberge, in denen köstliche Trauben der Lese entgegenreiften. Gegen Mittag erreichten sie eine Schänke und zügelten die Pferde.

„Ein netter Ort für eine Rast", sagte Geoffroy. „Der Wein ist gut und dazu reicht die Wirtin dem hungrigen Gast kleine, durchaus wohlschmeckende Speisen."

„Das scheint mir ein guter Vorschlag", rief Melchior, der schon seit Jahren mehr und mehr den Freuden des Leibes frönte.

Auch die anderen stimmten zu. Man saß ab, koppelte die Pferde an und nahm auf den Bänken vor dem Gebäude direkt unter einer großen Eiche Platz.

Die Wirtin, eine dralle Witwe bestens Alters, kam und fragte die „werten Herren" nach ihren Wünschen.

„Bring Sie uns einen Krug von Ihrem Besten, meine Schöne", bat Geoffroy galant, „und was Ihre Küche gerade bietet."

„Ich könnte den Herren einige Pilzomelette zubereiten. Dazu frisches Brot mit Käse und Oliven."

„Gerne, nur lass Sie uns vorher nicht verdursten!"

„Ich eile, meine Herren!"

Bald stand ein mächtiger Krug auf dem Tisch und vor jedem ein Becher mit blutrotem Wein. Carl hob seinen in die Höhe:

„Freunde, ich trinke auf unser Zusammensein!"

„Gedenken wir auch der Freunde und Kameraden, die nicht mehr unter uns weilen", fügte Hermann hinzu.

„Santé!"

Alle tranken schweigend.

„Jetzt lasst uns erzählen, was wir in den letzten Jahren erlebt haben", sagte Melchior. „Ich selbst kann beginnen, zumal es so viele Abenteuer nicht sind, von denen ich berichten kann. Das seltsamste erlebte ich vor gut zehn Jahren im Oktober 1805, genauer am vierten des Monats. Es war abends gegen zehn Uhr, als Napoleon in Ludwigsburg eintraf. Zur Beleuchtung der Straße hatte man in kurzen Zwischenräumen Feuer angezündet. Bei der Ankunft wurde der Kaiser mit hundert Kanonenschüssen begrüßt. Unser Herzog beziehungsweise damals Kurfürst hatte sich an den Eingang des Schlosses zum Empfang begeben und Napoleon wurde mitten durch die Truppen, die mit fliegenden Fahnen aufgestellt waren, unter dem lauten Schall der Militärmusik hineingeleitet. Während der drei Tage, welche der Franzose in Ludwigsburg verbrachte, ließ es unser Herzog nicht an ständigen Ehrenbezeugungen und Ergebenheitsgesten fehlen. Auch am Hof gab es einen großen Zirkel und Schauspielvorführungen."

„Das hat Friedrich die Königswürde eingebracht", sagte Joseph.

„Ich verstehe seine Haltung nicht", meinte Hermann. „Am Hofe Friedrich des Großen aufgewachsen, unter Katharina der Großen zum Gouverneur von Finnland ernannt und dann zum Speichellecker werden, Nein, pfui über den Dicken!"

„Zwölftausend Württemberger sind in Russland geblieben, nochmals Pfui über Friedrich", fügte Melchior hinzu.

„Lassen wir die garstige Politik", sagte Carl, der merkte, dass dem Grafen als Franzosen die Thematik unangenehm war, „und wenden uns den Abenteuern zu."

„Ein solches wollte ich gerade erzählen", fuhr Melchior fort. „An eben diesem Abend erhielten die Soldaten des Kaisers eine Lieferung guten Württembergers. Fünf Fässer waren es, Trollinger und Lemberger. Drei hatte der Herzog gestiftet, eines die Stadt Ludwigsburg und eines kam von mir."

„Wie, du hast die Feinde mit Wein versorgt?", empörte sich Hermann.

„Wartet ab. Das Fass aus unserem Haus war ein ganz besonderes Exemplar seiner Gattung. Ursprünglich stand es in einer Gerberei, kam dann zu einem Fleischer, um am Ende als Jauchebehältnis zu dienen."

„Habt ihr das Fass gereinigt und mit Wein gefüllt?", wollte Carl wissen.

„Nein, irgendwie gab es ein Missverständnis und plötzlich gab es fünf Fässer, von denen eines jauchigen Ursprungs war. Doch welches von den fünfen es sein mochte, konnte beim besten Willen nicht festgestellt werden."

„Und da habt ihr drei Fässer dem Herzog und eines der Stadt verkauft und eines dazu gegeben?", fragte Geoffroy.

„Richtig", bestätigte Melchior.

„Herrlich, das nenne ich einen wahren Schwabenstreich", sagte der Graf lachend.

Das Essen kam in brutzelnden Pfannen und erforderte die ungeteilte Aufmerksamkeit. Darauf erzählte man sich weitere Anekdoten und Schwänke, die die Freunde selbst erlebt hatten oder erlebt haben wollten. Auch die Becher wurden kräftig geleert und der Krug mehrfach ausgetauscht.

„Die Herren scheinen sehr fidel", sagte plötzlich eine Stimme aus dem Hintergrund. Alle fuhren herum.

„Neidhardt!", rief Carl. „Neidhardt von Gneisenau. Die Boten haben dich erreicht …"

„Und ich habe alles stehen- und liegengelassen, um die alten Freunde wiederzusehen", erwiderte der General.

„Potzblitz! Aus dem schmalen Fähnrich ist ein wackerer Mann geworden", sagte Hermann, der Neidhardt seit ihrer Jagd nach dem Halsband nicht mehr gesehen hatte.

„Setz dich zu uns und greif zum Becher. Du musst einiges aufholen."

„Ich werde mich bemühen."

Gneisenau setzte sich zu den Freunden und das Erzählen und fröhliche Zechen ging weiter. Natürlich kamen sie auf das Halsbandabenteuer zu sprechen und wie schnell die Jahre seit 1780 ins Land gezogen waren.

„Der Alte Fritz hatte damals noch gelebt", sagte Melchior. „und Napoleon war ein korsischer Knabe von elf Jahren. Jetzt sind wir alle ein halbes Menschenalter weiter."

„Wie ist es dir eigentlichen in den Jahren ergangen, Neidhardt?“, fragte Hermann. „Du sollst ein wichtiger Mann geworden sein, mehr weiß ich nicht. In meiner kleinen Schweiz bekommt man das Geschehen der großen Welt nur am Rande mit.“

„Ja, erzähl“, sagte Melchior. „Damals hörte ich, du seiest auf der Suche nach der Jungfer Liane. Hast du sie finden können?“

„Nein, das habe ich nicht, so sehr ich auch forschte und suchte. Mich hielt es daher in Deutschland nicht mehr, ich trat als Leutnant in englische Dienste und reiste nach Amerika. Doch der Ablauf der Tage dort, Wachdienst und Drill, Drill und Wachdienst, war eintönig, trist und öde. So kehrte ich bereits ein Jahr später nach Europa zurück. Mein Glück begann, als ich nach Preußen zog und in die Truppe eintrat. Ich stieg rasch auf und heiratete schließlich meine Karoline. Wir haben drei Söhne und vier Töchter.“

Er schwieg und hatte offenbar das Gefühl, genug über sich erzählt zu haben.

„Nicht so bescheiden“, rief Carl. „Du bist auch der Mann, der mit Scharnhorst zusammen die preußische Armee reformiert hat. Du warst bei Waterloo Blüchers Generalstabschef und wurdest bereits vor zwei Jahren in den Grafenstand erhoben.“

„Seit Kurzem bist du zudem General der Infanterie“, fügte Joseph hinzu.

„Das stimmt“, bestätigte Gneisenau ruhig. „Lianes alte Muhme hat alles richtig vorhergesehen.“

Melchior nickte.

„Ich sehe die Alte noch immer vor mir. Halb weise Frau, halb Hexe. Wie waren ihre letzten Worte?“

„Am Ende wartet immer der Tod“, sagte Gneisenau.

Einen Augenblick herrschte eine fast beklommene Stille. Dann hob Carl den Becher:

„Vivimus, ergo bibamus!“

„Trinken wir!“, stimmten die Freunde ein und leerten die Becher.

Ein dumpfes Grollen war zu hören.

„Ein Gewitter zieht auf", Geoffroy zeigte nach Westen, wo es in der Ferne wetterleuchtete.

„Wir sollten aufbrechen, die Wolken kommen rasch näher."

Sie zahlten, bestiegen die Pferde und ritten los. Immer wieder blitzte es nun und der bald folgende Donner verdeutlichte das Nahen des Unwetters. Die Männer spornten die Tiere an und in scharfem Tempo ging es vorwärts. Jetzt verdunkelte sich der Himmel und schwerer Regen begann zu fallen. Schnell weichte der Boden auf, zäher Schlamm hinderte den Tritt der Pferde und das Reiten wurde immer beschwerlicher. Sie kamen nur noch im Schritt vorwärts. Völlig durchgeweicht erreichten sie mit einbrechender Nacht schließlich das Château.

Der angeschlagene Gesundheitszustand Geoffroys verschlechterte sich durch das nasse Erlebnis wieder. Er hustete und bekam abends regelmäßig Fieber. Doch Carls Anbieten, die Hochzeit zu verschieben, lehnte der Graf vehement ab.

„Das ist nicht möglich, viele der Gäste sind bereits angereist und die jungen Leute sind voller Erwartung. Klara wird mich mit ihren Kräutertränken schon soweit gesunden lassen. Nein, jetzt wird geheiratet, für alles andere ist später Zeit."

Der Hochzeitsmorgen, ein herrlich warmer und sonniger Spätaugusttag, war endlich gekommen. Marielle, eingehüllt in eine wahre Wolke von Weiß, wurde von Baron Waldemar von Korff, einem Vetter dritten Grades ihres verstorbenen Vaters, zum Altar der Schlosskapelle geleitet. Geoffroy Carl und sein Trauzeuge, der Oberst Carl Bernhard von Sachsen-Weimar-Eisenach, sein Kamerad von Quatre-Bras und Waterloo, erwarteten die strahlende Braut. Auch andere Offiziere seiner Einheit waren angereist, dazu ein ganz besonderer Gast: Charles Henry Knowles. Der Freund, mittlerweile zum Admiral befördert, kam mit seiner Gemahlin Charlotte, der Tochter von Sir Charles Johnstone of Ludlow und Lady Mary Beddoe. Vieles verband Carl und Geoffroy mit dem Briten und beide freuten sich, mit Charles über gemeinsame Abenteuer sprechen zu können.

Nach der kirchlichen Zeremonie begann das Festbankett im großen Speisesaal des Schlosses. Alles war mit Rosen und Weißdornzweigen geschmückt. Weißdorn, weil dieser einer alten Überlieferung nach Herzprobleme linderte – und nur das Ja der Braut konnte die Herzschmerzen des Bräutigams heilen. Für die Bauern und das einfache Volk wurden vor dem Schloss meterlange Tafeln mit Gesottenem und Gebratenen aufgebaut sowie ein Dutzend Fässer mit Wein und Bier bereitgestellt.

Für die eigentlichen Gäste ließ der Herr von Château du Breuil auffahren, was Küche und Keller nur zu bieten hatten. Den Auftakt des Hochzeitsmahles, nach dem Leeren der Sektkelche, machte eine Bouillabaisse. Es folgten Entenbrust mit Preiselbeeren und Honigfeigen, eine würzige Wildpastete und Roastbeef. Dazu wurden Nizza-Salat mit Thunfisch und Oliven, Feldsalat mit Croutons und Walnüssen sowie Tomatensalat gereicht. Nach einer Quiche servierte die Küche als Hauptgang gegrilltes Entrecote mit einer kräftigen Weinsoße, Coq au Vin sowie gebackene Lammkeule. Neben einer umfangreichen Käseplatte bildeten ein Mousse au Chocolate, Mille Feuilles mit Früchten, Tartes und Cremetörtchen und frisch gebackene Crepes Suzette den Abschluss. Obwohl, eigentlich ging das Mahl weiter, denn jetzt trugen die Diener die Hochzeitstorte, die Croquembouche, herein: Eine riesige Pyramide von mit einem Karamellguss überzogenen Windbeuteln, die das Brautpaar anschnitt und an die Gäste verteilte.

Zu Beginn hatten es sich sowohl der Graf als auch Carl nicht nehmen lassen, dem jungen Paar die besten Wünsche für ihre Zukunft mitzugeben. Auch aus dem Kreis der Offizierskameraden folgten launige Reden, deren meist sehr direkte Anspielungen auf die kommende Nachtsituation die anwesende Damenwelt erröten ließ.

Gegen Abend unterbrach man das Mahl und spazierte durch den Park des Schlosses, wobei es die jüngeren Gäste nicht an Neckereien und kleinen Überraschungen für das Brautpaar fehlen ließen. So fanden sich in einem Rosenbusch zwei Herzen, die Marielles und Geoffroy Carls Namen trugen und – ohne das Brautkleid zu schädigen oder sich gar an den Dornen zu verletztten – von beiden hervorgeholt werden mussten, eine Übung, die beiden ohne Blessuren trefflich gelang. An einem Bassin erwartete sie der obligatorische Storch, dessen Schnabel auf eine eigens errichtete Skulpturengruppe verwies, die ein Paar mit einer Wiege darstellte.

Nach der Rückkehr und weiteren Trinksprüchen eröffneten Braut und Bräutigam den Abend mit einem Wiener Walzer. Beide schwebten durch den Saal, ganz in Weiß und im Blau der Uniform. Als die Musik endete, blieb das Paar mitten im Raum stehen und andere Paare gesellten sich zu ihnen, um jetzt selbst zu tanzen. Da erhob sich der Marquis de Dampierre, ein alter Freund der Familie.

„Jetzt", rief er laut, „jetzt ist es an der Zeit, das Strumpfband der Braut zu versteigern!"

„Was ist das für ein Brauch?", fragte Melchior den neben ihm und seiner Frau sitzenden Joseph.

„Das kann ich dir nicht sagen, es klingt allerdings etwas anrüchig."

„Honi soit qui mal y pense", sagte ein schräg gegenübersitzender Gast, der Conde da Torre, ein portugiesischer Jugendfreund Geoffroy du Breuils. „Dieser Brauch, meine Herren, ist hier in Frankreich äußerst beliebt und bietet in der Tat ein erfreuliches Schauspiel. Die Braut begibt sich in die Mitte der Tanzfläche. Die Musik setzt ein und sie beginnt zu tanzen, wobei sie leicht den Saum ihres Kleides lüftet. Für jeden Zoll nach oben müssen die Herren ein Gebot abgeben, die Damen bieten für eine Absenkung. So wandert der Rocksaum nach oben und zurück, bis endlich das Strumpfband sichtbar wird. Dieses wird dem letzten Bieter zugesprochen, der es der Braut sogar eigenhändig abnehmen darf."

Hermanns Elisabeth schüttelte missbilligend den Kopf.

„Das nenne ich frivol", sagte sie im unverkennbaren Idiom ihrer Schweizer Heimat.

„Mit dieser Meinung sind Sie nicht allein, Madame", erwiderte der Conde. „Daher ist es das Bestreben der Damen, die Sichtbarwerdung des Bandes und natürlich des Beines durch ihr Bieten zu verhindern."

Die Herren lachten.

Der Marquis de Dampierre hatte inzwischen die Tanzfläche betreten, um das Ritual selbst zu gestalten. Die Paare zogen sich zum Rand zurück und …

„Wo ist die Braut?", fragte der Marquise und sah sich suchend um. „Madame von Schack, nicht so schüchtern, Ihr Bein wird gebraucht!"

Marielle reagierte nicht, überhaupt war die Braut nirgends zu sehen.

„Wo ist deine Frau, Geoffroy Carl?", fragte der Graf den Bräutigam, der sich nicht erklären konnte, wo Marielle so plötzlich abgeblieben war, und leicht verloren am Rande der Tanzfläche stand.

„Ihr seid kaum einen halben Tag verheiratet und schon geht Madame ihre eigenen Wege."

„Wahrscheinlich wurde die Braut entführt", meinte der zu ihnen tretende Hermann. „Ein Brauch, der in allen Landen, ganz gleich in welcher Zunge die Bewohner sprechen, zu finden ist."

„Was mache ich denn jetzt?", fragte Geoffroy Carl etwas hilflos.

Melchior und Joseph, die ebenfalls dazu gekommen waren, lachten laut auf.

„Ich würde meine mir frisch vermählte und schon entführte Gattin suchen", sagte Melchior trocken.

„Oder ist es dir egal, dass Marielle irgendwo schmachtend sich nach dir verzehrt?", fügte Joseph hinzu.

„Auf, Herr Sohn, mach dich auf die Suche!“, sagte Carl. „Frag am besten zuerst deine Kameraden, die können dir sicher weiterhelfen.“

Nach einigem Hin und Her schien es deutlich, dass Marielle wohl in Begleitung dreier Offiziere in Richtung Thoury aufgebrochen beziehungsweise von diesen eskortiert worden war.

„Was wollen die in Thoury?“, fragte Geoffroy Carl.

„Dort gibt es eine Schänke, man wird jedermann einladen und auf deine Kosten kräftig zechen, bis du die Braut auslöst“, erklärte ihm der Graf.

„Worauf wartest du noch?“, rief Bernhard von Sachsen-Weimar-Eisenach. „Komm, wir reiten hinterher.“

Pferde wurden eilig gesattelt und beide Männer, begleitet vom Adjutanten des Prinzen, Leutnant von Brixen, brachen zur Verfolgung der Brauträuber auf.

Die Zurückgebliebenen widmeten sich nun dem Tanz, unter ihnen Melchior und Madeleine, Hermann und Elisabeth sowie Charles Henry mit seiner Gemahlin Charlotte. Auch Joseph hatte Klara zum Tanz gebeten und führte sie zum Walzerklang über das blanke Parkett. Carl und Geoffroy bezogen die Zuschauerposition und betrachteten bei einem Glas Wein mit Kennerblicken die bunte Vielfalt der Damenwelt.

„Wenn ich an meinen ersten Ball in Versailles denke“, hub Geoffroy an. „Der Anblick der unzählbaren Kerzen, deren Glanz in den Spiegeln tausendfach schimmerte und sich über die kostbaren Seidenmöbel, die goldenen und edelsteingeschmückten Ziergeräte und schwere Brokatstoffe ergoss. Und die im Saale versammelten Schönheiten, die schönsten Frauen Frankreichs, die mich und andere Jünglinge mit einer schier grenzenlosen Sehnsucht erfüllten. Das Weiß herrlicher Schultern, die schlanken Hälse bedeckt mit glitzerndem Schmuck. Rote Lippen und dunkle Augen, strahlend blaue und lockende grüne. Roben in allen Farben und Formen, Frauen in weiten Reifröcken, mit Blumenfestons und einer unzählbaren Menge von Volants geschmückt. Samtene

Stoffe betonten und verbargen die herrlichsten Ahnungen. Düfte von Rosen und Amber strömten auf mich ein."

Geoffroy seufzte wehmütig.

„Komm, alter Freund, Kopf hoch", erwiderte Carl. „Freue dich der nächsten Generation und wundere dich, was für Zeiten wir erlebt haben und erleben durften."

Er hob sein Glas und stieß mit Geoffroy an.

Da trat Klara an den Tisch.

„Graf, Ihr dürft mich um den nächsten Tanz bitten", forderte sie keck. „Das fördert den Genesungsprozess!"

„Wie könnte ich dir, schöne Jungfer, dies abschlagen", erwiderte Geoffroy galant und erhob sich.

Carl blieb sitzen und beschaute weiterhin still das fröhliche Treiben. Wien fiel ihm ein und die Fülle der Feste und Amüsements, in denen die Kongressteilnehmer nahezu täglich geschwelgt hatten. Nach den langen Jahren der Kriege und Kämpfe sehnten sich die Menschen nach Freude und friedlichem Glück. Einige Zeit verging, noch immer tanzte der Graf, wobei er sich der Reihe nach den Brautjungfern und den übrigen geladenen Damen widmete.

Da öffnete sich die Saaltür und Leutnant von Brixen trat ein. Er sah sich suchend um, erblickte Carl und eilte zu ihm. Er wirkte aufgeregt und verstört.

„Herr General von Schack", sagte er und schöpfte tief Atem, bevor er weitersprach. „Es ist etwas passiert!"

Damit überreichte von Brixen ihm ein gefaltetes Blatt. Carl öffnete das Papier und las die in der Handschrift seines Sohnes verfertigte Nachricht:

*Marielle ist nicht zu finden. Ob sie entführt worden ist oder was geschehen ist, weiß ich nicht. Ich breche sofort mit dem Prinzen und den Kameraden zur Suche auf.*
*Geoffroy Carl*

Die Braut war verschwunden. Ein weiterer Streich, ein Scherz von Marielle? Oder handelte es sich gar um eine echte Entführung? Jedenfalls galt es, die Ruhe zu bewahren.

„Setzen Sie sich, Leutnant“, forderte Carl den Boten auf. Er gab dem Grafen, der gerade mit einer Dame vorbeitanzte, ein Zeichen. Dieser merkte, dass etwas geschehen sein musste, führte seine Tänzerin mit einem verbindlichen Kompliment zu ihrem Platz und kam zu den beiden Männern.

„Was ist los?“

„Es gibt etwas zu besprechen, Geoffroy“, erklärte ihm Carl. „Setz dich. Herr von Brixen, berichten Sie!“

Der Offizier kam der Aufforderung nach und erzählte, wie sie zu dritt zum Dorf Thoury und zur dortigen Schänke geritten seien.

„Vor dem ‚Wilden Mann‘ saßen die Kameraden und waren fröhlich am Zechen. Die Braut war nicht zu sehen. Auf die Frage des Herrn Rittmeisters, wo sie sei, gab Kapitän von Bötzow zur Antwort, sie sei vor einer guten Viertelstunde ins Haus gegangen. Doch Frau von Schack war weder im Haus noch im angrenzenden Garten oder im näheren Umfeld zu finden. Eine junge Magd sagte jedoch, sie habe gesehen, dass eine Dame in Weiß in eine Kutsche gestiegen und diese davongefahren sei. Sie habe sich dabei nichts gedacht. Nach näherem Befragen, das Ding schien ziemlich einfältig zu sein, kam heraus, dass die Kutsche von einigen Reitern begleitet worden war. Doch welche Richtung sie genommen hatte, wusste die dumme Trine nicht zu sagen.“

„Ein Streich!“, rief der Graf, „was sonst?“

„Ich weiß nicht“, zweifelte Carl. „Irgendetwas stimmt da nicht.“

„Marielle ist von allein in die Kutsche gestiegen, sie wurde nicht dazu gezwungen.“

„Oder man hat sie getäuscht?“

„Das ist auch denkbar. Oder Marielle treibt mit Geoffroy Carl einen Scherz.“

„Zuzutrauen wäre es ihr. Dennoch, ich mache mir Sorgen."

„Verständlich, was schlägst du vor, Carl? Sollen wir dem Bräutigam zu Hilfe eilen? Es dunkelt allmählich, für eine Suche braucht es Licht."

Sie beschlossen, dass Carl, Joseph und der Leutnant sowie der Graf selbst sich auf die Brautsuche begeben würden. Die Gäste hielten die Aktion für einen Teil des Spiels und Carl konnte nicht sagen, ob sie damit recht hatten oder nicht.

Ein wenig später brachen die vier Männer, begleitet von drei Jägern mit Fackeln und mit Pistolen sowie Degen versehen, in Richtung Thoury auf.

Auf dem halben Weg dorthin kam ihnen der Bräutigam mit dem Prinzen und den übrigen Offizieren entgegen.

„Ist Marielle bei euch?", rief Geoffroy Carl.

„Nein", antwortete der Graf, „Deswegen sind wir losgeritten. Was ist mit der Kutsche?"

„Es gibt keine Spur von ihr", antwortete der Prinz. „Fast, als habe sie Flügel bekommen."

„Es ist kein Scherz von Marielle?", fragte Joseph.

Zur Antwort hielt Geoffroy Carl den Brautschleier in die Höhe. Er war verschmutzt und zerrissen.

„Wir müssen also von einer echten Entführung ausgehen", sagte Carl betont ruhig. „Wenn niemand die Kutsche gesehen hat, können die Entführer nur in einem Versteck Unterschlupf gefunden haben."

„Der alte Turm", rief der Graf. „Gut eine Meile von hier in Richtung Loire!"

„Bist du sicher, Grand-père?"

„Es ist das einzige denkbare Versteck im Umkreis von zehn Meilen."

„Dann los!"

Die Reiter trabten mit dem Grafen an der Spitze los. Bald verließ er die Straße und lenkte sein Tier in den Wald hinein. Die Nacht brach an und nun kam die Gruppe nur mehr im Schritt vorwärts. Gut eine halbe Stunde war man unterwegs, da zügelte Geoffroy sein Ross. Vor ihnen zeigte sich eine Lichtung, in deren Mitte sich ein hoher Turm erhob. Er wirkte zerfallen, Fensterlücken starrten ihnen leer entgegen und auch das Dach schien an vielen Stellen offen. Der Mauerverputz war weitgehend verschwunden, vorn lagen einzelne Steine, welche unter dem Einfluss von Wind und Wetter herabgestürzt waren. Linker Hand flackerte Licht, ein offenes Feuer warf roten Schein in die Nacht. Laute Stimmen waren zu hören. Die Reiter stiegen ab und zogen die Pferde weiter unter die Bäume zurück.

Der Leutnant wurde losgeschickt, das Terrain zu erkunden. Er kehrt bald zurück und berichtete, am Feuer säßen sechs oder sieben Männer. Weiter rechts befände sich ein Posten, der eine Kutsche bewache.

„Wir haben die Bande", rief Geoffroy Carl. „Auf, worauf warten wir noch?"

„Still, nicht so laut und vor allem nicht so voreilig", ermahnte ihn Carl. „Wir wissen nicht, ob weitere Männer im Turm sind und vor allem nicht, wo sich Marielle befindet."

„Richtig", stimmte ihm der Graf zu. „Wir müssen die Kerle leise und ohne Geräusch überwältigen, um mögliche Genossen nicht zu warnen und dadurch die Braut zu gefährden."

„Genau – und das ist der Plan", übernahm Carl die Führung. „Herr Leutnant, Sie bleiben mit einem der Knechte hier und halten uns den Rücken frei. Wir anderen umfassen die Bande in einer Zangenbewegung, während ein Teil von uns von vorn angreift."

„Ich übernehme den linken Flügel", sagte der Prinz, „zusammen mit Herrn von Bötzow und dem zweiten Bediensteten."

„Gut, Geoffroy Carl und ich kommen mit Joseph und Premierleutnant von Kalden direkt von vorn. Aber wartet, erst auf mein Signal hin greifen wir zu!"

„Verstanden", sagte der Graf. „Wir gehen auf der rechten Flanke vor und schließen die Falle." Er gab dem dritten Offizier, Herrn von Dönow, und dem verbliebenen Knecht ein Zeichen. Dann verschwanden beide „Flügel" im Dunkeln. Carl wartete einige Minuten.

„So", sagte er endlich zu dem immer ungeduldiger werdenden Bräutigam. „Jetzt gehen wir ebenfalls los!"

Die vier Männer traten in die Lichtung und blieben wie angewurzelt stehen. Vorn, auf der vom Feuer nicht beleuchteten Seite, war ein heller Fleck zu sehen. Eine Person in weißer Gewandung hangelte sich an einem Seil am Mauerwerk herab.

„Marielle!", rief Geoffroy Carl und rannte los.

Ein Schuss krachte, offenbar gab es auch vorn eine Wache, und ein wilder Tumult brach aus. Weitere Schüsse knallten, Menschen schrien. Jemand sprang mit gezücktem Säbel auf Carl zu. Dieser zog den Degen, wich dem Schlag des Unbekannten elegant aus und stach zu. Einen zweiten schlug er nieder, der Premierleutnant erschoss einen dritten, der auf Joseph anlegte. Ein Pfiff ertönte, offenbar ein Signal und die Entführer verschwanden in die Dunkelheit des Waldes.

Geoffroy Carl hatte inzwischen Marielle erreicht und schloss seine Braut in die Arme.

Ein wenig später tauchten die Übrigen auf. Lediglich Herr von Bötzow hatte eine leichte Blessur und die Stirn des Grafen zierte ein Schmiss. Sonst waren alle unverletzt, auch Marielle war unversehrt, das Blut auf dem Schleier stammte nicht von ihr. Zwei der Angreifer lagen tot auf der Wallstatt, die meisten hatten fliehen können, doch drei waren gefangen worden. Sie wurden gefesselt und aufs Dach der Kutsche gebunden, Braut und Bräutigam nahmen innen Platz und eskortiert von den Befreiern fuhr das Paar zum Fest zurück. Um die Toten kümmerten sich die Knechte.

Die Gäste schienen die Abwesenheit kaum bemerkt zu haben und hatten fröhlich weiter getanzt, gescherzt und getrunken. Die Rückkehr der Brautleute wurde mit lautem Hallo begrüßt und die, wie es hieß, längst fällige Strumpfbandversteigerung eingefordert. Vergeblich, denn Marielle und Geoffroy Carl zogen sich ohne große Erklärungen einfach zurück. Viele der Damen folgten ihrem Beispiel und die Gruppe der Freunde, verstärkt um den Carl Bernhard von Sachsen-Weimar-Eisenach, begab sich, mit einigen guten Flaschen versehen, in einen Nebenraum.

„Geoffroy, was ist auf eurem Ausritt denn wirklich losgewesen?", fragte Charles Henry Knowles. „Du siehst aus, als hättest du mal wieder den Degen geführt!"

„Wir haben in der Tat ein magnifiques Abenteuer erlebt", antwortete an seiner Stelle der Prinz. „Très charmant."

„Ein Abenteuer", bestätigte der Graf. „Das ist die richtige Bezeichnung."

„Du machst uns neugierig, erzähl endlich!", drängte Hermann.

Der Graf trank einen Schluck aus seinem Glas und gab dann einen ausführlichen Bericht ihrer nächtlichen Erlebnisse.

„Ihr schlagt euch mit Banditen herum und lasst uns zum Tanzen zurück", empörte sich Melchior, als er endete. „Schöne Freunde!"

„Die Damen sollten nicht beunruhigt werden", erklärte Carl. „Und das Ganze hätte auch ein Ablenkungsmanöver sein können."

„Habt ihr eine Vermutung, wer für die Entführung verantwortlich ist?", fragte Hermann.

„Nein. Aber die Gefangenen werden morgen verhört werden. Dann wissen wir sicher mehr."

Die Herren spekulierten noch einige Zeit über die Hintergründe der Entführung, wobei die eine oder andere Flasche geleert wurde. Endlich, es war weit nach Mitternacht, löste die Runde sich auf und jeder zog sich in sein Schlafgemach zurück.

Der nächste Tag begann am späten Vormittag. Nach dem Frühstück begaben sich der Graf und Carl hinab in den Gewölbekeller des Chateaus und zu dem Verließ, in das gestern die Gefangenen gebracht worden waren, um die Entführer selbst zu verhören. Allein, die Tür des Gefängnisses stand weit offen, der Raum war bis auf die Stricke der Fesseln am Boden leer; die Kerle schienen sich in Luft aufgelöst zu haben, auch den Verwundeten hatten sie mitgenommen.

„Merde!", fluchte der Graf. „Jemand muss den Burschen geholfen haben!"

„Und dieser Jemand kennt sich im Schloss aus", stellte Carl fest.

„Das heißt, er gehört zur Dienerschaft. Ich werde sofort alle verhören."

„Wäre es nicht besser, den oder die Helfer in Sicherheit zu wiegen und so zu tun, als gingen wir von einer Befreiung von außen aus?"

„Vielleicht, ja – aber, wenn ich daran denke, dass hier ein Verräter ein- und ausgeht! Das gefällt mir gar nicht", grollte der Graf.

„Wir werden den Schuft schon zu fassen bekommen. Wer hat alles einen Schlüssel für das Verließ?"

„Herr Blanchett wird uns Auskunft geben."

Sie begaben sich in das Arbeitszimmer des Major Domus', um diesen direkt mit dem Geschehen zu konfrontieren. Blanchett zeigte sich über die Flucht entsetzt und präsentierte ungefragt den sogenannten Schlüsselkasten, ein Schränkchen, in dem sämtliche Schlüssel des Chateaus in Original oder als Doublette aufbewahrt waren.

„Hier, gnädiger Herr, alle Schlüssel befinden sich ordnungsgemäß an ihrem Platz, das heißt …", Blanchett stutzte.

„Nur nicht die Schlüssel zu den unteren Kellerräumen", ergänzte der Graf. „Wo sind diese hin, Herr Blanchett? Ich erwarte eine Erklärung!"

„Ich, ich weiß nicht, gnädiger Herr", stotterte der Verwalter. Sein Gesicht überzog eine ungesunde Blässe und auf der Stirn zeigten sich Schweißtropfen.

„Sie wissen es nicht, Blanchett?", die Stimme des Grafen wurde eisig.

„Packen Sie Ihre Sachen, in spätestens zwei Stunden sind Sie aus meinem Schloss verschwunden! Doch bevor Sie gehen, sorgen Sie dafür, dass das sich die gesamte Dienerschaft sowie sämtliche Knechte und Mägde im Gesindesaal einfindet. In einer Viertelstunde will ich alle dort versammelt sehen."

Der Graf wandte sich brüsk ab und verließ den Raum. Carl folgte ihm. Er hielt die Reaktion des Freundes für überzogen, sagte aber nichts, denn wenn Geoffroy in dieser zornigen Stimmung war, machten ihn Einwände oder gar ein Widerspruch nur noch wütender.

Die Befragung des Gesindes brachte keine nennenswerten Resultate. Carl, der den Grafen hatte überreden können, die Aufgabe ihm zu übertragen, ließ die zwölf Männer und fünfzehn Frauen einzeln zur Vernehmung antreten. Joseph assistierte ihm. Doch keiner wollte etwas mit dem Verschwinden der Gefangenen zu tun oder jemanden Fremdes gesehen haben, der als Befreier infrage gekommen wäre. Einzig eine junge Küchenmagd, die wohl kaum älter als fünfzehn Lenze sein mochte, gab an, sie habe in der Nacht vor ihrer Kammer, die zur Hofseite lag, verstohlene Stimmen und später Hufgetrappel gehört. Die Köchin beschied jedoch, Hanne sei ein dummes, einfältiges Ding, das sich häufig die seltsamsten Geschichten einbilde. An ihrer Wahrnehmung sei gewiss nichts dran.

„Mit ihr wird es, wenn sie so weiterredet, bald ein böses Ende nehmen, Herr", prophezeite die Herrscherin der Küchenwelt.

Ob die Geschichte stimmte oder nicht, sie erklärte nicht, wer das Verließ geöffnet und die Entführer befreit hatte.

Inzwischen zeigten sich auch die Neuverheirateten. Marielle hatte die Entführung gut überstanden und schien gewillt, das Geschehen als abenteuerlichen Bestandteil der Hochzeit anzusehen. Heute trug sie ein grünsamtenes Kleid, das ihre Haarfarbe wunderbar kontrastierte. Beim mittäglichen Mahl berichtete sie ausführlich von ihren Erlebnissen. Sie sei, nach ihrer „Entführung" durch die Offizierskameraden, in die Schänke gegangen, um die durch den Ritt etwas derangierte

Kleidung zu richten. Der Wirt habe ihr eine Kammer im hinteren Gebäudetrakt geöffnet und eine Magd angewiesen, „der gnädigen Frau" behilflich zu sein. Diese habe sich als sehr anstellig erwiesen.

„Wir waren fertig und ich wollte gerade zu Kapitän von Bötzow und seinen Spießgesellen zurückkehren, als mir jemand ein Tuch auf Mund und Nase presste und alles dunkel wurde. Ich erwachte in einem kahlen Raum, dessen Tür, wie ich rasch feststellte, verschlossen war. Allein, es gab ein Seil am Boden und ein schmales, unverglastes Fenster. Ich befestigte das Seil, zwängte mich durch die Öffnung und hangelte mich mit Hilfe des Seils in Richtung Boden hinab. Den Rest kennt ihr."

„Alle Achtung", rief Prinz Bernhard von Sachsen-Weimar-Eisenach, „Sie sind eine wahre Amazone, Frau von Schack!"

„Ich danke Ihnen für das Kompliment, Hoheit", erwiderte Marielle, „allein, es erinnert mich an eine Bemerkung des Freiherrn von Plessen …"

„Das anzüglich war und weswegen ich ihn zur Rechenschaft gezogen habe", sagte Geoffroy Carl. „Ob er für die Entführung verantwortlich ist?"

„Unwahrscheinlich", meinte der Graf. „Das Ganze wirkt auf mich eher wie ein schlechter Scherz, der aus dem Ruder gelaufen ist."

„Zwei Tote sind mehr als ein schlechter Scherz", gab Carl zu bedenken. „Ob unser alter Feind Schulmeister dahintersteckt?"

Er erklärte dem Prinzen kurz die Zusammenhänge. Dieser schüttelte den Kopf.

„Das ist nicht möglich. Fürst Blücher hat den Mann Ende Juli festsetzen und in ein Gefängnis bringen lassen. Der Mann ist ein Verräter, aber nicht der Täter."

„Also vielleicht doch der Baron", meinte Joseph.

„Vielleicht, vielleicht nicht", sagte Carl. „Ich denke jedenfalls, der Wirt der Schänke könnte in den Plan eingeweiht worden sein. Wir sollten den Mann ausführlich befragen."

„Tut, was ihr nicht lassen könnt. Marielle und ich werden jedenfalls in einer Stunde auf unsere Hochzeitreise aufbrechen."

„Holla", rief Joseph, „und wohin soll es gehen?"

Auch der Graf und Carl zeigten sich überrascht, von einer Reise war aufgrund der unruhigen Zeiten bislang nicht die Rede gewesen.

„Zunächst nach Paris. Marielle benötigt noch einige Modeartikel. Dann in Richtung Kurland auf Familienbesuch und in einem Bogen über Krakau nach Marienbad, um endlich Wien rechtzeitig zur Ballsaison aufzusuchen. Jetzt entschuldigt uns, wir haben noch ein paar Kleinigkeiten zu klären."

Die jungen Eheleute erhoben sich und verließen, mit einem Kompliment vor dem Prinzen, die Tafel.

Carl und Joseph ritten zusammen mit einigen Knechten zuerst zum Turm, um im Licht des Tages das Terrain auf Spuren zu durchsuchen und um die Identität der Toten zu überprüfen. Der eine war ein grimmiger Kerl mit bärtigem Antlitz, ein regelrechter Straßenräuber, dessen wildes Leben den ihm zugedachten Abschluss gefunden hatte. Der andere aber, der Mann, der Carl mit dem Säbel attackiert hatte, war niemand anderes als Charles Masters alias Baron von Esterhazy! Der Mörder der Mädchen Luisa und Mary lag tot zu ihren Füßen.

„Du hast Mary gerächt!"

Joseph drückte Carls Hand, dann spuckte er dem Toten ins Gesicht. Carl wandte sich ab. Ihre Jagd nach dem Verbrecher hatte hier überraschend einen Abschluss gefunden. Aber Charles Masters konnte nicht Karl Ludwig Schulmeister sein, obwohl er diesem stark ähnelte. Denn diesen hatte Blücher arretieren lassen. Abgesehen von dieser Unstimmigkeit: War der Tote allein für die Entführung Marielles verantwortlich gewesen?

Auch die Vernehmung des Wirtes der Schänke im Dorf Thoury beantwortete ihre Fragen nicht. Er hatte angeblich von nichts gewusst. Schließlich kehrten die Freunde ins Château zurück.

## 9. Kapitel

# NACHKLANG

Die Ernte des Herbstes 1815 war in deutschen Landen, besonders in den vom jahrelangen Krieg verheerten Gebieten, schlecht und mager und die Versorgung der Bevölkerung entsprechend mäßig und karg. Da sich zudem die politischen Versprechen der Fürsten als hohl erwiesen, wuchs die allgemeine Unzufriedenheit. Weder war Deutschland geeint und das alte Reich wiedererstanden, noch herrschte der Geist der Freiheit, für die das alte Griechenland und das moderne Amerika Vorbilder waren. Vor allem im Kreis der Studenten und des gebildeten Bürgertums wurde das Murren ob der Zustände lauter.

Carl war im Spätjahr noch einmal an der Loire gewesen. Eine traurige Pflicht führte ihn dorthin. Geoffroy du Breuils Gesundheitszustand hatte sich im September zunehmend verschlechtert, alle ärztliche Kunst war vergeblich und der Graf verstarb mit Beginn des Oktobers. Nach der Trauerfeier im Kreise der engsten Freunde und Verwandten traten Geoffroy Carl und sein Frau Marielle das Erbe an. Sie entschieden, nur einen Teil des Jahres im Château zu verbringen und sonst ihren Wohnsitz im Gut Körchow bei Hagenow zu nehmen. Carl überließ dem jungen Paar das Gut und erwarb selbst, nach einem Zwischenspiel in Berlin, mithilfe seines alten Bekannten, des Buchhändlers Jakob Willibald Werner, ein stattliches Bürgerhaus in der früheren freien Reichstadt Esslingen. Ganz in der Nähe seines neuen Wohnsitzes hatte einst Sylvia von Korff gewohnt.

Auf der Rückreise von der Beerdigung suchten Geoffroy Carl, Marielle und er noch die Alte auf, die ihnen im Frühjahr bei ihrer Flucht aus dem Château von Lunéville und vor allem bei Marielles Verwundung geholfen hatte, um das Versprechen einzulösen und ihr das Kräuterbuch des hochgelehrten und weltberühmten Herrn Dr. Petri Andreae Matthioli zu überbringen. Allein, sie fanden die Frau tot in ihrer Hütte liegen und begruben sie mitsamt dem Buch als Totengabe.

Wer der Verantwortliche für die Entführung gewesen war, blieb ungeklärt, wenigstens aber waren die Morde an Luisa und Mary gesühnt. Der im Elsass als Karl Ludwig Schulmeister in Haft genommene Mann hatte jegliche Beteiligung an einer Spionage oder gar an den Mordtaten strikt geleugnet. Frech behauptete er, jemand anderes habe sich seiner Identität bedient, um ihn zu diskreditieren und war endlich nach langem Hin und Her mangels exakter Beweise und aufgrund seiner guten Kontakte zu gewissen Stellen freigelassen worden. Angeblich lebte der Mann jetzt als wohlhabender Bürger in einem Ort namens Boissy-Saint-Léger südöstlich von Paris. Carl war sicher, dass der Spion und der ihm so ähnliche Tote vom Felsenturm in engem Kontakt gestanden hatten und hoffte, den echten Schulmeister irgendwann für sein Tun zur Rechenschaft ziehen zu können. Er machte sich aber angesichts der mächtigen Protektion, die der Mann genoss, keine Illusion, dass dies wenig wahrscheinlich war. Das Böse in der Welt schien mitunter geradezu unantastbar zu sein.

Auch Deutschland kam nicht zur Ruhe. Kaum war Frieden eingekehrt, ruinierten Nässe und Kälte die Ernten. Dazu spielte das Wetter völlig verrückt. Am Neujahrstag 1816 war es heiß wie im

Sommer. Im Mai wurde es dann so kalt wie sonst im Februar. Mancherorts froren Brunnen zu, dass man kein Wasser holen konnte. Im Juni setzte schließlich ein Regen ein, der nicht enden wollte, sodass auf den Feldern das Korn verfaulte. Was noch übrig war, vernichtete im Juli der Hagel. Hermann schrieb aus der Schweiz, es schneie bei ihnen sogar bis in die Täler hinein. Der Rhein und andere Flüsse traten breit über die Ufer. Auch der Neckar war von Hochwasser betroffen. Im Lande Württemberg kam es zu einer Verteuerung des Weizens um mehr als das Doppelte. Vereinzelt wurden Mühlen und Bäckereien geplündert. Die schiere Armut wuchs in den ländlichen Gebieten zu einem bis dahin nicht gekannten Ausmaß. Die Bauern konnten wegen der Missernte keine Tagelöhner mehr anstellen, Handwerker und andere Gewerbetreibende erhielten kaum mehr Aufträge. Die Bevölkerungsgröße ging drastisch zurück, es starben mehr als geboren wurden und Zehntausende verließen das Land, um ihr Glück in der neuen Welt zu suchen.

Diese schreckliche Hungerkrise stellte den neuen König Wilhelm I. direkt nach seiner Amtseinführung vor große Herausforderungen. Um die Bevölkerung schneller mit Getreide zu versorgen, wurde der Import durch Aufhebung der Zölle erleichtert, die Exportzölle wurden dagegen erhöht. Außerdem gründete Wilhelm eine landwirtschaftliche Unterrichts-, Versuchs- und Musteranstalt in Hohenheim. Besonders seine Frau, die russische Zarentochter Katharina Pawlowna, zeigte sich als fürsorgliche und tatkräftige Wohltäterin, die half, wo sie nur konnte. Trotz allem beruhigte sich erst im Folgejahr aufgrund der guten herbstlichen Ernte die wirtschaftliche Lage.

Carl hatte sich ebenfalls bemüht, mit Lebensmittellieferungen aus Frankreich da und dort die Not zu lindern und geholfen, wo er nur konnte. Erst im Spätsommer 1817, als die Getreideernte eingeholt wurde, kam er wieder zu Atem.

Im folgenden Oktober reiste er nach Eisenach, um dort auf der Wartburg an der Feier zum Gedenken an die Völkerschlacht von

Leipzig und an Luthers Thesenanschlag vor dreihundert Jahren teilzunehmen.

Gut fünfhundert Teilnehmer, unter ihnen vor allem Studenten, aber auch zahlreiche Professoren der nahe gelegenen Universität Jena, waren erschienen. Unter dem Wahlspruch „Ehre, Freiheit, Vaterland" wurden im geschmückten Rittersaal der Burg etliche Reden gehalten und Martin Luther als deutscher Freiheitsheld gelobt. Dann sang man gemeinsam den Choral „Nun danket alle Gott", der seit Leuthen als preußische Hymne galt. Anschließend gab es ein Festbankett, bei dem zahlreiche Trinksprüche und Hochrufe auf Luther und die Helden der Befreiungskriege wie Gerhard von Scharnhorst, Ferdinand von Schill und Theodor Körner ausgebracht wurden. Auf dem nahe gelegenen Wartenberg, wohin die Versammlung nach dem Essen zog, hatte man mit Einbruch der Nacht zum Gedenken an die Völkerschlacht eine Vielzahl von Siegesfeuern entzündet. Carl befand sich unter den Dahinschreitenden des feierlichen Fackelzugs. Um ihn das rot flackernde Licht des Feuers, außen dunkle Schwärze. Der dumpfe Klang der Schritte, vereinzelt Gesang. Ein eigenartiges Gefühl von tiefem Verbundensein wie aber auch eine gewisse Beklommenheit überkam ihn. Wohin würde der Weg des Landes noch gehen? Welche Brände und dunklen Zeiten mussten noch erlebt werden, bis Recht und Freiheit Deutschland einten?

Am größten Feuer hielt der Zug inne. Hoch loderten die Flammen in die Nacht. Die Szene erinnerte Carl an einen gewaltigen Scheiterhaufen, ihm schauderte. Nun folgten weitere Reden und endlich die Verbrennung von allerlei Gegenständen und Symbolen der Obrigkeit: Ein Soldatenzopf, das Schnürleib eines preußischen Ulanen und ein österreichischer Korporalsstock endeten im Feuer. Daneben warfen einzelne Redner Bücher in die Flammen, unter anderem den Code Napoléon sowie Artikel der Bundesakte. Als die Schrift des früherem württembergischen Kultusministers Karl August von

Wangenheim „Die Idee der Staatsverfassung mit besonderer Rücksicht auf Württembergs alte Landesverfassung“ ebenfalls verbrannt wurde, verließ Carl die Runde. Der Freiherr hatte sich redlich um eine Verfassung bemüht und galt als Widersacher der Politik Metternichs. Die Aktion war in seinen Augen unsinnig, überhaupt hielt er wenig von Bücherverbrennungen, auch wenn Luthers Umgang mit der päpstlichen Bulle das Vorbild sein mochte. Allein kehrte er nach Eisennach zurück und reiste am nächsten Morgen nach Hause.

Daheim empfing ihn die frohe Botschaft, Marielle habe einem Zwillingspaar das Leben geschenkt, zwei Mädchen, die kurz vor Weihnachten in der Dorfkirche von Hagenow auf den Namen Maria und Leonore getauft wurden.

Nun schrieb man das Jahr 1818. Es war Anfang Mai und überall grünte und blühte es in den schwäbischen Landen. Carl von Schack und sein Freund Joseph von Neipperg saßen, im Gespräch vertieft, im weiten Garten seines neuen Hauses in Esslingen. Joseph war längere Zeit im Ausland gewesen und er und Carl hatten sich seit der Hochzeit vor bald drei Jahren nicht mehr gesehen. So gab es viel zu erzählen und zu berichten …

„Was für Zeiten“, sagte soeben der Freund. „Ein ganzes Jahr ohne Sommer, ein Jahr voller politischer Demonstrationen. Ein neues Fest für Stuttgart auf dem Wasen. Und, nicht zu vergessen, eine neue Generation. Jetzt bist du selbst Grand-père geworden, wie schnell alles geht.“

„So ist es, alter Freund, es wechseln die Zeiten, da gibt es keinen Halt. Doch jetzt erzähle, wie war es in der Neuen Welt, in die du mit Klara gereist bist? Seid ihr auf Humboldts Spuren gewandert?“

„Das nicht, wir waren in Nord- und nicht in Süd- und Mittelamerika, wiewohl ich in Berlin Carl Ludwig Willdenow aufgesucht habe, du weißt, er ist der Direktor des Botanischen Gartens, um mich über Humboldts Arbeiten zu informieren. Willdenow steht in enger

Korrespondenz mit Humboldt und wir haben in der Tat überlegt, ob wir nicht eine Reise von Veracruz bis Acapulco unternehmen sollten. Dann aber ging es nach Nordamerika. Über die Überfahrt will ich nicht viel erzählen, du kennst mein Leiden an der See, doch zum Glück blieb diese weitgehend ruhig. Wir kamen in Boston an. Die Stadt ist schön und macht auf jeden Besucher einen günstigsten Eindruck. Die Häuser sind groß und elegant, die Läden gut und die öffentlichen Gebäude kunstvoll gestaltet Alles in allem eine höchst angenehme Stadt. Von Boston reisten wir über Worcester und den Connecticut River nach Hartford, New Haven und endlich nach New York. Die Metropole Amerikas ist keine so saubere Stadt wie Boston. Die Häuser sind meist nicht angestrichen und es gibt viele schmutzige Seitengassen. Besonders der Stadtteil Five Points ist übel und unsauber. Die große Promenade und Hauptstraße ist der Broadway, eine, wie es der Name sagt, überaus breite, geräuschvolle Straße voller Verkehr, die von den Battery Gardens bis zu ihrem entgegengesetzten Ausgang auf eine Landstraße eine deutsche Meile lang sein mag. Hier herrschen das bunteste Leben und Treiben."

„Und die New Yorker?"

„Nun, wir waren mehrfach eingeladen. Unsere Kenntnis von den europäischen Ereignissen öffnete uns Tor und Türen. In der guten Gesellschaft herrschte ein höflicher, feiner und stets sehr gastfreundlicher Ton. Es wird ein großes Haus und guter Tisch geführt; die Gesellschaftsstunden sind später als bei uns und in Bezug auf äußeren Schein und Pomp, auf das Prunken mit Vermögen und Aufwand besteht zwischen den führenden Familien der Stadt ein regelrechter Wettstreit."

„Schön, aber das klingt nicht besonders anders als in Berlin, London oder Paris. Hattet ihr nicht Begegnungen mit echten Ureinwohnern, den Indianern?"

„Wo denkst du hin, nicht in New York! Die Indianer gelten gemeinhin als grausame Wilde. Während wir in den Vereinigen Staaten waren, begann die Regierung gerade einen Krieg gegen die Seminolen im Süden, der, als wir nach Europa zurückkehrten, immer noch andauerte und von beiden Seiten mit unbeschreiblicher Grausamkeit geführt wurde."

„Wolltet ihr nicht in der neuen Welt bleiben?"

„Ursprünglich schon, vor allem Klara begeisterte sich für die Gedanken der Gleichheit und Freiheit. Allein die Wirklichkeit zeigte sich anders. Vor allem der brutale Umgang mit den Schwarzen missfiel Klara sehr. Es ist auch noch viel am Gären in dem Land, mir persönlich ist der als künftiger starker Mann gehandelte General Jackson zuwider. Ein Bursche aus einfachsten Verhältnissen und mit unglaublich schlechten Manieren. Wir lernten ihn New Orleans kennen. Nein, für einen Herrn von Stand sind diese Kuhhirten kein guter Umgang."

„Und welche Pläne habt ihr jetzt?"

„Nachdem 1806 unsere geplante Zuflucht, die Grafschaft Schwaigern – der Familienstammbesitz – aufgehoben und zum größten Teil dem Königreich Württemberg zugeschlagen wurde, werden Klara und ich in die Schweiz ziehen. Mein Oheim Adam Albert plant, in Sargans ein Anwesen zu erwerben, wir denken daran, nach der Heirat, Ähnliches zu tun."

„Du, der Inbegriff des Adelsstolzes, willst tatsächlich eine Bürgerliche zur Frau nehmen?", neckte ihn Carl.

„In der Tat", erwiderte Joseph kühl. „Ich hoffe, du als Freund akzeptierst meinen Entschluss!"

„Das tue ich und wünsche euch aus ganzem Herzen alles nur erdenkbare Glück! Wann soll die Hochzeit sein?"

„Am 24. Mai, zwei Wochen nach dem Pfingstfest."

„Donnerwetter, ihr legt ein Tempo an den Tag. Und wo feiert ihr?"

„Auf dem Gut der Familie in Schwaigern, da unser Haus in der Schweiz noch nicht bezugsfertig ist. Ich bin hier, um dich und Melchior persönlich einzuladen."

Pfingsten kam, das Hochzeitsfest und der Sommer folgten. Wochen und Monate gingen ins Land und es wurde Herbst.

Melchior von Talheim und Carl saßen im großen Kaminzimmer des Hauses, ein gemütliches Feuer prasselte und beide betrachteten in der Art älterer Herren bei einem Glas Wein die vergangenen Zeiten. Doch eben waren sie in der Gegenwart.

„Dass Joseph doch noch unter den Pantoffel gerät, hätte ich nie gedacht", sagte gerade Melchior. „Zumal Klara um so viel jünger ist."

„Wohin die Liebe fällt", entgegnete Carl leichthin. „So eine Ehe ist gewiss ein eigenes Abenteuer."

„Wem sagst du das", seufzte Melchior, den seine Gattin seit einiger Zeit auf Diät gesetzt und ihm auch den Genuss von Tabak, Bier und Wein schlicht und ergreifend untersagt hatte. Gebote, denen er sich, zu Vermeidung größeren Ungemachs, wenn auch maulend, in ihrer Gegenwart unterwarf. Im Hause Carls freilich ließ er sich nicht zweimal bitten, wenn es um die Verkostung eines Lembergers oder guten Esslinger Tropfens ging. Im Übrigen klagte Melchior über Langeweile. Zwar war er in die Ständevertretung berufen worden, fand jedoch die Detailfreude der politischen Debatten ermüdend. Auf die Jagd zu gehen, ein Tun, das Melchior früher sehr geschätzt hatte, fiel ihm aufgrund gewisser Gebrechen zudem schwer.

„Was treibst du eigentlich den ganzen Tag?", fragte er Carl. „Ab und zu besuchst du Geoffroy und die Kleinen, aber sonst?"

„Ich schreibe nieder, was wir alles in den letzten fünfzig Jahren erlebt haben", erklärte Carl ruhig. „Ein halbes Jahrhundert, das bietet einiges an Stoff."

Er erhob sich, ging an einen Schrank, zog eine Schublade auf und entnahm dieser einen Pack eng beschriebener Kanzleibögen.

„Du machst Herrn von Goethe Konkurrenz?", fragte Melchior überrascht.

„Nicht unbedingt. Der ist mit seinem lang ersehnten Enkel und dem Besuch der russischen Zarin in Weimar zurzeit gewiss genug ausgelastet. Ich habe auch gehört, er sei mit kunsthistorischen Abhandlungen stark beschäftigt. Nein, ich messe mich nicht mit dem Meister. Ich schreibe einfach nur nieder, wie alles war und gewesen ist!“

„Kann ich eine kleine Kostprobe hören?“

„Gewiss“, sagte Carl, setzte sich und begann zu lesen:

*„Der Juni des Jahres 1776 war im Herzogtum Württemberg überaus gut geraten; die Temperaturen lagen am Tag bei warmen, nicht zu heißen zwanzig bis zweiundzwanzig Grad. Die Nächte hingegen waren angenehm frisch und es fiel mitunter ein kräftiger Regen. Die Bauern hofften auf reiche Ernte im Herbst, und auch die landesherrlichen Gärten blühten und gediehen kräftig. Die Beete an den großen Prachtalleen der Schlösser Solitude, Monrepos und im neuen Hohenheim prunkten in allen Blumenfarben und zeigten die vielfältigsten Formen. Ein besonderes Schmuckstück war das frühere Jagdschloss Eberhard Ludwigs, das seit dem Dazukommen der Kavaliersbauten und der hochbarocken Schlosskirche sein altes Dasein hinter sich gelassen hatte und vom jetzigen Herzog Karl Eugen vor fünfzehn Jahren zur Residenz erkoren worden war: Breite Rosenfelder legten ihren schweren Duft über die bekiesten Wege, große und kleine Brunnen plätscherten oder ließen Fontänen springen. Vielerlei Bäume säumten die Symmetrie der Wege und das satte Grün der französischen Taxushecken lenkte die Blicke der Besucher zum Zentrum, dem Südflügel des Schlosses.*
*Durch eben diesen Park schritten an einem warmen Juninachmittag zwei Herren, die, im Gespräch vertieft, mit keinem Blick die sie umgebende Natur wahrnahmen. Beide zeigten sich alltäglich gekleidet, ohne die üblichen Hofspitzen und ohne die pflichtgemäßen Perücken …“*

**Danksagung**
Ich bedanke mich bei allen Unterstützern, insbesondere bei Herbert Mackinger für seine verlegerische Arbeit und bei Frau Johanna Ziwich für ihr gelungenes Lektorat.

**Die Junker von Schack Reihe:**

**Die Affäre Mömpelgard**
Stuttgart 2012, 258 S. ISBN: 978-3-8062-2579-2

**Das geraubte Halsband der Franziska von Hohenheim**
Stuttgart 2013, 275 S. ISBN: 978-3-8062-2731-4

**Im geheimen Auftrag der Zarin.**
Stuttgart 2014, 296 S. ISBN: 978-3-9442-6435-6

**Banditen und Briganten.**
Stuttgart 2015, 300 S. ISBN: 978-3-9442-6486-8

**Im Banne der Revolution.**
Stuttgart 2016, 255 S. ISBN: 9783945769416

In Vorbereitung:
**Von Jena nach Leipzig - der Kampf um die Freiheit**